千秋功过谁与说

说说历史上那些宰相们

姜若木◎编著

中国华侨出版社

·北京·

图书在版编目（CIP）数据

千秋功过谁与说：说说历史上那些宰相们 / 姜若木编著 .
—北京：中国华侨出版社，2012.9（2024.1 重印）
ISBN 978-7-5113-2824-3

Ⅰ . ①千… Ⅱ . ①姜… Ⅲ . ①政治家—生平事迹—中国—古代
Ⅳ . ① K827=2

中国版本图书馆 CIP 数据核字（2012）第 198461 号

●千秋功过谁与说：说说历史上那些宰相们

编　　著：姜若木
责任编辑：崔卓力
版式设计：丽泰图文设计工作室 / 桃子
经　　销：新华书店
开　　本：710 mm × 1000 mm　1/16 开　印张：17　字数：238 千字
印　　刷：三河市嵩川印刷有限公司
版　　次：2012 年 9 月第 1 版
印　　次：2024 年 1 月第 3 次印刷
书　　号：ISBN 978-7-5113-2824-3
定　　价：48.00 元

中国华侨出版社　北京市朝阳区西坝河东里 77 号楼底商 5 号　邮编：100028
发 行 部：（010）64443051　　　传　真：（010）64439708
网　　址：www.oveaschin.com　　E－mail：oveaschin@sina.com

如果发现印装质量问题，影响阅读，请与印刷厂联系调换。

前　言

宰相制度有着悠久的历史。商周时代，有太宰、尹、太师辅佐天子管理国家。春秋战国时代，出现了相，最著名的是齐国相管仲、赵国相蔺相如。公元前 309 年，秦武王任樗里疾、甘茂为左右丞相。"丞相"由此而始。秦始皇统一六国后，宰相正式成为官制，辅助国君处理政务。

《韩非子·显学》中说："明主之吏，宰相必起于州郡，猛将必起于卒伍。"《六韬》中说："屈一人下，伸万人上，惟圣人能行之。"所谓一人之下，万人之上，一人，指天子；万人，指百官，那么，历史上，能够地位崇高、权势显赫到如此地步的大臣，通常就是宰相。例如，秦国的吕不韦、李斯，汉代的萧何、陈平，都是有勇有谋、功劳显赫的开国功臣，所以，他们才能够位尊职重，辅助国君处理政务。正如陈平所说："宰相者，上佐天子，理阴阳，顺四时，下遂万物之宜，外镇抚四夷诸侯，内亲附百姓，使卿大夫各得任其职也。"历史上，每一个胸怀大志、热血沸腾的男儿，都渴望着能够建功立业，加官进爵，这既是他们最大的人生梦想，也是实现生命价值的重要途径。那么，能够官至宰相，就是为人臣者最大的荣耀了。

俗话说，伴君如伴虎。既然陪伴君王就像陪伴老虎一样，随时有杀身之祸，那么，宰相作为皇帝身边最重要的人，用这句话形容宰相，真是再合适不过了。历史上，"宰""相"联称，始见于《韩非子·显学》，宰相是相对于中国古代君主之下的最高行政长官的通称或俗称，

只有辽代把它作为正式官名。随着朝代的更替，宰相的正式官名先后出现过相国、丞相、大司徒、侍中、中书令、尚书令、同平章事、内阁大学士、军机大臣等多达几十种官名。可以说，在所有的官职中，宰相的变化最多。这背后的原因就是，君主既需要宰相帮助办理政事，又担心宰相的权位过重，危及自身的权力。所以，历史上，不但宰相的处境十分尴尬，既有数不尽的荣华富贵，又如履薄冰，随时都有杀身之祸，而且宰相的权力地位也在逐渐降级。1380年，明太祖朱元璋以"图谋不轨"之名诛杀了丞相胡惟庸，并下令裁撤中书省，废除丞相，由皇帝亲自掌管六部，直接管理国家政事，宰相制度也就宣告结束了。后来，皇帝设内阁大学士协理文书，大学士成为事实上的宰相，称辅臣，居首者为首辅，明、清习惯上都称授大学士为拜相。再后来，及至雍正设军机处，军机大臣又成为事实上的宰相，但是，这已经没有正式的宰相名分了。由此可见，宰相也是被打击的对象。在皇权与相权的斗争中，皇权总是在限制相权、打压相权。

那么，在荣与辱之间，宰相应该如何生存，如何施展才能呢？

宰相肚里能撑船，意思就是大人有大量，为人处世要豁达大度。历史上，蔺相如位尊人上，廉颇不服，屡次挑衅，蔺相如仍以国家利益为上，以社稷为重，处处忍让而终使廉颇负荆请罪，这就是度量大。同样，在风云变幻的政治舞台上，陈平、狄仁杰正是凭借超人的智慧，随机应变，曲中求进，才能够善始善终，作出卓越贡献，最终名垂青史，千古流芳。这就是做人的智慧。

本书精心梳理了历史上最著名的十位宰相，生动再现了他们在历史舞台上的精彩瞬间。希望通过他们在宦海沉浮、荣辱得失中的表现，对读者的人生有所启发和帮助。

第一章

帝王谋臣，回天乏术——李斯

李斯（约前284—前208），战国末年楚国上蔡（今河南上蔡西南）人。李斯是秦朝丞相，著名的政治家、文学家和书法家。他协助秦始皇统一天下。秦统一之后，他参与制定了法律，统一车轨、文字、度量衡制度。秦始皇死后，他与赵高合谋立少子胡亥为二世皇帝，后为赵高所忌，被腰斩于市。

拜师荀况，西入强秦 …………………………………………… 003

上书秦王，谋害韩非 …………………………………………… 006

制定法令，功成名就 …………………………………………… 010

逢迎圣意，焚书坑儒 …………………………………………… 012

拥立二世，腰斩咸阳 …………………………………………… 015

第二章

开国首功，为民请命——萧何

萧何（前257—前193），秦末辅佐刘邦起义。刘邦为汉王，以萧何为丞相，楚汉战争时，他留守关中，对刘邦战胜项羽，建立汉朝起了重要作用。汉朝建立后，以他功最高封为侯，位次第一。萧何采摭秦六法，重新制定律令制度。高帝十一年（前196）又协助高祖消灭韩信、英布等异姓诸侯王，被拜为相国。高祖死后，他辅佐惠帝。惠帝二年（前193）卒，谥号"文忠侯"。

群英荟萃，沛县起义 …………………………………………… 021

深谋远虑，力荐韩信 …………………………………… 028

坐镇关中，开国首功 …………………………………… 038

定国安邦，萧规曹随 …………………………………… 042

成也萧何，败也萧何 …………………………………… 045

功高盖主，自污名节 …………………………………… 052

第三章

智谋过人，善始善终——陈平

陈平（？—前178），足智多谋，屡以奇计辅佐刘邦定天下，汉初被封为曲逆侯。汉高祖死后，吕后以陈平为郎中令，左、右丞相。吕后死，陈平与太尉周勃合谋平定诸吕之乱，迎立代王刘恒为文帝。文帝初，陈平让位周勃，徙为左丞相，因明于职守，受到文帝赞赏。不久周勃罢相，陈平专为丞相。

调虎离山，声东击西 …………………………………… 059

弃楚归汉，曲中见智 …………………………………… 064

六出妙计，屡立奇功 …………………………………… 066

平步青云，善始善终 …………………………………… 074

第四章

忠臣楷模，名垂宇宙——诸葛亮

诸葛亮（181—234），字孔明，号卧龙。诸葛亮为匡扶蜀汉政权，呕心沥血、鞠躬尽瘁，在世时被封为武乡侯，死后追谥忠武侯。后来的东晋政权推崇诸葛亮的军事才能,特追封他为武兴王。诸葛亮在后世受到极大的尊崇,成为后世忠臣的楷模、智慧的化身。成都有武侯祠,杜甫作千古名篇《蜀相》赞扬诸葛亮。

归隐隆中,娶妻阿丑 ······························· 083

三顾茅庐,隆中对答 ······························· 085

出谋划策,军师将军 ······························· 088

孔明治蜀,刘备托孤 ······························· 099

南征北伐,名垂千古 ······························· 106

第五章
政书双馨,忠心为国——王导

王导(276—339),字茂弘,汉族,琅琊临沂(今山东临沂)人。琅琊王氏,从太保王祥以来,一直是名门望族,王祥族孙王衍累任至司空、司徒、太尉,是朝中数一数二的人物。王导是王衍的族弟。王导的祖父王览,官光禄大夫;父亲王裁,任镇军司马。王导是东晋初年的大臣,晋元帝、晋明帝和晋成帝三代都身居相位,在朝中威望很高,是东晋政权的奠基者之一。王导不仅在政坛有威望,而且书法造诣也很高。咸康五年七月庚申(十八)日(339年9月7日)病逝,终年64岁,谥文献。有6子。

深谋远虑,开国功臣 ······························· 115

位高权重,力辅明帝 ······························· 121

三朝贤相,乱世善终 ······························· 124

第六章

精忠谋国，荣称国老——狄仁杰

狄仁杰（630—700），武则天当政时期宰相，以不畏权贵、廉洁勤政著称。狄仁杰的一生，历经宦海浮沉，但他每任一职，都心系民生，政绩卓著。在他身居宰相之位后，辅国安邦，对武则天弊政多所匡正，可谓推动唐朝走向繁荣的重要功臣之一。

公正宽大，断案传奇 ············· 133

刚直不阿，宦海沉浮 ············· 136

抗敌保民，唯贤是举 ············· 141

一代巨人，中兴唐室 ············· 145

第七章

论语治国，得失皆有——赵普

赵普（922—992），字则平，祖籍幽州蓟县（今北京），北宋军事谋略家。后周时即为赵匡胤亲信幕僚，是帮助赵匡胤策划陈桥兵变的主要人物之一。赵普智谋多，读书少，有"半部《论语》治天下"之说。北宋建立后，历任枢密使、门下侍郎、同中书门下平章事。赵普为相，刚毅果断，然亦颇专权，太祖末，罢相。一生曾三度入相，淳化三年（992）三月，以太师、魏国公、给宰相俸禄的优厚待遇致仕。不久病死。终年71岁。

一见如故，志趣相投 ············· 151

周王西去，拥立新主 ············· 153

出谋划策，辅主平叛 ……………………………………… 160

智者千虑，必有一失 ……………………………………… 163

多事之秋，因私罢相 ……………………………………… 168

心忧国事，三度入相 ……………………………………… 170

功臣逝去，得失皆有 ……………………………………… 174

第八章

谋断有余，晚景凄凉——寇准

　　寇准（961—1023）北宋政治家、诗人。字平仲，华州下邽（今陕西渭南）人。太平兴国五年进士，授大理评事，知归州巴东、大名府成安县。为人刚直，因多次直谏，善于谋断，逐渐被皇帝重用。太宗时官至参知政事。后因参与政治斗争，遭排挤被贬，晚年凄凉，1023年闰九月七日（10月24日）病死于雷州。皇祐四年，诏翰林学士孙抃撰神道碑，帝为篆其首曰"旌忠"。寇准善诗能文，七绝尤有韵味，今传《寇忠愍诗集》三卷，及《寇莱公集》。

年少有成，颇有政绩 ……………………………………… 179

刚直谏言，有如魏征 ……………………………………… 180

奸臣当道，屡遭谗言 ……………………………………… 181

既直有谋，拥立太子 ……………………………………… 182

怀柔施政，安定边民 ……………………………………… 184

遭劾力辩，再次被贬 ……………………………………… 185

名利所困，违心奉迎 ……………………………………… 186

身处一隅，忧国忧民 ……………………………………… 187

晚景凄凉，逝后加荣 ……………………………………… 189

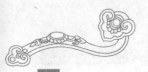

第九章

元初良相，遗恨长逝——耶律楚材

耶律楚材（1190—1244），蒙古帝国大臣。字晋卿，号玉泉老人，法号湛然居士。出身于契丹贵族家庭，生长于燕京（今北京），世居金中都（今北京），是辽太祖耶律阿保机的九世孙。自幼学习汉籍，精通汉文，博及群书，旁通天文、地理、律历、术数及释老医卜之说。初仕金，成吉思汗十年（1215），蒙古军攻占燕京后为其所用。窝阔台去世之后，耶律楚材就不再被重用了。耶律楚材辅佐成吉思汗和窝阔台治理国家将近30年，他谋略过人，胸怀远大，为元朝政权的建立和巩固作出巨大贡献。后来看到国乱政颓，于1244年抱恨离世。耶律楚材生前有很多诗文写作，后人结集为《湛然居士集》。

生逢乱世，博学多才 ……………………………………… 193

远涉随征，暂不得志 ……………………………………… 195

力拥新帝，渐显贤才 ……………………………………… 198

顾全大局，健全法制 ……………………………………… 200

文有武略，助蒙灭金 ……………………………………… 202

施政受阻，喟然长叹 ……………………………………… 205

眼光长远，南下伐宋 ……………………………………… 206

国乱政颓，抱恨长眠 ……………………………………… 207

第十章

救时宰相，身后蒙冤——张居正

张居正（1525—1582），汉族人，祖籍湖广江陵（今属湖北）。字叔大，少名张白圭，又称张江陵，号太岳，谥号"文忠"。明代政治家、改革家。掌权期间，一方面辅佐幼主，一方面大行改革，整饬军备，巩固边防，改革整顿冗繁的制度，裁撤课税，颇有成效。后遭弹劾罢相。万历十年（1582）六月二十日病逝，年五十八。死后赠上柱国，谥文忠。死后不久即被宦官张诚及守旧官僚所攻讦，抄没家产，至天启二年方沉冤昭雪。著有《张太岳集》《书经直解》等。

天资聪慧，早年得志 …………………………………………… 213

初入仕途，坎坷升迁 …………………………………………… 215

权力争斗，坐收渔利 …………………………………………… 220

受命先帝，教辅幼主 …………………………………………… 224

励精图治，巩固边防 …………………………………………… 227

改革吏治，富国强民 …………………………………………… 232

整顿法制，严惩贪腐 …………………………………………… 237

一条鞭法，清丈田亩 …………………………………………… 242

一心为国，反遭弹劾 …………………………………………… 248

生而为国，死后蒙冤 …………………………………………… 252

第 一 章

帝王谋臣,回天乏术
——李斯

　　李斯（约前284—前208），战国末年楚国上蔡（今河南上蔡西南）人。李斯是秦朝丞相，著名的政治家、文学家和书法家。他协助秦始皇统一天下。秦统一之后，他参与制定了法律，统一车轨、文字、度量衡制度。秦始皇死后，他与赵高合谋立少子胡亥为二世皇帝，后为赵高所忌，被腰斩于市。

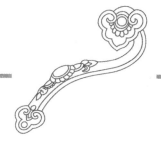

拜师荀况，西入强秦

生于七雄争霸战国末期的李斯，本是楚国上蔡（今河南上蔡西南）的一介布衣，青年时曾做过郡中小吏。小吏地位低下，侍奉长官，小心翼翼，唯恐有闪失，这与李斯的鸿鹄之志相距十万八千里。

做小吏期间，他偶见官舍厕所中的老鼠偷食污秽之物，一遇人来狗撵，立刻惊恐万状，仓皇逃跑；又见粮仓中的硕鼠，仰食积粟，无所顾忌，公然出入。于是触景生情，感慨万端："人有君子小人之分，就像硕鼠一样，全看自己处在什么样的环境里了。"

在那个英雄辈出的年代，李斯更不甘寂寞。在他的胸中，雄心与野心并存，化为追求功名富贵的欲望之火熊熊燃烧。他不满布衣的处境，决计抛开贫贱，成为粮仓中的"硕鼠"。于是，他决心改变自身命运，辞去小吏职务，择地而处，来到了千里之外的齐国兰陵（今山东省苍山县兰陵镇），拜师于荀况，同韩非一起钻研"帝王之术"。

荀况，史称荀卿或孙卿，世人尊之为荀子，是当时赫赫有名的儒学大师。但是，他不像孟子那样死抱窠臼，墨守成规。他打着孔子的旗号，在批判先秦诸子的同时，兼收并蓄，并对孔子的儒学进行了发挥和改进，创立了法家思想浓厚的"帝王之术"。而韩非和李斯这两个学生，则完全摒弃了老师的儒家仁义道德，而沉溺于符合法家理论的"帝王之术"。后来，韩非终于成为法家理论的集大成者；而李斯则化理论为实践，成为真正实现法家思想的政治谋略家。

李斯学成之后，即苦思冥想，寻觅能使自己施展才华，攫取荣华富贵的门庭之路。他统观七国，反复斟酌，认为楚王胸无大志，不足与为谋；六国相继日渐衰弱，无从建立号令天下之奇功；唯独秦国，

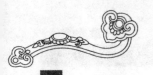

经历了秦孝公以来的六世，特别是秦昭公以后，已经奠定了雄踞于七国之首，可对诸侯国颐指气使、发号施令的政治、军事、经济基础，可望代替已名存实亡的周室而一统天下。意志一定，他决定西入强秦。

临行之际，李斯面对荀况的诘问，毫不掩饰自己的心迹，慷慨陈词："我听说，得到了时机不可怠惰，而应及时牢牢抓住。当今各诸侯倾力相争，游说者参与政事。而秦王想吞并诸侯，一统天下，成就帝王大业，这是智谋之士奔走效力、建功立业的大好时机。处于卑贱的地位而不思有所作为，改变自己的境遇，这与只知咀嚼送到嘴边的肉的禽兽何异？人的耻辱莫过于卑贱，悲哀莫甚于穷困。永久地处于卑贱的地位、困苦的境地，却还表示愤世嫉俗，憎恶功名利禄，自托于无为，不过是掩饰自己的无能而已，绝不是士人的真实思想。我意已决，我将西行入秦，去为秦王出谋划策，建功立业。"

纵观世上士子，多有功名之念。只是有的偏偏扯出"仁义"的旗号，犹抱琵琶半遮面；有的则以退为进，明哲保身；而公然摒弃礼义，追名逐利，这正是李斯独树一帜的人生品性。同时，他这种择强而仕的深谋远虑，也正是其智谋过人的政治谋略的有力见证。

公元前247年，踌躇满志的李斯，离楚背齐，踏上了西入强秦之路。

五月，李斯只身来到咸阳，正好秦庄襄王寿终正寝，13岁的嬴政即位。秦王年幼，丞相吕不韦称仲父，总揽朝政，权势十分显赫，群臣纷纷投入其门下。

李斯不过只是一异国平民，想钻进统治阶级核心去参政谋事，谈何容易。于是他充分利用自己的才华，审时度势，权衡利弊，最后决定以投吕不韦门下作为仕途的第一步阶梯。

吕不韦是个智慧过人、善于投机的人。他原是卫国商人，一次到邯郸做生意，碰到了被送来做人质的秦公子异人。异人是秦昭王的孙子，秦太子安国君的儿子。安国君当太子时，宠爱夏姬，与夏姬生子异人，后华阳夫人进宫夺夏姬之宠，异人便作为人质被送往赵国。

秦、赵未发生大战时，异人在赵国过得还不错。待秦、赵之战愈演愈烈，异人的生活就十分困难了。吕不韦就是在这时遇到了异人，并在他身上打起了主意。

吕不韦经过悉心琢磨，认为扶持一个国君，比起贩卖珍珠宝玉，可谓一本万利，于是就想方设法亲近异人。他拿出一千两黄金赠给异人，并帮他打通关节，结交名士。异人身处逆境，从未有人这样热情相待、雪中送炭，因此感激涕零，对吕不韦说："我继承王位后，把半个秦国封给你。"

后来吕不韦又用重金和花言巧语买通了华阳夫人，华阳夫人自己不能生育，就认异人为亲子，让安国君立异人为太子。公元前251年，秦昭王病死，安国君即位，这就是秦孝文王。吕不韦又把自己的爱妾赵姬送给异人。据说，其时赵姬已怀有身孕，送异人后的次年正月即产下一子，取名政。

公元前250年，秦孝文王去世，太子子楚（异人被立为太子时改名子楚）继位，是为秦庄襄王。吕不韦被封为了丞相，又被加封为文信侯。赵姬之子政立为太子。

公元前246年，也就是李斯入咸阳那一年，庄襄王病死，吕不韦拥立13岁的太子登基，即秦王政，他就是后来的秦始皇。秦王政即位时年龄小，大权握在太后赵姬与丞

吕不韦戈

相吕不韦手中。吕不韦凭借自己与太后及秦王政的特殊关系，以秦王的"仲父"自居，横行朝中、宫中。

李斯投到吕不韦门下，实在是精明之举。他一直勤勉谨慎，殚心竭虑，终于受到吕不韦的青睐，被任为郎。从此参与政事，投身于政治核心的大门开始为他敞开了。

上书秦王，谋害韩非

此时的李斯眼观六路，耳听八方，洞察到天下格局的重大变化：韩王向秦俯首称臣，魏国则举国听从于秦（此间，虽有魏国信陵君率五国联军打败秦将蒙骜，实为回光返照，垂死挣扎），秦对六国已占威慑之势。李斯瞅准时机，立即上书秦王，提出剪灭诸侯，消灭六国，创建帝业的谋略："秦王不能静坐等候诸侯的衰败！一个成就大业的人，必须在有机可乘的时候，当机立断去讨伐它。过去为什么以秦穆公之霸业，却始终不能兼并六国呢？因为那时诸侯尚众，周德未衰，因此能五霸迭兴，更尊周室。自孝公以来，周室衰微，诸侯相兼并，关东成为六国，秦以自己的胜利役使诸侯已历六世了。如今，诸侯好像郡县那样臣服于秦。以秦国之强大，秦王之贤达，剪灭诸侯，成就帝业，一统天下，犹如扫除灶下的灰尘那样容易，这是千载难逢的好时机啊！现在如有怠慢而不急速果断行动，待到诸侯复强、相互联合约众之时，纵使有黄帝之贤能，也无法吞并他们了。"

秦王政是个有崇高政治抱负的国君，当时，他正在吕不韦的辅佐下，怀着满腔热情，悄悄地酝酿统一中国的大计。李斯的上书一语破的，令秦王喜逐颜开，立刻擢升李斯为长吏，参与基本国策的讨论。

在李斯等人的策划下，秦王派遣口舌如簧、善于谋略的官员，携金银珠宝游说诸侯。对各诸侯国贪财的权臣贵要行贿收买，对不为金钱名利所动者，则采取反间之计，甚至遣刺客暗杀。战略上采取远交近攻，一方面，对近邦韩、魏强攻猛打，使其最终臣服（据史书记载，从秦王嬴政元年至九年，仅对魏国的毁灭性军事行动就达六次）；另一方面，离间远邦君臣（如赵国将军李牧善于用兵，曾多次打败秦军，秦国就派人收买权臣郭开，向赵王进谗，结果赵王就下令杀了李牧，自毁长城，使赵国这支劲敌沦为西山落日）。

秦国基本上按照李斯的战略计划，吹响了统一中国千秋大业的历史号角。而李斯便在烽火硝烟中跻身客卿，驰骋咸阳，得以与国王、丞相共谋国事。

就在李斯的仕途一帆风顺之时，秦国却同时存在着一场严重的政治危机，它几乎使秦国的统一大业半路夭折，也几乎使李斯建功立业的理想化为泡影。但李斯靠着过人的才智和胆略，既挽救了秦国的危机，又为自己的富贵尊荣创造了新的机会。

正当秦王下决心统一六国的时候，韩国怕被秦国灭掉，派水工郑国到秦国鼓动修建水渠，目的是想消耗秦国的人力和物力，牵制秦国的东进。后来，郑国修渠的目的暴露了。这时，东方各国也纷纷派间谍来到秦国做宾客。群臣对外来的客卿议论很大，对秦王说："各国来秦国的人，大抵是为了他们自己国家的利益来秦国做破坏工作的，请大王下令驱逐一切来客。"秦王下了逐客令，李斯也在被逐之列。

李斯给秦王写了一封信，劝秦王不要逐客，这就是有名的《谏逐客书》。他说："我听说群臣议论逐客，这是错误的。从前秦穆公求贤人，从西方的戎请来由余，从东方的楚国请来百里奚，从宋国迎来蹇叔，任用从晋国来的丕豹、公孙支。秦穆公任用了这五个人，兼并了二十国，称霸西戎。秦孝公重用商鞅，实行新法，移风易俗，国家富强，打败楚、魏，扩地千里，秦国强大起来。秦惠王用张仪的计谋，拆散了六国的合纵抗秦，迫使各国服从秦国。秦昭王得到范雎，削弱贵戚力量，加强了王权，蚕食诸侯，秦成帝业。这四代君王都是依靠客卿的功劳。客卿有什么对不起秦国的呢？如果这四位君王也下令逐客，只会使国家没有富利之实，秦国也没有强大之名。"

李斯还说，秦王的珍珠、宝玉都不产于秦国，美女、好马、财宝也都是来自东方各国。如果只是秦国有的东西才要的话，那么许多好东西也就没有了。李斯还在信中反问：为什么这些东西可用而客就要逐，看起来大王只是看重了一些东西，而对人才却不能重用，其结果

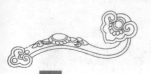

是加强了各国的力量，却不利于秦国的统一大业。李斯的这封上书，不仅情词恳切，而且确实反映了秦国历史和当时的实际情况，代表了当时有识之士的见解。因此，这篇《谏逐客书》成为历史名作。

秦王明辨是非，果断地采纳了李斯的建议，立即取消了逐客令。李斯仍然受到重用，并被升为廷尉。

这时，即将被杀的郑国也向秦王进言：韩国让秦国大兴水利建设工程，当初的目的是消耗秦国实力，但水渠修成之后，对秦国也是有利的。尽管兴修水利，减缓了秦国对东方各国的压力，让韩国多存在几年，但修好渠却"为秦建万代之功"。秦王觉得郑国的话有道理，决定不杀郑国，让他继续领导修完水渠。这就是后来闻名于史的郑国渠，它对发展繁荣秦国的经济，起到了一定的作用。

经过这一次风波，秦国仍旧坚持招揽和重用外来客卿，这些外来的客卿在秦国统一中国的过程中发挥了重要作用。

总之，逐客风波之后，秦王对客卿更加重视了。他不仅继续重用郑国，而且对刚从魏国入秦游说的尉缭也十分信任，封为国尉，并且让他享用同自己一样的衣服饮食。李斯亦被恢复官职爵禄，所以能够为秦王统一大业出谋划策。

在新的形势下，李斯献计说："先翦灭邻邦韩国，借以震慑其他国家，再逐步吞并六国。"这与此前谋略的不同在于：以前的远交近攻，近只对近邻韩、魏采用打击、削弱的方针，而对远邦赵、燕、楚诸国采用交结政策，使之不能合纵抗秦，援救韩、魏。

秦王采纳了李斯的建议，从此，统一中国的中心从削弱六国转入灭亡六国的策略。

秦国要先灭韩国的消息一传出，韩王如惊弓之鸟，遂与韩非商讨救亡图存之策。

韩非是韩国贵族，早年与李斯一同师从荀况，他口齿木讷，不善言辞，但擅长著述，令同窗的李斯既恨又忌。可是，由于两人在人生道路的抉择上大相径庭，致使结局亦迥然相异。李斯能择地而处，择主而仕，涉足于日升月恒的秦国，归附于雄才大略的秦王，得以获取功名利禄，创下了不朽的业绩。而韩非情系贵族世家，念念不忘故土，结果明珠暗投，身归于江河日下的韩国。他目睹韩国日益衰败，屡屡上书进谏，昏聩无能的韩王却又每每不予采纳，对此，韩非痛心疾首，悲愤莫名。他只得闭门谢客，投身于笔墨春秋，撰写《孤愤》《五蠹》《内储》《外储》《说林》《说难》……凡50余篇，计10余万言。

韩王起初不重用韩非，到了亡国亡身之时，才想到韩非的才华，并于公元前233年（秦王政十四年）派韩非出使秦国，劝秦保存韩国。

且说秦王为谋求帝王之术，正如饥似渴寻求计谋策略。他曾熟读韩非的《孤愤》《五蠹》，对韩非的才华大为赞赏，曾不禁发出感叹道："如果我有幸与韩非结识，死而无憾！"其实，秦王之所以同意李斯先灭韩国，一个秘而不宣的原因就是仰慕韩非之才，想以武力得到韩非。现在韩国派韩非来秦求和，秦王自然大喜过望。韩非至秦，眼见物产丰富、人民富裕，知是到了施展抱负的地方。他完全忘记了出使秦国的重任，反而上书秦王："现在秦国地方数千里，雄师百万，号令赏罚，天下太平，所以臣昧死上书，希望一见大王，献上击破六国合纵的计谋。如果按我的计划行事，一举而六国联盟不破，赵、韩不亡，楚、魏不臣服，齐、燕不依附，可杀我以戒不忠。"韩非说得刚毅果断，使秦王陡增敬慕。

就在秦王想把韩非留在身边，委以重任之时，李斯等人却在策划置韩非于死地的计策。

想当初，李斯上奏《谏逐客书》时慷慨陈词，似乎一心为秦网罗人才。但此一时，彼一时，一旦他大权在握，他想网罗的人才便只是唯命是从的奴才，而不是比自己高明的盖世奇才。李斯深知，韩非的才华远远超越自己，如果他也成了秦国客卿，就会威胁到自己的地位。往上爬的野心使李斯不顾同窗手足之情，内心燃烧着一股不可遏止的嫉妒之火。

李斯诽谤韩非的依据，是被他的《谏逐客书》早已驳得体无完肤的客籍间谍论，是昔日保守的秦国宗室大臣的老调重弹！遗憾的是秦王竟被李、姚的花言巧语所蒙蔽，于是下令把韩非逮捕入狱。

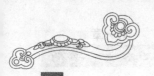
身为廷尉的李斯既怕韩非上书自辩，又怕秦王反悔，就预先将牢狱的门和通道都堵住，并急忙派人用毒药逼死韩非。韩非沦落异乡，欲哭无泪，怨恨不已。一代才人，竟含着奇冤匆匆结束了自己的生命，时为公元前233年。

韩非服药自杀不久，秦王果然醒悟，即刻下令赦免韩非，可惜韩非早已死去。

李斯害死了韩非，却在自己的政治生涯中贯彻了韩非的基本思想，并取得了巨大成就。韩、李二人倘能联珠合璧，无疑将能更好地辅佐秦王成就霸业。但是，历史是无法随意假设的，在它的发展过程中，既包含着合理的内核，又充满了谬误和悲剧。

制定法令，功成名就

秦统一六国后，为长远地维护自己的统治，秦始皇开始专心探讨治国安邦之道。他问李斯："朕观前代史籍，见数百年间，常常是战乱迭起，兵戎相见，不管哪一朝的帝王权臣，都难免成为百姓攻击的对象；而每一次动乱中，一些豪门大富又总是争权夺利，趁机崛起。这到底是什么原因呢？"

李斯进言道："依臣看来，其主要原因是历朝历代或不能明法，或执法不严，所以使得豪强兼并，百姓造反，祸乱不息。陛下圣明，只要严执秦律，使天下人都做到令行为遵，哪个还敢作乱呢！"这些想法得到秦始皇的赞同。李斯进一步辅佐始皇策划、制定了一系列诏命和法令。

为防止百姓反叛，令民间原有的和缴获六国的大量武器全部上缴，不准私留。当时的兵器多为铜质，地方的郡守县令把从民间收缴上来的兵器都运到咸阳。始皇命人熔毁兵器，铸成 12 个大铜人，每个重达 24 万斤，陈设在咸阳宫门外，用以象征自己统一天下的丰功伟绩。

为防止豪富大户聚众造反，令各地 12 万户以上的豪门大户迅速迁居国都咸阳（早在征服六国过程中，就曾把各国的富贾豪绅迁移到巴蜀），这样，既使他们远离家园，失去原来植根于其中的土地，失去世代居住和统治所奠定的威望的基础，又便于朝廷就近监督他们的言行，使其不能相互勾结、暴乱。

为防止六国旧部死灰复燃、东山再起，令将全国险要地方，凡城堡、关塞及原来六国构筑的堤防等，统统毁掉，使欲反叛者无险可据，无塞可依，难于作乱。

秦始皇与李斯计划，拟定了"书同文"的诏令。李斯既有学问，又擅书法，他找了胡毋敬等人一起认真调查研究了流行的各种文字、字体，最后采用以小篆文字作为标准文字，逐步加以推广。为此，李斯作《仓颉篇》，胡毋敬作《博学篇》，赵高作《爰历篇》，作为识字课本，以加速推广统一文字的步伐。这一做法，使官府推行行政法令、民间传播文化、交流思想，都比以前大大方便了。

统一前流通的货币多以黄金和铜等铸造，各国的货币不仅形状不同，就是轻重、大小也不一致。铜币中，秦国使用圆形钱币，齐国的钱币像小刀，赵国的像小铲。黄金的重量标准不同，有的以斤为单位，重十六两；有的以镒为单位，重二十两。诸如此种现象，给各地的交换、通商、经济、生活带来许多不便。始皇颁诏令：全国通用两种货币，黄金为上币，以镒为单位，重 20 两；铜钱为下币，以半两为单位。并且把铜钱全制成圆形方孔币，便于携带和交换。统一货币更加促进了秦经济上的繁荣。

当时各国的度量衡也各有千秋，大小、长短、轻重，单位不同，进制也不同。如重量，秦以斗、升、斛为单位，齐以釜、钟为单位，魏以半斗、斗、钟为单位，互相换取十分麻烦、复杂。于是，李斯建议秦始皇废除了六国度量衡制度，全国一律改用当年商鞅为秦制定的

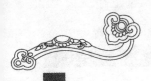
度量衡制度，而且颁发了标准量器，在全国统一使用。

修驰道、定车轨也是秦始皇和李斯的一大贡献。一次，少府卿给秦始皇造了一辆冷可防寒、热可避暑、华丽坚实、精巧别致的车子，众臣围车赞不绝口，说皇帝乘此车巡游可眼观六路、耳听八方，等等。只有李斯一语惊人，他说："这车子造得倒是精美，只是陛下不能乘坐它巡游四方！"众皆愕然，李斯慢慢说道："臣刚才仔细观察过，这车两轮间距是6尺，需要6尺车轨之路才能行驶。而如今天下道路都是原来各国所开，有宽有窄，很不一致，乘这车子怎么能远行呢？"秦始皇如梦方醒，遂颁发诏令，规定天下车轨一律为6尺宽。接着又开始修筑"驰道"，宽50步，路面筑土夯实，每隔30丈植一青松，如有什么地方发生变乱便于迅速调集兵马。这样的驰道有两条：一条由咸阳向东直达燕、齐；另一条由咸阳往南直达吴、楚。后来又接着修了"直道""新道""五尺道"等，分别从咸阳通往北方、西南和岭南等广大区域，使咸阳作为全国政治、经济、军事、交通的核心地位更加巩固。

分封制、郡县制论争后，秦始皇对李斯信任有加，并擢至右丞相，李斯遂成为一人之下、万人之上的权贵。

逢迎圣意，焚书坑儒

李斯功成名就，踌躇满志，春风得意。在爬到了人生的顶点之后，他苦苦思索的只是如何保住高官厚禄。

他把秦始皇的内心看得非常透彻。秦始皇完成统一大业后，更加好大喜功，穷奢极欲，大兴土木，严刑重赋，以致民不聊生，国无宁日。作为丞相，李斯心知肚明。但他为什么不直言极谏？因为他这个政治谋略家，本质上是极端的个人主义者，一旦国家利益有损于自身利益，那他会毫不犹豫地使前者服从后者。为了永保富贵，李斯一心逢迎圣意。在秦始皇面前，他唯唯诺诺，诚惶诚恐，真可谓卑躬屈膝。

秦始皇三十四年（前213），为庆祝攻匈奴、征百越的成功，始皇置酒咸阳宫大宴群臣，款待70个博士。博士仆射（领导博士的官）周青臣歌功颂德，面谀始皇："从前秦国的领土不过千里，如今仰仗陛下的神明，日月所照之处，都已称臣俯首。当年诸侯王的土地被改置成郡县，每个人安居乐业，不必为战乱忧愁，这伟大的功业可以流芳百世。"始皇听罢，飘然欲仙，心花怒放。

然而博士淳于越很不知趣，他反驳道："周王朝之所以存在千年，是因为它把天下分给子弟和功臣。现在国土如此之大，宗室子弟没有封地，跟普通老百姓一样，如此，王室没有树立屏藩，一旦国内出现了像篡乱齐国的田常，或是分裂晋国的六卿这类无耻阴险之徒，拿什么去拯救危亡呢？治理国家不取法古代是不能长久的。"

淳于越从儒家的立场观察秦朝统治，同秦始皇的思想和立场格格不入，这使秦始皇大为不快。

周青臣与淳于越的观点虽火水不容，却是思想领域内极正常的争议，且为陈词滥调，老调重弹而已。但李斯却没有等闲视之，他明白皇帝的意思，坚持郡县，反对分封，这是无可非议的；但真理向前跨越一步就是谬误，李斯因此进一步迎和始皇的专制心理，不仅要统一行动，而且严格要求一统思想。因此他变本加厉，肆意发难，并上书皇帝："现在皇帝已经统一天下，建立了一套是非善恶的标准，可是学术上的诸子百家却随意评论朝廷颁布的法律和制度，并认为只有以自己的意见来同朝廷的政令对立才算高明。这种情况如果不想方设法加以禁止，在上层社会里，君主的权威就会衰落，在下层社会里，私下的党派也将要形成。所以把这些私人的著作都加以焚毁，对朝廷是有益处的。"

李斯的意见正合秦始皇心意。于是，李斯宣布："凡民间有收藏《诗经》《尚书》、诸子百家等书籍的，一律烧毁；不必加以烧毁的，

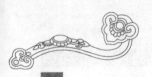

只限于有关医学、占卜和园艺之类的书籍；若是想学习法令的，应以在职的官吏为师，不得私相传授。"

这样，从商鞅提出"燔诗书以明法令"的理论以来，直到秦始皇、李斯掌权，终于化为具体行动。此法一开始，就不可收拾，愈演愈烈。

焚书令下达的第二年，一向怂恿秦始皇求长生不老药的方士侯生、卢生等人，诈术露了馅以后，便在日常结识的儒生面前诽谤秦始皇一通，逃之夭夭。秦始皇忍受不了如此戏弄，遂下令将咸阳的儒生全部捉来，追查那些诽谤过自己的人。那些儒生经不起严刑拷问，便互相告发，开脱自己。秦始皇便在这些儒生中圈点了460余人，以"妖言""诽谤"罪名下令活埋。

秦始皇坑杀儒生的独裁统治，李斯视而不见，充耳不闻，自以为这样便可保全自己，永享富贵。但事实上，纵使李斯放弃了丞相对国家的责任而一味向始皇阿谀逢承，终不能完全免除秦始皇对扶摇直上、功高盖世的李斯的提防、疑忌。这确实令位极人臣的李斯防不胜防。

大概是怕遭暗算，始皇开始行踪不定，旁人难知。有一天，始皇到梁山宫去，从山头望见丞相的车马随从甚盛，心中一阵不快。有一侍从宦官把这事暗中告诉李斯，从此李斯出门便减少了车马随从。秦始皇知道后大发雷霆，认为是内侍把他的话泄露了出去，于是严刑逼供，在毫无结果的条件下，把当时身边的内侍尽行诛杀。这时的李斯虽身在朝廷，却如临深渊，惶惶不可终日。

拥立二世，腰斩咸阳

历史虽充满了巧合，但也受着必然规律的制约。

秦二世胡亥趁始皇的意外暴死，侥幸窃取了皇位，却不能靠侥幸来支配历史进程。他本是一个昏庸无能之辈，暴戾却有过之而无不及的人物。登上帝位之后，面对纷至沓来的各种问题，他一筹莫展，手忙脚乱。为了巩固自己的统治，他用高官厚禄收买笼络一批地位低下、容易操纵的遗老遗少，同时用严刑苛法打击、残害难以驾驭的皇族和功臣名将。

据史书记载，在戮杀大臣蒙毅之后，又将十二公子诛杀于咸阳，再将十公主磔死于杜县。此外，他还继续修筑宫室，横征暴敛，把社会的各阶级、阶层统统推向自己的对立面，至此，秦王朝已骤成土崩瓦解之势了。

对于上述暴行，李斯或退让默许，或随声附和，或公然赞助，完全丧失了一位政治谋略家应有的雄略。以至秦二世元年七月，陈胜、吴广揭竿起义，关东豪杰并起，李斯才从京华春梦中惊醒，他企图上谏胡亥，改弦更张，可是时过境迁。想当初，沙丘政变，胡亥少不更事，赵高官小身微，二人羽翼未丰，倘若李斯抛却私欲，运用谋略，定能把这次政变消灭在萌芽状态。到如今，始皇积弊未除，二世早已不可救药，赵高亦已羽毛丰满，因此，李斯的一切作为恐怕无济于事。

然而，当此之时，李斯尚未到山穷水尽之时。退一步，可效仿叔孙通，弃官而逃另谋高就；进一步，可凭借他在朝廷中的声威，联络右丞相冯去疾，将军冯劫等同谋，扯出反奸党赵高的旗帜，也是会有所作为的。可悲的是，李斯贪恋爵位，利令智昏，只是曲意逢迎，最终为虎作伥，助纣为虐。

有一天，胡亥突然问他："我想不受任何控制，又要永远统治天下，你有什么办法吗？"为讨胡亥的信任、欢心，李斯挖空心思为胡亥筹划了臭名昭著的"督责之术"。

李斯在上书中说："贤王若能行督责之术，群臣不敢不全心全意为君王效死力。不能行督责之术的君王，如尧、舜等一生比百姓辛苦，简直如行尸走肉。"

所谓"督责之术"，实际上是严刑酷法和独断专横的代名词，即对臣下百姓实行"轻罪重罚"，使之不敢轻举妄动；君主要驾驭群臣，不受臣下的非议……李斯认为，只有这样的君主才能随心所欲，为所欲为，永远统治天下。

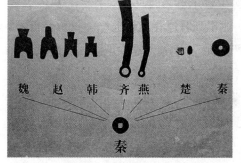

秦统一六国货币简图

独断专行的胡亥采纳了他的督责之术，举国上下刑者相伴于道，死者日积于市，弄得天下鸡犬不宁，老百姓怨声载道。

聪明半世，糊涂一时的李斯，企图利用对二世胡亥的阿谀奉承，对宦官赵高的步步退让来保全自己。他万万没有想到，在他抛出害国祸民的"督责之术"的同时，也把他自己槁木死灰般的躯体抛向了人生末路。

秦二世二年（前208），秦王朝已到了土崩瓦解的时候，随着外部斗争愈演愈烈，最高统治集团的内部矛盾也越发不可调和。

郎中令赵高，身居要职，把持着朝政大权，常因大臣不听从自己，擅杀无辜。他唯恐大臣入朝奏事，揭他老底，便生一计，使大臣有苦无处诉，有冤无处伸。他对二世说："陛下年轻，又初即位，未必尽通诸声，不宜在朝廷上与公卿议决朝政之事。"劝他深居简出，使臣下闻其声而不见其面。于是，胡亥深居禁中，每日怀抱姬妾，在歌舞声中打发时光。朝中政事，全由赵高一人专断。

赵高恃宠专权,唯觉丞相李斯阻碍自己,遂起谋害之心。想当年,李斯处心积虑除掉了绊脚石韩非,没想到有朝一日亦成他人的砧上之肉,真可谓螳螂捕蝉,黄雀在后,天道循环,因果报应。

为了置李斯于死地,赵高苦心积虑,设下"请君入瓮"的圈套。他摆出一副忧国忧民的架势诱惑李斯:"关东群盗作乱,二世却急于征发役夫扩建阿房宫,还积聚狗马等无用之物。我想劝阻,无奈人微言轻,起不到应有的作用。这倒是您应当做的事,你为什么不劝阻呢?"李斯无可奈何地叹道,二世不坐朝廷,常在深宫,没有上奏的机会。赵高见李斯已经动心,便说:"只要二世有时间,我就通知您上奏。"

此后,每当二世与宫女纵情嬉戏时,赵高就派人通知李斯:"皇帝刚得闲,可奏事。"

李斯遭到赵高的暗算,忍无可忍,立即上书二世,揭露赵高居心叵测,请胡亥尽早铲除。但此时胡亥、赵高正狼狈为奸,沆瀣一气,胡亥不仅不怀疑赵高,反而为他辩解说:"朕年少之时,就已失去先人,于朝政毫不知情,不懂得如何治国,您又年老,朕不依靠赵君又靠谁呢?"李斯欲借胡亥铲除赵高,无异于与虎谋皮。

赵高见二世对自己宠信有加,便对二世哭诉说:"丞相所恨,唯独赵高。我一死,他就可以为所欲为,杀君谋反了!"赵高一席话,犹如火上浇油,二世下令把李斯及其族人宾客统统逮捕入狱,交由赵高审讯处理。李斯一套上枷锁,就仰天长叹:"昏君无道,不足与谋!二世的暴政已经超过了夏桀、殷纣和夫差。现在楚盗已有半壁江山,二世尚执迷不悟,仍以赵高为辅足,咸阳迟早要被夷为麋鹿出没的荒泽野薮啊!"

且说李斯被捕时,右丞相冯去疾、将军冯劫亦受牵连。二冯坚持士大夫气节,"将相不辱",遂自杀身亡,死得倒是壮烈。而李斯贪生怕死,自认为对二世忠心不贰,又自负辩才,幻想二世能赦其出狱重享荣华富贵。但赵高心狠手辣,严刑拷打,不肯罢休。李斯不胜痛楚,无计可施,遂在狱中上书二世:

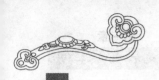

"臣作为丞相治理国家30多年，原秦地狭隘，不过千里，兵数十万，臣竭尽薄才，谨献才略，并派遣谋士游说诸侯，又发展军队，整饬朝廷，赏功罚过，国力大盛，终于扫灭六国，俘其国王，一统天下，尊秦为天子，一罪也，开拓疆土，讨伐匈奴，南征百越，以张秦强，二罪也。重重赏赐功臣，使他们亲善朝廷，三罪也。立社稷，修宗庙，以示皇帝揽才，四罪也。书同文，统一度量衡，公布天下，以明秦的建树，五罪也。修建驰道，兴建游览观赏的景地，来显示主上的得意，六罪也。缓刑薄赋，收买民心，拥戴君王，死而不忘，七罪也。像我这样，早够死罪了。先皇不弃，所以还能活到今天。愿陛下明鉴！"

赵高见到奏章，随手扔掉，说："囚犯安得上书！"马上叫狱吏烧毁，然后分派门客十余批，假扮御史、谒者、侍中，轮番审讯。如此反复，李斯被折磨得死去活来，奄奄一息。最后，只得违心"招罪"，李斯招罪后，二世派人复查。面对审讯，李斯如惊弓之鸟，怕再受皮肉之苦，遂自诬反叛。供词呈至二世，二世大喜说："如果没有赵高，差点被李斯出卖了！"

当时，三川郡守李由已被项梁率领的楚军所杀，死无对证。赵高就愈加肆无忌惮地制造李斯父子谋反的罪状。二世下诏，把李斯"具五刑""夷三族"，腰斩咸阳。

公元前208年7月，李斯出狱受刑。此时他才感觉到生命的旅程已走到了尽头。想到一生追求建功立业，却不料得而复失，到手的富贵又转眼化为烟云，不禁老泪纵横、悔恨交加。他回头对二儿子说："我现在想当个普通百姓，再和你一起回上蔡老家去猎兔取乐，但已经不可能了。"死亡将至，李斯方悟出猎取功名的沧桑，领受蟒袍玉带后的凄凉，这真是：人之将死，其言也善；鸟之将死，其鸣也哀！

第 二 章

开国首功，为民请命
——萧何

萧何（前257—前193），秦末辅佐刘邦起义。刘邦为汉王，以萧何为丞相，楚汉战争时，他留守关中，对刘邦战胜项羽，建立汉朝起了重要作用。汉朝建立后，以他功最高封为侯，位次第一。萧何采摭秦六法，重新制定律令制度。高帝十一年（前196）又协助高祖消灭韩信、英布等异姓诸侯王，被拜为相国。高祖死后，他辅佐惠帝。惠帝二年（前193）卒，谥号"文忠侯"。

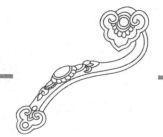

群英荟萃，沛县起义

公元前221年，雄才大略的秦始皇一举完成了统一中国的大业，从而结束了春秋战国以来诸侯割据混战的局面，建立了中国历史上第一个统一的多民族的中央集权的封建国家。

秦统一后，人民有了一个比较安定的环境从事生产，秦王朝推行了许多消除分裂割据的措施，加强了各地区的经济、文化联系，为我国长期的统一奠定了基础。这对我国历史的发展，有着巨大而深远的影响。可是，秦王朝的残暴统治和对人民的大肆搜刮，则给广大劳动人民带来新的灾难。

公元前210年秋，秦始皇病死后，秦二世胡亥即位。为了巩固自己的统治地位，他不仅杀蒙恬、蒙毅等功臣，而且杀害了他的兄弟姐妹20多人，以致"自君卿以下至于众庶，人怀自危之心"。人心浮动，在秦始皇时已经蕴积的阶级矛盾，此时更达到极点，酝酿已久的全国规模的农民大起义，终于爆发了。

公元前209年，陈胜、吴广发动戍卒起义，斩木为兵，揭竿为旗，举起了中国历史上第一次大规模的农民起义的旗帜。

陈胜、吴广起义的消息传到江苏吴县后，项梁、项羽叔侄二人杀死会稽郡守，响应起义。

就在农民起义风起云涌之时，江苏沛县的反秦运动也在默默地酝酿之中，其中主要的策划者便是后来的西汉开国丞相萧何。

萧何，江苏沛丰人，与汉高祖刘邦是同乡和好朋友。

刘邦少年时，不喜耕稼，专好吃喝游玩，其父屡次劝诫他，要他

学一技之长，不可虚度时光，但他就是听不进去，好吃懒做，消耗家产。刘邦到了弱冠之年后，他也想找点事干，由于他交游甚广，尤其是与官场上的人也时常来往，其中就有萧何、曹参等人，这些人便替他出谋划策，教他学习吏事。刘邦对官场上的事情一学便会，不久便当上了泗水亭长。所谓亭长，就是断查里人狱讼，遇有大事，详报县中，因此与一班县吏互相来往，天长日久，刘邦和他们的关系日渐亲密起来，其中和他关系最要好的就要算萧何了。萧何因为文章写得好，这时在沛县城中已经是掌有实权的主吏掾了。刘邦每次到县里办事，都要和萧何、曹参、夏侯婴等人一起饮酒，畅谈心事。萧何为人忠厚，心地善良，他作为刘邦的上级，处处照顾刘邦。即使刘邦有了什么过失，他也往往利用职权为其开脱救助，俨然刘邦的兄长一样。因此，萧何和刘邦可以称得上是患难之交、贫贱之交，他们二人的关系在日后的共同相处中经受住了各种磨难与考验。

刘邦虽然当上了亭长，可是他那游手好闲的毛病却没有得到改变，整日只是借着办公事的借口四处游荡，吃喝玩乐。正因为这样，刘邦已是二十八九岁的人了，却还没有娶上媳妇。这件事令他的父亲刘太公非常气恼，时常托人为刘邦提亲，但迟迟未有结果。

常言说一个好汉三个帮。刘邦的婚姻大事他自己不着急，而他的朋友们却时时为他留心着。

有一次，县城里来了一位吕公，名父，字叔平，他与县令是老朋友。这位吕公原是都城中一位破落官宦人家，因遭仇家陷害才举家避祸来到此地。他膝下有两男两女，大女儿吕雉长得颇有几分颜色，年方 17 岁，尚未许配，吕公很想在沛县择一佳婿，日后在当地也好有个依靠照应。萧何得知这一情况后，马上和曹参计议一番，决定让刘邦去见见这位吕公，说不定这件美满的婚事会成功的。

正好县令顾念交情，让吕公在城中居住，并要求县吏出资相贺吕公。于是萧何和曹参连忙去找刘邦，将这一情况告诉了他。

刘邦虽不急于成亲，却素贪酒色，但听闻萧何说吕雉长得如花似玉颇有姿色，顿时喜形于色，急忙上前深施一礼："多谢二位兄弟关照，不知什么时候前去吕公家庆贺？"

"立即就走。"萧何起身说。

刘邦一摸怀中惭愧地说："我囊中羞涩，这将怎么办？"

萧何忙说："我们已经为你备好重礼，你和我们一同前往就是！"

刘邦大喜地说："谢谢二位弟兄！日后我刘邦一定重重还这份重礼！"

吕公家门口这时已是门庭若市，热闹非凡，县吏们个个提着重礼络绎不绝，吕公及夫人、女儿相迎于门庭。此时，刘邦在萧何、曹参、夏侯婴陪同下提着重礼，衣冠楚楚地走进厅堂。萧何在吕公耳旁轻声耳语几句，吕公回顾上下打量刘邦几眼，然后又转到刘邦身后端详片刻，满意地一笑："四位里边请！"

酒阑席散，宾客纷纷起身告辞。刘邦已有三分醉意，他刚想起身告辞，被吕公喊住了："刘邦小弟暂且留步，老夫有话相告。"

"老伯有什么要事？"刘邦故意问。

吕公挥手示意："小弟请到内室一叙！"

萧何等人欠身对刘邦说："贤弟快进去吧！我等先告辞了！"说完向刘邦挤挤眼转身离去。

吕公注视刘邦微笑说："老夫少时即喜相术，老夫所观今日众人无一能与你比，你日角斗胸，龟背龙股，状貌奇异，与常人大不相同，日后你必有荣华富贵。请问你娶妻没有？"

刘邦摇摇头说还未娶妻。

吕公点点头微微一笑："老夫有一小女，尚未许配人家，老夫愿将小女许配于你，愿奉箕帚，不知你觉得怎么样？"

刘邦听了此言，感觉真是喜从天降，乐得飘飘然，当即翻身下拜，给岳父大人请安。

转瞬间吉期来临，刘邦着了礼服前来迎娶吕雉，花轿后紧跟迎亲的萧何、曹参、夏侯婴等人。吕公即命女儿吕雉装束齐整，送上彩舆，随刘邦而去。

洞房花烛之夜，刘邦与吕雉龙凤谐欢之余，心里暗中感激萧何，

心想要不是萧何，自己怎能娶上如此仪容秀丽、丰采逼人的美妇？事实也是如此，刘邦的婚事多亏了萧何前后张罗，才使其如愿以偿。

萧何在刘邦的婚姻大事上起了重大作用，同时，他在日常的交往中也时时处处关心着刘邦。有一次刘邦奉命西赴咸阳，县吏都送钱给刘邦，常规都给他百钱3枚，只有萧何给了百钱5枚。萧何对刘邦的好处，使刘邦终生难忘，他总是说等他日后发迹了，一定要好好地回报萧何。后来刘邦当了皇帝，果然不食前言，屡次给萧何加官晋爵，封地赐田，以报当年之恩。

刘邦娶了吕雉，虽然相亲相爱，但他是登徒子之流人物，怎能不在外拈花惹草？他任泗水小亭长，经常在外，平生贪杯，因此常常喝得酩酊大醉。由于喝酒常去烟花之处，刘邦很快和曹家酒楼的曹女打得火热，于是这里也便成了他和萧何等人谈天说地的固定场所，一有空余时间，他们便聚在这里高谈阔论畅所欲言，大吃大喝。正因为这样，曾引起吕雉的嫉妒。

一天，刘邦与萧何、曹参、夏侯婴四人又聚在曹家酒楼。

刘邦干完一杯酒，微微一笑："三位好友是否知始皇驾崩，二世胡亥继位？"

夏侯婴说："这全天下百姓都知道。"

刘邦又低声说："那三位可知陈胜、吴广在大泽乡揭竿而起，率众起事首先反秦，现已攻破十几座城池？"

曹参点点头："吾等略知一二。"

刘邦顿了顿，环顾众人："如今二世暴政，烽火四起，民怨沸腾，吾等为什么不趁此时机干番大事！"

萧何立刻响应："对！贤弟之言有理，我看这秦王朝气数已尽，普天忿怨，遍地哀鸿，我等不能再为这秦王朝卖命了。"

曹参也赞同说："这个无道的昏君，只知剥削百姓，哪有治国之术。我看就依刘邦兄之言，我等何不干番轰轰烈烈的大事？"

萧何见大家思想一致，就转向刘邦问："依刘贤弟之意……"

刘邦马上说："顺从民心，奋举义旗，推翻暴秦，重建太平。"

三人赞同道:"此言有理!我们立刻准备。"

刘邦望着萧何,恳切地说:"萧何兄,你是县衙中的刀笔吏,你看怎样才能率众起事?"

萧何起身离开桌案在屋内踱步。沉思片刻,他来到窗前向街道望去,见一队队一行行被秦军官兵抓来的青年壮士,脚戴铁链一步步向西而行,官兵不时扬鞭抽打壮士,催促壮士赶路,壮士们个个伤痕累累,愤怒地望着扬鞭的官兵艰难地前行。萧何离窗来到桌前,对刘邦说:"贤弟要想率众起义,可以这样行事。"他想了一个好办法,那就是最近朝廷降旨下来,要各郡县再速遣青年壮士去咸阳修建阿房宫,沛县马上也要送100多名壮士去咸阳。因此他想和曹参全力向县令推荐刘邦,让刘邦押送壮士到咸阳城,途中向壮士们施以恩惠,好聚众起义,然后再想办法里应外合,先拿下沛城。

萧何说出这一计策,立刻得到众人赞同。刘邦连连竖拇指,对萧何钦佩不已。

在萧何的努力下,沛县县令终于答应让刘邦押送100多名壮丁去咸阳。

沛县丰乡西面的大泽道上,刘邦押着壮丁慢慢地行走着。太阳西下,人人都口干舌燥疲惫不堪。刘邦抬头瞧见路旁有一小亭,亭内有人卖酒,刘邦上前叫道:"小二,买几坛酒来。"

小二连忙搬出几坛酒来,刘邦又让他拿来碗。

刘邦对众壮士说:"大伙行路一天,天已渐暗,在此歇息片刻,饮点水酒,解解饥渴。"

众壮士闻声纷纷上前,争抢着酒碗喝,刘邦搬了一坛酒自斟自饮。

直喝到夜晚,刘邦假装喝醉,大声说:"众位弟兄,你们到了咸阳,必充苦役,不被打死也得累死;而且现在看来我们半月里难到咸阳了,这秦法规定,若误日期到达统统要被砍头。你等去是死,回去也是死,不如我将你们放跑,给大家一条生路,各自去逃生吧!"

众人巴不得这样,听了刘邦的话,真是感激涕零,感谢不已。刘邦替他们一一解去绑绳,挥手让他们离开。大家恐怕刘邦因此获罪,

便问刘邦："公不忍我等送死，慨然释放，此恩此德，誓不忘怀，可是公将怎样回去交差？这会祸及九族的呀！"

刘邦苦笑说："唉！你们都去了，我也只好远离此地去逃生，难道还能回去送死不成？"

其中有一叫周勃的壮汉说："我等全是善良百姓，只因交不起朝廷苛税，才被抓来服役。既然刘公如此仗义，我等怎能弃你不管，而且我等走后，万一被官兵抓住，也难免一死，不如我等跟随刘公，听刘公号令，反了朝廷，占山为王！"

众人齐声道："对！我们愿意随刘公共同推翻朝廷。"

沛县令得知刘邦率众造反，气得吹胡子瞪眼，立刻派人把刘邦的妻子吕雉抓进县衙。本要严刑拷打，幸好萧何用计，说可以用吕雉作诱饵，引刘邦上钩，方保吕雉平安无事。

这时，陈胜、吴广领导的义军势如破竹，连破数城，据报已破沛之邻县蕲县，沛县县令吓得如热锅上的蚂蚁，不知所措，连忙派人叫来了萧何、曹参计议。

萧何和曹参心照不宣地互视一笑，萧何上前一步："大人若依在下两件事，我保证沛城无事！"

县令夫人只怕义军攻进沛城，全家大小性命不保，于是着急地说："哎呀！还不快讲！不要说两件，就是百件，老爷也会依你！"

萧何微微一笑："果真是这样吗？"

县令忙说："本大人决不食言！"

萧何这才不慌不忙地说："第一快把刘邦的妻子从牢中放出；第二，赦罪召还刘邦。"县令异常惊讶："萧何，你这是什么用意？"

萧何笑着说："在下听说刘邦已聚集数千人盘踞芒砀山，此人虽然也已起义，但只是占山为王，并不曾攻州克县，且他非常有义气，如果赦免他的罪过，他必感恩图报。因此老爷派人赦罪召回刘邦帮助我们守城，这沛城岂能丢失！"

县令夫人高兴地拍手称赞："对！对！老爷你还犹豫什么，还不快派人放了刘邦妻儿，赦罪速召刘邦等人守城！"

县令如梦初醒，火速派人放了吕雉。他发愁心忧派谁去才能召还刘邦，只见曹参沉思片刻说："在下认识一人，他妻是吕雉之妹，他与刘邦是连襟，此人素有膂力，以屠狗为业，姓樊名哙，让他前往定无一失！"

县令大喜，点点头应许了。

萧何、曹参二人相视一笑，计谋再次成功了。

刘邦见到樊哙带来的萧何的亲笔书信，得知萧何又定下妙计，时机已到，可以攻取沛城了，他持剑率众直奔沛城。行至中途，忽见萧何、曹参慌慌张张狼狈不堪跑来，刘邦惊愕地迎上前去："萧何兄，你们怎么来了？"

萧何气喘吁吁说："贤弟，大事不好了。我等请县令召公，原本想依计占领沛城，没想到那狗官经他人点化，已识破我二人之计，于是下令闭守城门，正要诛杀我二人，亏得夏侯贤弟告知，我二人才逃出城来。"

刘邦听后很是着急："这……岂不是前功尽弃？"

萧何说："城中百姓对县令也非常憎恨，我们可以先投书函给众百姓，鼓动他们杀死县令，免受秦毒。只是该如何投书呢？"

刘邦说："这有何难？请兄长马上写一书函，我自有办法投入。"

萧何听后，急忙提笔在手，草就一书，上写："天下苦秦久矣，今沛县父老，虽为沛令守城，然诸侯并起，势必屠沛。为诸父老计，不若共诛沛令，改择子弟可立者以应诸侯，则家室可以保全！不然，父子俱屠无幸也。"

刘邦看后，连声说好，便将书加封，自带弓箭，至城下喊守

萧何像

卒说："你们不要徒劳无功，请速看我书，便可保住全城性命。"说罢，用箭将书信射入城上。城上守卒，见箭上有书信，取过一阅，却是句句有理，便下城同诸父老计议。众父老一齐赞成，率子弟们攻入县署，把县令杀死，然后大开城门，欢迎刘邦、萧何及众义军入城。

刘邦召集人们开会，讨论今后将如何发展。萧何对众人说："狗官已被杀，这沛城不能一日无主，刘公有才有德，可为沛令，不知众父老认为怎么样？"

众人齐声称赞，称刘邦为沛公。

刘邦推辞一番，见众人意已决，便假装感激地望着众人说："既然大家如此信任我刘邦，我就担起此任。从今日起正式举旗反秦，除暴虐，平民怨，将士同心，推翻暴秦，共建大业！"

众人振臂高呼："将士同心，推翻暴秦，共建太平！"

然后，刘邦又授萧何为丞，曹参为中涓，樊哙为舍人，夏侯婴为太仆，并商议联合诸侯，准备迎击秦兵。从此，刘邦正式开始了反秦起义的步伐。

从刘邦起兵的过程中，很明显可以看出，萧何是主要的策划者，并且也是这次起义的主要组织者之一。所以，刘邦沛县起义，萧何实为主谋。"沛中之变"及多次险情，均是由于萧何的果断决策才转危为安的，没有萧何的大力相助，刘邦起兵是不可能获得成功的。

深谋远虑，力荐韩信

刘邦沛县起义成功后，在萧何、张良等人的辅佐下，势力不断发展壮大，成为当时威名赫赫的一支强大的反秦队伍。

秦二世二年（公元前208）九月，项梁叔侄杀了会稽郡守殷通，举起义旗。不久，便聚集了20余万兵马，拥立楚王第12皇孙13岁的熊心为王，并与刘邦所部会于薛城。众将约定：项羽北向救赵，解巨鹿之围后，从北路向西攻秦，刘邦从南路西进向关中进发。两路人马在击败秦军后，谁先入秦都咸阳，谁当关中王。

刘邦率军勇往直前，依靠张良等人的谋划，避实就虚，剿抚并用，一路夺关斩将，直抵关中。萧何身为丞督，坐镇地方，督办军队的后勤供应。公元前206年十月，刘邦率大军兵临咸阳城。秦王子婴设计杀了奸相赵高，献出玉玺，向刘邦投降。于是，起义大军浩浩荡荡开进咸阳城。

将士们见秦都宫殿巍峨，街市繁华，顿时忘乎所以，纷纷乘乱抢掠金银财物。沛公也忍不住，趁着空闲，跑到秦宫去东张西望。他看见华丽的宫室，豪华的摆设，成堆的金银珠宝，猎狗骏马，珍奇玩物，还有一群群的美女，不觉眼花缭乱，飘飘然起来，甚至贪恋秦宫的富贵而不忍离开。他神魂颠倒地拥着美女走进胡亥的寝宫，往龙床上一躺，便进入了温柔乡。突然，大将樊哙破门而入，大声说："沛公想取天下，还是想当富家翁？这些奢华之物，正是秦亡的祸根。切勿迷恋于此！"与此同时，张良等人也来陈述利害，刘邦这才命兵士查封皇宫府库，然后率众将士返回灞上。

唯独萧何，进入咸阳后，一不贪恋金银财物，二不迷恋美女，却急如星火地赶往秦丞相御史府，并派士兵迅速包围丞相御史府不准任何人出入。然后让忠实可靠的人将秦朝有关国家户籍、地形、法令等图书档案一一进行清查，分门别类，登记造册，统统收藏起来，留待日后查用。因为，依据秦朝的典制，丞相辅佐天子，处理国家大事；御史大夫对外监督各郡御史，对内接受公卿奏事。除军权外，丞相和御史大夫几乎总揽一切朝政。萧何做官多年，当然知道这些。对此，全军上下无不佩服，刘邦在惭愧之余，说："萧何确是异才，不枉我提拔他一场。"萧何收藏的这些秦朝的律令图书档案，使刘邦对天下的关塞险要、户口多寡、强弱形势、风俗民情等等了如指掌，为制定正确的方针政策和律令制度提供了可靠的根据，对日后西汉政权的建立

和巩固，起到了巨大的作用，功不可没。这也足见萧何的深谋远虑。

刘邦率军攻入秦都咸阳。按照当初和项羽的约定，谁先入咸阳即为王，这样刘邦按理应称王。然而自恃兵多将广的项羽根本不把先前的约定当回事，他屡次以武力威胁刘邦退出咸阳，由他称王，并设鸿门宴欲除去刘邦。在这种危急的形势下，张良、萧何认真地分析了当时两军的实力，认为不可与项羽发生正面冲突，以免发生不幸。当务之急是先保存实力，日后待时机成熟再与项羽一争高下。

刘邦表面上对项羽毕恭毕敬，使项羽消除了杀害刘邦的念头，他只想封刘邦到外地去，离开关中。项羽的谋士范增得知后对项羽说："你不杀刘邦，实在是一大错误。"

项羽说："他未尝有罪，无故杀他，必致人心不服。"

范增见无法说服项羽，只好说："既然如此，不如加封他为蜀王，蜀地甚险，易入难出。再封秦之降将章邯、司马欣、董翳三人分王关中，守住蜀道，以阻刘邦。"

项羽非常满意，于是便封刘邦为蜀王。

刘邦得知后非常愤怒："项羽无礼，竟敢背约，我愿与他决一死战。"樊哙、周勃等人也都摩拳擦掌，想去厮杀。唯独萧何进谏说："此计万万不可，蜀地虽险，总可求生，不致速死。"

刘邦说："难道去攻项羽，便是速死吗?"

萧何说："敌众我寡，百战百败，怎能不死? 汤武臣服桀纣，无非因时机未至，不得不委曲求全。今能先据蜀地，爱民礼贤，养精蓄锐，然后还定三秦，进图天下，也未为迟。"

刘邦听了，怒气稍减，转而问张良。张良也同意萧何的说法，只是提议贿赂项伯，使他转达项羽，求其分封汉中地，因为汉中离关中较近，日后好作打算。

项羽十分爽快就改封刘邦为汉王，令其火速离开关中，赴汉中为王。

正在这时，张良却因家中有事要暂时离别。临别前，刘邦、萧何、张良等人眼含热泪，依依不舍。

张良拉着刘邦和萧何的手说："你们没感到日后要想统一天下，军营中还缺少什么？"

刘邦沉思片刻摇摇头："军营之中不缺什么，文有你及萧何，武有曹参、樊哙和周勃，粮草马匹兵器样样都有。"

张良恳切地向刘邦建议要招一位文武全才的大将军："我虽能出谋划策，可手无缚鸡之力，不会带兵，萧何有政务之才，也不会带兵，曹参、樊哙虽勇猛过人，但只是一介武夫，很难统领百万兵将，况且也无人能敌过项羽，大王日后如何与项羽争夺天下？大王要想夺取天下，身旁非得有一名文武全才之人佐助，方能统兵与楚争雄，以便日后统一天下。"

"言之有理！"萧何听罢点头称是。

张良紧握住萧何的手："望萧兄好好辅助大王，日后军中急需广纳贤士，如能觅得一二栋梁之才，兴汉灭楚有望了。"

萧何说："贤弟放心！我一定尽自己全力，为大王招贤纳士，振兴汉军。"

张良走后，出谋划策的重担落到萧何一人身上，他再次向刘邦分析形势，劝刘邦快速奔赴汉中："臣已查明，汉中乃是块盆地，北瞰关中，南蔽巴蜀，东抵襄邓，西控秦陇，此地正好屯兵养马，积草囤粮，养精蓄锐，日后好重返关中，以成大业。"

刘邦听从了萧何的计策，率兵从褒斜道进入汉中，并烧了栈道。这样既可防备诸侯出其不意的袭击，又可表示绝无东归之意，使项羽更加对刘邦放松提防。

刘邦兵抵南郑，休兵养士，操练部队。萧何向刘邦建议可以一边操练人马，一边开仓放粮，赈救饥民。于是偏远的南郑城顿时热闹起来，车水马龙，人来人往，一派繁华景象。与此同时，萧何又派人在城墙周围贴上《招贤榜》，广招天下奇贤异士。

这天，大将夏侯婴的战马突然受惊，在南郑大街上狂奔乱撞，这时只见一壮汉飞身跃上，奋不顾身截住烈马，烈马昂头一声长嘶，停蹄而止。夏侯婴赶来连忙施礼："多谢壮士，末将这里有礼了。"

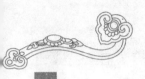

只见那壮汉回礼道："不必多礼！"

夏侯婴道："今日烈马受惊，多亏壮士阻拦，要不然可要闯下大祸了，不知壮士尊姓大名？"

"在下姓韩名信，前来效力于汉王。"

"原来是韩壮士，我早有耳闻。快随我先到营中，待我上报汉王及萧丞相，再按壮士才能封职。"夏侯婴带上韩信回到营中去。

这位韩信，本是淮阴人氏，少年丧父，家庭穷困，被人瞧不起。但他从小酷爱兵法，且练就了一身武功，可以成为一位胸怀奇略的大将之才。后来他参加了项梁领导的义军，一心想干一番大事业，但一直不为项梁、项羽叔侄所重用，因此他才背叛楚军投奔刘邦而来。

夏侯婴获知韩信秉公办事，很有才华后，连忙去向丞相萧何报告，说韩信虽然官职卑小，但办事井井有条，不畏权贵，是位难得的人才。萧何听后乐得哈哈大笑，知道韩信确有胆识。夏侯婴又说："我与韩信相处月余，此人绝非等闲之辈，他对兵法也很熟，好像曾经受过高人教导。"

萧何一听，非常感兴趣，他立刻让夏侯婴带他去找韩信。

这时韩信正在草坪上带着他管辖的几十名士卒在操练，随后又给他们讲了用兵作战的兵法。

萧何、夏侯婴互相望了望满意地笑了。

萧何激动地说："今日一见，韩信果有才能！看来，此人正是老夫要觅之人，真乃天助我也！老夫定要在汉王驾前保举此人。"

就在萧何准备向刘邦举荐韩信之际，却忽然发生了一件料想不到的事情。樊哙带人将韩信等人拿下，向刘邦报告说韩信结党营私，藐视大王，密谋叛变。刘邦问也不问一声，毫不思虑将手一摆，下令杀了韩信。正在这关键时刻，萧何与夏侯婴赶来，萧何汗流浃背、两腿发颤，跪拜施礼："参见大王！不知韩信等人身犯什么罪？"

"图谋不轨，聚众反叛！"

"大王，据为臣所知，并非韩信等人谋反，实是有人借机报复。"

"哦，"刘邦吃惊不小。

萧何见刘邦态度有了转变，趁机说："汉室刚立，不可滥杀无辜，天下人耳闻大王礼贤下士，求贤若渴，韩信才千里迢迢弃楚投汉，今日杀了韩信等人，岂不叫天下有志投汉之士寒心吗？大王日后靠谁完成一统大业？"

刘邦想了片刻，决定免去韩信等人死刑，韩信仍复连敖之职。

萧何又摇摇头："大王，据臣所察韩信有勇有谋，熟习兵法，连敖之职实在屈才。臣以为此人日后必有大用，应委以重任。"

刘邦背手踱步沉思片刻后说："他既然管粮草有功，那就加封他个治粟都尉吧！"

萧何还想争取，刘邦阻止了他，萧何只好离去。

韩信虽然免却一死，又升为都尉，可他终日情绪低落，大有怀才不遇之感。萧何请韩信到自己的府中，与他谈论天下大事，想亲自考查韩信的才能。韩信高谈阔论，从十七路诸侯各据一方讲到楚汉战争，从汉王烧栈道掩人耳目讲到楚汉两军的优势和劣势，从如何偷袭关中讲到统一全国大业，直听得萧何连连说好，不住点头，此后两人双手紧握在一起，互为得遇知音而高兴。

随后，萧何再次向刘邦推荐韩信，并恳切建议封韩信为三军主帅。

刘邦说："韩信少年时受辱胯下，如此懦夫怎么能充当大将？"

萧何说："自古寒门出英豪，从来纨绔少伟男。据臣所知，韩信熟读兵书，满腹经纶，明察时局，又足智多谋，武勇冠三军，确是安邦定国之将帅才。故为明君者，招纳贤才乃第一要事，大王万不可凭一时一事观人，误汉大业。秦二世不明治国大策，不用贤才，而用小人，方成为孤家寡人，乃致众叛亲离，国破人亡。大王若胸无大志，置招贤纳士于不顾，苟安一隅，只恐汉要重蹈秦亡之辙！"

刘邦还是连连摇头："丰沛将士跟我多年，身经百战，立下汗马功劳，一个受胯下之辱的懦夫，怎么能封他为帅，众功臣宿将怎么能服从，三军将士岂不说我赏罚不明吗？"

萧何激昂地说："三军将士，功臣宿将，虽有战功，但无一人能比韩信之才能，韩信乃人中之雄，臣知遇韩信才屡劝大王重用。大王

您如长居汉中称王，那就无须用韩信，如欲东向一统天下，非用韩信不可，切望大王三思而行！"

谁知刘邦非但听不进去，反而有点生气了："我今晚身体欠佳，心情烦闷，丞相就不必多言了，此事日后再说吧。"说完回宫去了。

萧何闷闷不乐地回到府中，茶饭不思，他深感自己身为汉室丞相，不能辅佐大王一统天下为民谋福，心怀惭愧。他在心里说：明日早朝我再尽力举荐韩信，大王若再固执己见，我就交出相印。

夫人见他连日来为韩信之事焦急万分，便相劝说："你多次犯颜直谏，如有小人进谗，恐怕你会招来祸端！"

萧何微微一笑："为人臣者，当为君主尽忠，不能心怀私意，误国误民。"

夫人被感动得热泪盈眶，再未多说。

深夜，萧何刚入睡，忽听家僮慌慌张张跑来在窗外喊："相爷，守城军校来报，二更时分韩都尉骑马跑出了北门，至今未归。"

"啊！"萧何惊讶地急忙更衣起床连声问道："为什么此时才报？"

"军校言讲，二更时分韩都尉要出北门，说去城外粮仓巡哨，但至今不见回城，恐怕他也离营逃走……"

萧何急忙起身令家僮备马，家僮犹豫不决地问："相爷，如此深夜要上哪去？"

"去追韩信，追韩信！"萧何心急如焚地说着。随后和家僮扬鞭打马向北门飞奔而去。

萧何与家僮骑马在月光下的褒斜道上紧追韩信。

一轮明月悬挂中天，月光给整个山麓镀上一层银辉。韩信骑马来到褒河畔，见河水猛涨，水深浪急，他只好下马，坐在一块大石头上休息片刻。忽然听见远处一阵马蹄声由远及近，只听马上之人高声喊："前面之人请留步！"韩信惊讶地回头一望，只见两匹快马飞奔而来，来人渐渐看得清楚，一马当先的竟是萧何！

萧何在马上看见韩信，顿时喜出望外，放声喊："都尉留步！"

看见风尘仆仆的丞相，韩信一阵心酸，他禁不住热泪盈眶："丞相，让您受累了！"

萧何深情地说："你我一见如故。要走，也得告诉我一声嘛！"

韩信扑通跪下失声说："丞相，请恕罪！"

萧何含笑说："都尉请起！男儿有泪不轻弹嘛！横枪跃马洒热血，方才是英雄本色。"

韩信擦干眼泪起身说："我本想在汉军中干一番事业，辅佐汉王统一天下，可是大王偏信谗言，视我韩信如草芥，虽丞相几次犯颜推荐，但大王充耳不闻。我堂堂七尺男儿，空读圣贤书，又习武艺，徒有雄心壮志，却报国无门。且恐再连累丞相，故决心离汉，弃甲归田，永不从戎。"

萧何说："都尉所言差矣！都尉满腹经纶，武艺超群，何不建功立业，做番大事流芳百世，怎么能出此下策。当今天下，能成大器者，汉王刘邦也。凡事总有个前后，大王十分器重人才，只是尚未知你，故而未予重用。一旦知你雄才大略，必当重用，老夫可做担保！"

韩信长叹一声："唉！丞相多次为我……可结果大王他……"

萧何禁不住笑道："伍子胥七荐孙武，孙武方被吴王所用，我也不过才三荐都尉啊！都尉不必犹豫，跟我速回军营，这次大王若再固执己见，一意孤行，不重用都尉，我愿与你一道弃甲归田！"

韩信见萧何如此诚恳，不由热泪盈眶，"丞相如此厚爱，我还有何话可说。就是跟着汉王及丞相赴汤蹈火，战死疆场，也在所不辞！"说着单腿跪地双手抱拳，以表达内心感激之情。

萧何含笑："快快请起，随我回营。"

韩信心情澎湃，拔剑向天发誓："生我者父母，知我者丞相，我韩信如不能全力辅佐汉王统一天下，誓不为人！"

这时已近拂晓，雄鸡唱晓，萧何与韩信拨马，一起向汉营而去。

与此同时，刘邦早已得到报告说萧何深夜出城至今未归。刘邦一向多疑，他以为自己没有采纳萧何的建议，拜韩信为三军主帅，萧何可能因而一气离去，他如坐针毡，心忧如焚。他在暗暗说：连跟随我多年的萧何丞相也逃走了，真让人痛心哪。张良探母未归，萧何又悄

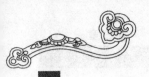

然离去，刘邦顿时感到如失左膀右臂，不知如何是好。

正当刘邦焦躁、烦闷、忧愁、气恼之时，一内侍急步进殿禀报："萧丞相求见！"

刘邦一惊，疑心自己听错了，又问内侍说："什么？你再说一遍！"

内侍说："萧丞相求见！"

刘邦一听，顿时悬着的心落地了，长长地舒了口气。突然他把脸一沉，怒不可遏地说："宣他上殿！"

这时，只见萧何进殿跪拜道："臣萧何参见大王！"

刘邦怒喝道："萧何！你可知罪！"

"臣有什么罪？"

"你竟敢弃汉叛逃，还敢否认？"

"为臣不敢！臣只是去追赶一人。"

"追赶什么人？"

"治粟都尉韩信。"

刘邦冷笑："你岂能瞒过我！三军自秦地出发沿途将士逃离甚多，你并未追赶，唯独一个韩信，你却去追赶。这分明是你与韩信串通一气，想弃汉投楚，因没走脱才返回又用假话来欺骗我，我岂能信你？"

"大王息怒，听臣细言。"萧何不紧不慢地说，"虽前一阵逃离者甚多，但无关轻重，唯独韩信乃当今英杰，岂能让他离去。大王若要与楚争雄，一统天下，除用韩信之外，无人可用，故臣不能不去追还！"

刘邦听罢怒气渐消："那韩信果有这般大才？"

"韩信如无雄才大略，臣也不会三番五次向大王推荐。"萧何话语里柔中带刚说。

刘邦沉思一会儿："既然如此，可宣韩信上殿一试，看他到底有什么才能？"

英姿勃发、衣冠齐整的韩信潇洒自如地走上殿来行君臣之礼，刘邦一看果然是气宇轩昂之人，顿时对韩信有了几分好感。他让韩信对当今天下之事，楚汉之争发表看法，韩信纵论天下，分析彼此，指出楚虽强大，但失去民心，缺乏谋略之人，因此并未比汉强出许多。他口若悬河，胸有成竹地说："大王若任用天下谋臣勇将，何敌不摧？何地不克？何人不服？大王起兵东征，虽有章邯诸王扼汉要塞设防，但彼皆秦朝旧将，且不得民心，秦地民怨日甚。因此大王若起兵东征，关中即可为汉，关中既下，汉便依秦为根据地，然后再图天下，王业可成！"

刘邦说："话虽在理，可通往关中的栈道已被烧毁，怎样能起兵夺取三秦？"

韩信微笑，胸有成竹地说："我早有一计，定能夺取关中。"

刘邦万分惊喜，起身离座，走到韩信身边握着韩信的手急切地问："都尉有什么良策？"

韩信附在刘邦耳边说："如此如此……这叫明修栈道，暗渡陈仓。"

"妙！妙！妙！"刘邦赞不绝口，"都尉果然是奇才，只恨我以前糊涂，让你受委屈了！"

韩信此时也激动得热泪盈眶，以致说不出话来。

刘邦又走到萧何身旁惭愧地说："萧丞相，我错怪你了，也委屈你了！"

随后刘邦又采纳了萧何的建议，加封韩信为东征大将军，并选择吉日，沐浴斋戒，筑下拜将坛，用隆重的礼节为韩信举行了册封仪式。

萧何不避嫌疑，推荐韩信，表现了一代国相应有的气魄和胆识。萧何身处相位，并不以"贤"自居，嫉贤妒能，而是一位思贤若渴，不计私利的好丞相。当此楚汉相争、天下动荡之际，萧何所焦急的，恰恰是如何为汉王网罗贤臣的大事。韩信拜将后，果然不负萧何的期望，在楚汉相争中屡立大功，并最终决定了项羽垓下之败的命运。

坐镇关中，开国首功

公元前 202 年，刘邦在楚汉相争中力挫项羽，夺取天下，即皇帝位。在他分封功臣时，居然将据守关中，并无攻城野战之功的萧何名列第一，封以食邑 8000 户的侯，当即在他手下诸将中引起轩然大波。

有人说："我等披坚执锐、身经百战，而萧何并没有汗马之劳，只靠舞文弄墨、空发议论，为什么反而功居我等之上？"

刘邦对此说了一番既粗浅又形象且发人深省的话。

他问诸位文官武将："你们知道打猎吗？"

他们答道："知道。"

"你们知道猎狗吗？"

他们说："知道。"

刘邦说："打猎，追杀兽兔的是狗，而发踪指示兽处的是人。今诸君徒能得走兽耳，功狗也。至如萧何，发踪指示，功人也。且诸君独以身随我，多者两三人，今萧何举宗数十人皆随我，功不可忘也！"

一席话驳得诸将面面相觑，无法作答。

人们常说刘邦多诈，但他对萧何的这一评价，倒大多是发自内心的肺腑之言。萧何在辅佐刘邦定天下的事业中，的确建立了非同一般的功绩。

韩信被封为大将军后，不久即率军明修栈道，暗渡陈仓，给三秦守军章邯等来了个奇袭，很快占据关中。随后，刘邦、张良、韩信等统率大军东进与楚军作战，把关中留给萧何总管。萧何非常勤俭，竭尽全力治理关中，把关中地区建成为楚汉战争中刘邦坚实的后方和人力物力的供应基地。不断地为前方输送士卒、粮饷。从建功立业，光宗耀祖的个人前途考虑，这样默默无闻地当个"为他人做嫁衣裳"的后勤官，诚然不是一件令人羡慕的事。萧何却不然，他身居关中，心系天下，把治理关中看作是辅佐刘邦创建帝业的大事，用尽了自己的全部心血。

萧何留守关中后，为了能保证三军将士的粮草，他决定从基本建设着手。据《三辅黄图》书载，他在长安的未央宫立武库以藏兵器，造太仓以储军粮，这都是建设稳固的后方所必需的。除此之外，萧何还忠实执行刘邦对人民采取的减轻剥削发展生产的缓和政策，几次颁布有利于经济生产的法令，如关中地区家有从军者免租税一年。由于刘邦将关中全权托付给萧何，使得萧何在关中有最大的权力，一切法令、宗庙、社稷、宫室、县邑等大小杂务，均可由萧何做主"便宜施行"。这样，萧何在关中施政，便能发挥其最大的作用，也在尽可能的范围内，全面支援了刘邦在前方的战争。《史记·萧相国世家》指出："关中事计口转漕给军，汉王数失军遁去，何常兴关中卒，辄补缺。"说的是萧何管理关中的事，包括统计户口、运送粮饷，汉王几次溃败、弃军逃跑，皆是萧何征发关中兵，补足汉军欠额。

汉高祖二年（前205）四月，刘邦率军东征后，萧何留守在栎阳城中忠诚地工作着，以随时满足前方对粮草人马的需要。在他的辛勤努力下，使汉都栎阳城里，到处都呈现出了一片欣欣向荣的景象。在四城门的墙壁上贴着招兵告示，众多的青壮年积极踊跃地要求报名参军。

获悉前方战事吃紧，急需人马，萧何这几天坐立不安，他亲自来到街上巡视招募新兵的情况，得知已招募了一万多兵员时，萧何勉励大家说："前方征战，急需人员补充，愿报名者，年龄可以不限，你们多多辛苦点到其他各地招募，这一万多人，实在太少，前方急需用人啊！"

招募新兵的军校精神饱满地说："请丞相放心，我们马上到四处去招募。"

为了筹集粮草，招募兵员支援前方，萧何连日来四处奔波忙碌，非常辛苦，常常是废寝忘食。在他的努力下，很快凑足了粮草和 10 万人马，只待派人送往前方。正在萧何为送粮草人马的人选发愁时，他的儿子萧平毛遂自荐，主动要求担此重任。萧何虽不放心儿子出门在外，但为了早日支援前方作战，也为了让儿子在战火中经受锻炼，遂决定派萧平押送粮草人马奔赴战场。

与此同时，刘邦率 56 万余众与项羽决战彭城。项羽以精锐之卒，大破汉军于睢水之上，汉军十几万人被杀，十几万人被逼入睢水，致使"睢水为之不流"，刘邦一溃千里，只"与数十骑遁去"，收集残兵败卒困守荥阳。在此危急关头，萧何派遣萧平押送的十万人马粮草及时赶到，刘邦立刻转忧为喜："真是喜从天降，萧卿雪中送炭啊！"

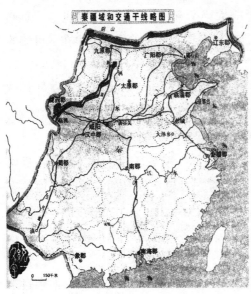

秦交通干线

萧平呈上账簿请刘邦审查。刘邦接过账簿展开一看喜出望外："我们添这 10 万人马和粮草，何惧项羽！萧卿劳苦功高，赏赐白银十两，绸缎五匹，带回栎阳交与萧卿。"

萧平急忙施礼："孩儿代父亲谢过大王！"

第二年荥阳之战，项羽以重兵围城，刘邦被迫诈降，仅以数十骑从城西门逃出，走成皋，战局之危千钧一发。当时萧何独掌关中，稍有二心，便可置刘邦于死地。刘邦生性多疑，他对萧何很不放心，于是屡次派人以犒劳之名，窥探萧何的举动。足智多谋的萧何立刻识破了刘邦的用心，知道刘邦对自己起了疑心，但他一时又不知如何做才能使刘邦消除疑心。

这时，萧府中门客鲍生给他出主意说："大王亲临前方征战，还屡遣人赐赏物品，看来是对丞相不放心啊！恐丞相有变，自据关中称王，故屡屡慰问，收丞相之心，探关中之实，丞相若解大王疑心，只有差遣子侄亲族从军，跟随大王征战，方能解大王之疑！"

萧何顿时豁然开朗："你的话使老夫茅塞顿开。"

于是，萧何采纳了鲍生的建议，不仅没有计较刘邦对他的猜忌，反而动员自己的儿子萧平及十几位子孙昆弟一起上前线，跟随刘邦南征北战。

刘邦见到萧氏子侄从军，心中疑团即散，对萧何更加信任、更加钦佩了。

萧何送子侄从军征战，不仅解除了刘邦的疑心，同时也安定和鼓舞了全军士气，而且也为老百姓树立了楷模，随后，除关中之外，凡属汉辖地区，不论男女老幼，纷纷动员起来，一门心思为了前线抗楚。这样一来使得汉军粮草充足，兵源不断，从而为战争胜利提供了坚强保证。

公元前203年，楚汉相争进入最后阶段，双方无论在人力、物力方面都有很大损失，就连实力雄厚的项羽，此刻也陷入了"兵罢食绝"的困境。但是刘邦的部队，却由于萧何"转漕关中，给食不乏"而"兵盛食多"。后来，终于越战越强，逼得项羽兵败垓下，自刎而亡。

刘邦手下有一位大臣鄂千秋，在论及萧何与大将曹参的功劳高下时，曾公正地指出："上与楚相拒五岁，常失军亡众，逃身遁者数矣。然萧何常从关中遣军补其处，非上所诏令而召数万众会……汉与楚相守荥阳数年，军无见粮，萧何转漕关中，给食不乏，陛下虽数亡山东，萧何常全关中等陛下。此万世之功也！"

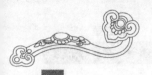

定国安邦，萧规曹随

作为一个政治家，尤其是一个丞相，萧何无疑具备着超人的志向和抱负。自沛县起义开始，他就准备着为刘邦的军队制定一系列律令制度。

公元前 206 年，刘邦攻入咸阳，将士皆去打开府库，拿出金银宝贝，大家分享。唯独萧何直接到了秦丞相府、御史府，把秦朝法律制度及地图户籍一一搜集起来保存好。这为后来刘邦平定天下和统治天下打下了良好的基础，使汉朝统治者能"具知天下厄塞、户口多少，强弱处，民所疾苦"，然后依据这些来制定新的律令和减轻剥削的措施，为以后刘邦的统一战争以及封建国家的重建工作，打下了坚实的基础。

刘邦率军进入咸阳后，采纳了樊哙、张良的主张，退军灞上，封闭秦朝的珍宝府库，决定废除秦的苛法，与关中父老"约法三章"："杀人者死，伤人及盗抵罪"，让秦的一些地方官留任原职，以维持社会秩序。刘邦的"约法三章"，一方面是重建封建法制的开端，是保护地主阶级生命财产不受侵犯的政治宣言；另一方面，它具有稳定社会秩序的积极作用，所以得到了关中各阶层人民的支持。"秦人大喜，争持牛羊酒食"，犒劳刘邦的军队，唯恐沛公不为秦王。

《汉书·刑法志》有载，刘邦入关后虽然与老百姓"约法三章"，尽削秦法之苛，使得"兆民大悦"。但三章之法毕竟太简单，意欲社会安定，还需要具体的条文。因此在"约法三章"的基础上，萧何重新整理了秦朝的旧法条文，在秦律的基础上，又增添了《兴律》《户律》《厩律》三章，合为九章，故称《九章律》。萧何制定的新律，起到了良好的效果。据历史记载，当时人民得免严刑苛法，皆能长幼养老。他的宽刑措施，使社会很快安定下来，衣食滋殖，吏安其官，民乐其业，蓄积岁增。

萧何为相，基本上沿袭了秦朝的政治制度，只是将不适合时代要求的制度取缔，代之以新制。皇帝是全国最高的统治者，下设丞相、太尉、御史大夫，分管政务、军事和监察，称为"三公"。"三公"之下，设有掌管国家军政和宫廷事务的"九卿"。地方行政机构，除沿袭秦朝的郡县制外，还分封诸侯王，形成郡国杂交的局面。郡县官制承袭秦代，封国官职仿照中央，县以下的基层组织仍为乡、里。这样，就恢复了从中央到地方的一整套统治机构。

公元前 202 年，当楚汉战争结束、刘邦称帝的时候，到处是一片荒凉残破的景象。由于秦王朝的残暴统治，加上连年战争中地主武装的掠杀，社会生产遭受严重破坏，经济凋敝，人民大量流亡。汉初的人口，较之秦代大为减少，大城市人口剩下十分之二三。在这种情况下，统治阶级也无法搜刮更多的财富。"自天子不能具钧驷，而将相或乘牛车，齐民无盖藏。"可见当时社会经济凋敝到何种程度。

在这种情况下，如何恢复封建统治秩序，发展封建经济这是关系到西汉政权能否维持并巩固下去的首要问题。对于萧何来说，这也成了他的当务之急。由于他出身下层吏掾，亲历过秦末的苛政，对于秦王朝修宫室、建阿房、筑皇陵等奢靡无度、耗疲民力的腐败景象，他有着深刻的印象。而对反秦风暴中，被逼造反的百姓，怀着怎样怒不可遏的仇恨，杀秦吏、烧宫室，最终使这个外强中弱的腐朽王朝一旦覆灭的历史教训，萧何当然也不会熟视无睹。秦王朝虽然被推翻了，但饱受暴政和战争苦难的人民，面对的依然是田园荒废、经济萧条的艰难处境，他们所企盼的当然是清明廉洁的治理秩序。对此，萧何不得不采取一些比较现实的措施来迅速改变当时的状况。

从刘邦咸阳称帝开始，萧何制定了一套行之有效的措施，并请汉高祖刘邦颁发诏令。其主要内容有：

（一）组织军队复员。军队官兵复员为民，依据他们的功绩大小，

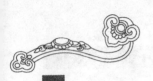

按照军功爵位的高低，赐给数量不等的土地。同时还规定，这些复员的官兵愿留在关中者，免除12年的徭役；回归原籍的，免除6年徭役。这样，就使爵高位显的军官成为大地主，一般士兵也获得土地，成为自耕农，从事生产劳动。

（二）赐军吏卒以爵位。凡军吏卒爵在大夫以下或无爵者，皆赐爵为大夫；位在大夫以上者，晋爵一级；爵在七大夫以下者，免除全家赋役，七大夫以上者，封给食邑，是为高爵，其地位与县公、县丞相同，应先给予田宅。这一条诏令的作用，就从政治上、经济上扶持一批因军功而得到土地的地主。

（三）招抚流亡。令战争期间流亡山泽不著户籍的人口，各归原籍，"复故爵田宅"。这使许多因秦末农民战争而失去土地与爵位的地主和自耕农，重新获得土地和爵位。这对安定人民生活、恢复和发展生产，有着积极意义。

（四）释放奴婢。诏令规定：因饥饿而自卖为人奴婢者，皆释放为平民。

这些措施是萧何根据当时的特殊情况，为了使地主阶级适应农民战争后阶级关系发生变化而采取的。它一方面扶持了一大批军功地主，扩大了汉王朝的统治基础，使封建统治秩序重新安定下来；另一方面也在一定程度上承认了农民战争的胜利果实，使脱离生产的农民回到了土地上，占有了少量土地，有了生产条件。这样，客观上缓和了阶级矛盾，安定了社会秩序，对生产的恢复起了促进作用。

萧何总结了秦朝灭亡的教训，主张实行黄老无为政治，采取"与民休息"的政策，改弦更张，积极清除秦的积弊，指导以农为本，进一步推行轻徭薄赋，约法省禁的政策，使生产逐渐恢复和发展，大快民心。这一套颇受人民欢迎的措施在当时成为统治者为政的基本措施，直到萧何之后，还有人在积极地推行这一套治国之策。

公元前193年，萧何去世，汉惠帝调曹参继任相国之位。曹参继任丞相后，积极奉行行之有效的无为之治，"举事无所变更，一遵萧何约束"。

曹参这种"无为而治"的政策，不免引起惠帝的疑虑，示意曹参的儿子向他父亲劝谏，结果反而遭到痛斥。曹参斥责儿子说："好好干你自己的分内事，天下大事不是你所应管的。"惠帝迫不得已，只好亲自质问曹参说："你当丞相，为什么没有什么新政策出台呢?"

曹参谢罪答说："陛下自思您的才德与高帝相比怎样?"

惠帝说："朕安敢与高帝比!"

曹参说："陛下观察我的才能比得上萧相国吗?"

惠帝说："似乎也不如。"

曹参趁机表示："陛下说得对，高帝与萧何治理天下，法令规章都很明确，陛下垂拱而治，参等严守职责，遵照执行不走样，不就很好吗?"

惠帝听后，颇觉有理，于是十分赞赏这个看法。

当时人以"萧何为法，讲若画一；曹参代之，守而勿失。载其清静，民以宁壹"的赞词歌颂萧何与曹参的治国。这便是世所称道的"萧规曹随"。

正是由于萧何所制定的一系列宽简政策，人民得到休养生息的机会，为社会经济的恢复和发展创造了有利的社会环境。

成也萧何，败也萧何

西汉王朝建立后，为了加强封建专制主义中央集权的统治，对封建割据势力进行了一系列斗争，巩固了统一的基础。

早在楚汉战争中，刘邦为了打败项羽，曾分封了韩信、英布、彭越等一些重要将领为王。汉初，被封的异姓王多达7个，除此之外，还封了功臣萧何等140多人为列侯。

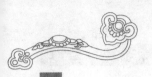

这些异姓王的存在，对中央政权是一种严重威胁。有一批楚汉战争中的功臣，凭借自己手中的武装和战争中所得的既有地盘，企图保留战时的割据局面，反对国家的统一和中央的集权。其中势力最为雄厚，足以对汉王朝统一构成威胁的是割据着山东、淮北一带的齐王韩信，割据着今淮南一带的淮南王英布，割据着今山东、河南、江苏交界处的梁王彭越。此外还有燕王卢绾、韩王信、赵王张敖和割据今山西河北一带的陈豨等。刘邦对这些割据势力采取了坚决消灭的做法，这在历史上叫作消灭异姓王的斗争。刘邦的这一行动，是有助于历史向前发展的，使汉王朝形成为一个统一的中央集权的国家，这对组织全国恢复和发展生产，以及对北方匈奴的斗争，都是大有益处的。在这场斗争中，萧何积极地站在刘邦一边，帮助他剪除异己，统一全国。刘邦平定英布的谋反，萧何也是参与谋划的，他曾帮助刘邦证实了英布的反状，然后审慎采取行动。

但是，在韩信的被杀事件中，萧何却是违心的，甚至是落入别人设计的圈套中而无能为力。从月下追韩信、筑坛拜将开始，萧何与韩信就成为莫逆之交，他二人一文一武决心辅佐刘邦，建立汉朝。韩信的死，可以说并不是萧何的过错，而是刘邦的猜疑和韩信自己功高自傲的结果，当然与吕后的歹毒也不无关系。

刘邦生性多疑，他常常怀疑自己的手下，生怕他们对自己不忠。当年，萧何留守关中鞠躬尽瘁、呕心沥血，一心为前方抗楚的刘邦着想，刘邦居然对他起疑心，屡次派人以慰劳之名打探情况。对于韩信这位出生入死的三军统帅，他也是常常疑心重重，对他放心不下，总是怀着戒备之心。因此，刘邦常常口中说的与实际做的很不一致，他为了笼络人心，常常甜言蜜语，但又不断地削夺别人的权力。

刘邦即位不久，心中非常高兴，坐在金殿之上笑问众大臣："朕为什么得天下？项羽为什么失天下？"

群臣面面相觑，唯有樊哙打破沉默，挺身出班说："陛下，为臣以为陛下所以能得天下，主要是使人攻城略地，能论功封赏，人人效命。项羽妒贤嫉能，多疑好猜，赏罚不明，因此失天下。"

刘邦说："你只知其一，不知其二，得失原因须从用人说起。运筹帷幄，决胜千里，我不如张良。镇国家抚百姓，运饷至军，我不如萧何。统率百万将士，战必胜，攻必取，我不如韩信。这三人是当今三杰，我能委以重任，善加调用，故得天下。而项羽只一范增，尚不能用，怪不得为我所灭。"

群臣听罢心中豁然开朗，十分敬佩齐声高呼："陛下圣明！祝陛下万寿无疆！"

刘邦扫视韩信微笑说："韩爱卿听封！"

韩信赶忙出班下跪。

"韩卿为汉室立下十大功劳，朕赐你有特赦大权，见天、见地、见兵器三不死。"

"谢陛下隆恩！"韩信感动得热泪盈眶。

可是，韩信沉浸在喜悦之中还未回过神来，又听刘邦说道："如今天下已定，四方太平，不再劳师征战，应该休兵息民，请韩卿交还军符、帅印。"

韩信禁不住一沉，没想到刘邦要削夺他的兵权了。还未等韩信回答，刘邦又说："韩卿生长楚地，习惯楚风俗民情。因此改封楚王，镇守淮北，荣归故里，衣锦还乡，定都下邳，择日启程上任。"

韩信心中十分愤懑，但是他又无法抗争，只好领旨谢恩。

从这时起，刘邦对韩信的权力之大就很是不安心了，他先是削夺其军权，后还嫌不够，又把他由齐地贬到楚地为王，远离京城，减少威胁。

张良曾向韩信进言："自古帝王家，只能共患难，不能同富贵，金钱、功名地位乃是虚有之物，不可贪也。"

韩信很感激张良的劝诚，决心返归楚地，不再为名利而伤神了。

此时的萧何已是高官厚禄，一人之下万人之上的相国了。尽管他对韩信的事也略感不公，但又不好开罪刘邦，好在韩信还仍然被封为王，所以他也就得过且过，并未去为韩信的事向刘邦争取一二，只是加紧汉室建都的准备工作。

这天，刘邦召来萧何："朕已决定移都关中，你速去栎阳城准备吧，择日迁都。"

萧何忙说："启禀陛下，秦关雄固，建都最佳，不过自项羽入关，秦宫统被烧毁只剩残缺。栎阳城虽好，但城池太小不利长期定都，臣见咸阳东有一兴乐宫尚且完好，臣拟召天下工匠扩建一新。此地建都最佳。陛下先移居栎阳城中，待臣修好此宫，再从栎阳迁居此宫，不知陛下认为怎么样？"

刘邦闻听大喜："还是萧卿想的周全，就依卿言，兴乐宫是秦宫名，我看就改名长乐宫吧。另外在长乐宫旁添修一座未央宫，供皇后及其他娘娘居住，两宫添筑城墙才像一座皇城！"

萧何赶忙领旨照办。

就在萧何忙于建造宫殿之际，有人密告刘邦，说韩信自恃功高，目无陛下，并且私藏朝廷重犯钟离昧，蓄谋造反。刘邦一听，火冒三丈，他听从了陈平之计，借巡狩之机将韩信诱捕。

韩信在狱中念念不忘萧何，时刻关心着萧何的身体安康。得知萧何连续几月都不在府中，日夜操劳修建长乐宫，他不忍心再牵连他老人家，宁愿一死了之。

幸亏张良、夏侯婴等人说情，晓以利害，韩信才得以生还，但被革去王位，降封淮阴侯。

尽管刘邦放了韩信，但文武双全的韩信终究是刘邦的一块心病，他最放心不下的人就是韩信。后来，阳夏侯陈豨反叛，刘邦亲自领兵出征，坚决不用韩信，并将朝中之事委托给萧何和吕后。临走之前，刘邦再三叮嘱吕后："我走之后你要多多留心韩信，此人文武全才，朝中无人能比，三军上下多是他的属下，他若有变，这京城恐难保住。因此望你多加提防，万不可掉以轻心。"

吕后原就不是平常妇人，她正想乘机揽权，做些惊天动地的事业，使人畏服。因此她对刘邦说："陛下只管放心，谁若存有异心，妾只要抓到一点蛛丝马迹，定严惩不贷！"

刘邦走后不久，吕后收买的韩信府中的人就来汇报说："韩信与叛贼陈豨在渭水河岸密谋多时，已有密约，他们想里应外合，韩信趁机破狱释囚，进袭太子和娘娘……"

吕后听后决意要立刻除掉韩信。于是她召集其兄妹及情夫审食其密谋，最后定下一条妙计：谎称刘邦已诛灭陈豨，令朝臣前来祝贺。并让萧何去请韩信前来，因为萧何曾对韩信有知遇之恩，所以韩信必定会听萧何的话，等韩信踏进宫门便将其拿下处死。

于是吕后亲自去萧何府上，假惺惺地关心萧何的身体健康，言谈中逐渐地流露出她的本意来："明日庆贺大捷，满朝大臣都去，这淮阴侯怕有数月没来上朝吧，我还真有些惦念于他。"

萧何说："淮阴侯是有数月没去上朝了，不过他身体欠安，有病在身，不去上朝乃是陛下恩准的。"

吕后微微一笑："是吗？不过病虽有点，主要怕是心情不舒畅吧！"

萧何叹了口气："唉！都是钟离眛一事，他被株连降封为侯，因此心里有点……"

吕后笑着说："实际上陛下对韩信还是很信任器重的。陛下离京之时，曾对我讲韩信是文武全才，汉室栋梁！我想他们君臣互相解除猜忌，消除隔阂，君臣和睦，百姓安乐，日后定会出现太平盛世。"

萧何听罢这一席话，顿时内心震动，激动地说："对！娘娘不愧为贤明皇后，所言使萧何也茅塞顿开。君臣齐心，天下太平。微臣一定去淮阴侯府好好劝劝，让韩信等陛下凯旋回京后，当面向陛下致歉赔礼！使他们君臣和睦团结。"

吕后说："明日宫中庆贺平叛告捷，他若能来那该多好，将相同来宣读贺词，让天下百姓、文武百官都知道这件事，他们肯定会拍手称赞。"

萧何激动地说："请娘娘放心，明日庆贺，臣一定让韩信随我一同前往。"

吕后见计策大功告成，心里暗暗高兴。

吕后走后，萧夫人不无担忧地对萧何说："娘娘一贯心胸狭窄，

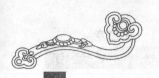

心狠手辣，做事蛮横，她让你请韩信进宫一同参加庆贺，这会不会另有文章？"

萧何激动得眼含热泪："我何尝不知娘娘为人，可这圣命难违呀！"

夫人望着萧何，揪心地说："我看明日就不要去请淮阴侯啦，我怕娘娘想借相爷之手，图奸邪之谋。"

"唉！"萧何长叹一声，"夫人！娘娘专权你不是不知，陛下平叛又没在京，我若抗命不遵，萧府将有灭门之灾。这吕娘娘可比陛下心狠手辣，抗旨将会殃及全家性命，我哪敢违命！做臣的只能宁可君负臣，不能臣负君。"

夫人说："依相爷之意，那明日还非得请韩信一同前往宫中庆贺不可？"

萧何说："如果吕娘娘并无歹意，是真为陛下平叛告捷，宴请众臣进宫庆贺，而韩信没去庆贺，一来老夫有负圣命，二来使娘娘与韩信之间又加深一层疑怨猜忌，日后陛下回京知道此事，势必更加忌恨韩信，使君臣积怨更深，日后对韩信不利呀。我身为相国，怎能不为君臣和睦倾力。依我之见，臣不能负君，明日还得相约韩信进宫，即便娘娘另有图谋治罪韩信，韩信为汉室立下十大功劳，当年陛下曾亲口赐赏韩信三不死，有陛下金口玉言许诺，娘娘她又敢怎样？我看她也无可奈何韩信。况且满朝大臣在场，量她也不敢违背陛下诺言。"

韩信获悉吕后要自己进宫，怕有不测，但见萧何亲自来请，便有所放心，他沉思了一会儿说："去也无妨，我一没做愧对陛下之事，二没背叛朝廷之意，三没做损害天下黎民百姓的事情，为什么要怕她吕娘娘？"

萧何也说："有我萧何陪同前往，不会有啥闪失。即便将军被吕娘娘所诈，我萧何会拼死辩解。"

因此，韩信随同萧何并肩而行，谈笑风生地奔向未央宫。萧何满面春风地说："贤弟可曾记得登坛拜将时的情景？"

韩信赶忙说："何止记得，至今仍历历在目。我韩信能有今日，多亏丞相举荐。想起往事感到时光荏苒，汉已立国十年有余，你我都显老了。"

萧何忙一摆手说："贤弟正年富力盛，怎么说老了？这汉室繁荣昌盛今后还靠你们！我已年迈体衰该退休了。"

韩信说："这汉室江山，少我韩信可以，没有丞相可不行！"

萧何笑呵呵地说："贤弟一席勉励之言，萧何好似年轻许多。"

二人乐得哈哈大笑，携手走入大殿。

大殿内，15岁的太子刘盈与吕后高坐在龙椅上，见萧何、韩信二人走进来，吕后猛然一拍龙椅厉声喝道："来人！将叛贼韩信拿下！"

埋伏在两旁的侍卫蜂拥而上，韩信猝不及防，被绳捆索绑。此时韩信才如梦初醒怒声问："娘娘，臣身犯何罪？"

吕后冷笑一声："狂徒韩信，自诩天下英雄，竟敢与陈豨合谋反叛，今被人告，你有什么话可说？"

萧何大为惊讶，莫名其妙地说："娘娘！不是让韩将军与本相前来贺喜的吗？怎么……"

吕后手一挥："萧丞相你先站立一旁。"

萧何只好退在一旁。

吕后一拍龙椅："你这反贼，陛下已将陈豨捉拿，陈豨已供认不讳，你还不将你密谋反叛的事从实招来？"

韩信仰天大笑，这笑声在大殿震荡、回旋……他怒吼："这全是阴谋、阴谋……"

萧何觉得自己果然被吕后利用了，深感愧对韩信，忙跪下向吕后求情。可是未等他开口，只听吕后已下令将韩信推出宫外斩首。

韩信怒斥吕后说："你这狠毒的恶妇！我韩信为汉立下十大功劳，陛下赐我三不死，见天不死，见地不死，见兵器不死，看你有什么办法杀我？"

吕后冷笑一声："好！今日就不违背圣上许诺，来人！将韩信推入殿旁钟室，门窗遮蔽，不让他见到天日，地上铺上地毯，不让他踏着地，不要拿兵器，用菜刀将他斩首。"

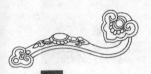

萧何没想到吕后竟想出这般狠毒之招。料知韩信大祸将至，不顾一切地伏地声泪俱下说："娘娘手下留情，不可错杀大将，待陛下回来后再做定夺不迟。"

这时的吕后哪理会这些，她根本不理睬萧何，将手一挥，只见刽子手将韩信推进钟室，用菜刀将韩信活活砍死。

萧何见韩信顷刻间被害死，大吼一声，气昏在地。

狠毒的吕后，不但害死了韩信，而且还下令围剿侯府，诛灭韩信三族，一个活口也未留下，真是惨不忍睹。

如果说萧何月下追韩信成为千古美谈的话，那么韩信被杀事件，萧何却背上了黑锅，并一代一代地流传下去，成为千古遗恨。但愿人们能还他一个清白！让他九泉之下能够心安理得。他毕竟只是封建社会的一名丞相，我们不必太苛求他。

功高盖主，自污名节

韩信被除掉之后，功高盖主的萧何便成了刘邦疑忌的对象。刘邦当时正在征讨陈豨，他一面派人传令拜萧何为相国，加封萧何五千户食邑；一面又派出五百士卒，名为充当萧何的护卫，事实上是监视萧何的举动以防有变。萧何忠心为国，胸中本无异心，当然也猜想不到刘邦的险恶用心。后来在东陵布衣召平的提醒下，才发觉自己的处境危险。

召平向萧何进言："公将从此惹祸了！"

萧何惊问原因，召平答说："陛下连年出征，亲冒矢石，唯公安守都中，不被兵革。今反得加封食邑，名为重公，实是疑公。试想淮阴侯百战功劳，尚且诛夷，公难道能及淮阴吗？"

萧何听后，很是惶恐，忙问召平有什么良策，召平答："公不如让封勿受，尽将私财取出，移作军需，方可免祸。"

萧何点头称是，于是他坚决辞让了五千户封邑，还拿出自己的家产捐作军费。

这一行动果然使刘邦放心，消除了他对萧何的疑心。

萧何一再谦让，仍未能消释刘邦的猜忌。当年秋天，英布被逼反汉，刘邦亲自率军征讨。他身在前方，却又屡次派人探查，"萧何在长安干什么？"探查的人回去报告说萧何派人运输军粮，安抚百姓。刘邦听后，默默不语，他又在猜疑了。

有人劝谏萧何说："相国您不久就要有灭族之祸了！您位居相国，功称第一，封赏已不能再加了。主上屡次问您所为，恐怕您久居关中，深得民心，若乘虚号召，据地称尊，岂不是驾出难归吗？现在您没有意识到主上的用意，还这样孜孜不倦地为民办事，这样就会更加大了主上对您的疑惧了。忌日益深，祸日益迫。您为什么不多买点田地，胁民贱售，在百姓中留些坏名声，好让主上放心呢？"

萧何治家向以节俭闻名，平时置田宅，只挑些穷乡僻壤，从不占民良田，就是盖房，也不修高大的房屋。他常对家人说："我的后人倘若贤仁，就让他们效法我的节俭吧；倘若不贤，豪门世家也不会看上这穷田陋房以施欺夺。"而今，人们竟劝他贱价强买民田，这实在有违萧何廉洁持家的本心。但是，名声太高，刘邦就会疑忌他有野心，招致杀身之祸。在如此猜忌的雄主身边，他只好装一回"贪官污吏"了。因此，萧何采纳了宾客所进的"自污"之计。

刘邦在外面听说萧何强占民田，不得人心，心中大喜。当他回师长安的时候，又有不少人上书告萧何的状。刘邦不去追究，安然入宫。至萧何一再问疾，才笑着把人们的上书递给萧何，意味深长地说："你身为相国，原来就是这样利民的啊！现在你自己去向百姓谢罪吧！"

萧何无奈，只得补给田价，或将田宅归还原主，才使人们的谤议逐渐平息了。

一位勤于民事的国相，在生性多疑的皇帝身边，只能以这样的

"自污"举动，免遭杀身之祸，这实在是莫大的悲剧。

但是，萧何毕竟装不成污吏。此后不久，他那关注民生疾苦的清廉本性，终又促使他甘冒风险为民请命了。

萧何见长安城居民日益增多，耕地越来越少，百姓缺衣少食，而皇家的上林苑中却闲置了大片空地饲养禽兽。于是萧何便进言刘邦说："请皇上让百姓随意到上林苑开垦种地吧。这样一来，一可栽植菽粟，赡养穷苦百姓；二可收取槁草，供给禽兽食用。"

这本来是一举两得的好办法，不料刘邦却怀疑他讨好百姓，勃然大怒："你自己多受贾人财物，却为百姓算计我的上林苑来了！"当即下令给萧何戴上刑具，交付廷尉关押起来。可叹萧何时时留心，不料却大祸临头，被囚狱中，亲尝苦味去了。

萧何被囚禁了好几天，大臣们都不知何故，也没人敢为他求情。后来，当大臣们知道了萧何被捕的原因后，都觉得萧何真是太冤枉了，于是都打算上书皇上，请求释放萧何。

有一王卫尉，很替萧何抱不平，时刻想着要找机会为萧何求情。一天，他进宫面见刘邦，见刘邦心情很好，便乘机问说："相国有什么大罪，竟然被关押狱中呢？"

刘邦不高兴地答说："我听说当年李斯做秦丞相时，凡有善行，都归皇上；有恶行就自己承担。而今萧何，自己接受商贾小人的钱货贿赂，还为百姓请命，想用我的上林苑收买人心，所以我把他关押起来治罪，并不冤枉他。"

王卫尉说："办事忠于职守，只要对百姓有利的事，就舍身为之请命，这真是丞相该做的事啊！陛下怎么能疑心相国收受别人的贿赂呢？皇上您也不想一想：当年皇上与项羽相争数年，后来陈豨、英布谋反，陛下亲自上前方征讨，当时都是相国镇守关中。相国若有异图，不费吹灰之力即可坐据关中，这函谷关以西就不是陛下您的天下了。萧相国尽忠陛下，使子弟从军，出私财助饷，毫无利己思想。萧相国对这样的大利尚且不图，难道还会贪图商贾小人的小恩小惠吗？况且前秦导致灭亡，便是君上不愿闻过，大臣也不敢指斥皇上的过失，致使秦皇一意孤行，才亡了天下。丞相李斯就是能为主上分担过失，又怎么值得效法？陛下您这样猜疑相国，真是小看了相国！"

刘邦听后，虽不是滋味，但又自觉说不过去，思来想去，王卫尉的话毕竟有理，他犹豫了好多时，才派人去把萧何放了。

萧何当时已是60多岁的老人了，他被刘邦赦罪释放后，还毕恭毕敬赤着双脚前来向刘邦谢恩。

刘邦酸溜溜地对萧何说："相国快去休息吧！相国为民请求上林苑，我不肯许，我不过是夏桀、商纣那样的天子罢了，相国却成为贤相。我之所以关押相国，就是要让百姓知道我的过失呀！"

刘邦的这番辩解，虽然言不由衷，但对萧何的公正廉洁终于还是承认了。

萧何在处理和刘邦的关系上，历来十分机警且顾全大局，每当刘邦对他有疑忌的时候，他都能十分得体地消除刘邦对他的疑忌，使自己始终能和刘邦一心一意，共同把西汉国家治

秦"杜"虎符

理好，这一点实在是难能可贵的。这说明萧何不仅能顺应潮流，不断跟随时代前进，而且他自始至终兢兢业业，不跋扈矜功，不凭势向主上讨价还价，而是以国家和人民利益为重，急流勇进，为巩固新王朝的事业鞠躬尽瘁。

公元前195年，汉高祖刘邦病逝。萧何不顾身体衰老，毅然辅佐太子刘盈登上帝位，是为汉惠帝。惠帝二年（公元前193），年迈的萧何，由于长期过度操劳，终于卧病不起。病危之际，惠帝亲临病榻前探望萧何，趁机询问即将辞世的相国说："您百年之后，有谁可以代您为相？"

萧何回答说："知臣莫若君。"

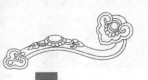

惠帝猛记起高祖遗嘱，便问："曹参可以吗？"

萧何在病床上，挣扎着向惠帝叩首说："陛下所见甚是，陛下得以曹参为相，我萧何虽死，也无遗恨了！"

这番话证明，萧何对曹参的代己为相抱有多么诚恳的赞许和期望。

萧何与曹参虽曾同为沛吏，有过良好的交情。后来在创建汉业中，又是功勋卓著的辅弼之臣。但在建汉后封赏之时，两人却相处得不太融洽。据《史记·曹相国世家》记载，曹参攻城野战之功甚多，而封赏每居萧何之下，因此与萧何未免有了隔阂，或许还发生过不小的冲突。但萧何素知曹参贤能，于病体垂危之际，还举荐这位与己"有隙"的同僚为相，甚至为此而向惠帝顿首，称之为"死无遗恨"。从中可以看出萧何的胸怀是何等的宽广，同时也表现了一代名相宽宏大量、一切以大局为重的风度。

萧何生年不详，死于汉惠帝二年，大约活了 60 多岁。纵观萧何辅佐刘邦平治天下的经历，我们可以发现萧何是一位非凡的名相。他廉洁自律，持身治国，一丝不苟。他头脑清楚，能预见天下变化之机兆；慧眼识才，有奋身荐举世间奇才之热忱；甘于寂寞，以兢兢业业的工作支撑大局；忍辱负重，敢为百姓之利舍身请命。

唐朝史评家司马贞在《史记索隐》中，曾称赞西汉名相萧何说："萧何为吏，文而无害，及佐汉王，举宗从沛。关中既守，转输是赖，汉军屡疲，秦兵必会。约法可久，收图可大，指兽发踪，其功实最。"这几句话，可以说概括地总结了萧何的一生。

第 三 章

智谋过人，善始善终
——陈平

陈平（？—前178），足智多谋，屡以奇计辅佐刘邦定天下，汉初被封为曲逆侯。汉高祖死后，吕后以陈平为郎中令，左、右丞相。吕后死，陈平与太尉周勃合谋平定诸吕之乱，迎立代王刘恒为文帝。文帝初，陈平让位周勃，徙为左丞相，因明于职守，受到文帝赞赏。不久周勃罢相，陈平专为丞相。

调虎离山，声东击西

陈平是河南阳武县人，祖居护佑乡。少时家贫，与兄嫂共同生活。哥哥陈百给富家当佣工养家度日，嫂子在家纺纱织布。陈平不事产业，却醉心于黄老学说、治世之术。他长得奇伟健壮，"眉似刷漆、目若朗星"，富家小姐以书为媒，趋之若鹜。陈平读书，从早到晚，手不释卷，割草拾柴全都置之脑后。久而久之，嫂子便在哥哥面前发起牢骚："你给人家干活，汗珠子掉在地上摔成八瓣，你弟什么都不干，就知道读书！"

"咱父母没留下什么产业，就留下这么一个懂事的兄弟。他知道用功读书是咱家的福气。你这牢骚就许发这一回，以后再说丧气话，可别怨我跟你过不去。"哥哥支持陈平读书，一点也不含糊。

有了哥哥的支持，陈平读书毫无牵挂。日子一天天过去了，陈平读的书多了，人也长得更潇洒俊逸，大耳垂轮，鼻直口方，一个绝对的美男子。邻里议论道："他家里穷，不知吃什么长得这么胖？"

"他也是吃糠粑粑而已，不过有这么一位只吃不做的小叔，倒不如没有的好。"嫂子因为怨恨陈平只管读书，不事生产，但又不敢在丈夫面前明说，就向邻里表示自己的怨气。

陈百听了这话，就把妻子赶出了家门。

陈平到了可以娶妻的年龄，有钱人都不敢把女儿嫁给他，陈平也耻于和他们攀龙附凤。

护佑乡有一户显富人家，主人叫张负。他的孙女18岁，年轻貌美，通情达理，偏偏嫁不出去，为什么呢？没人敢要，都说张负的孙女"妨"人——"嫁"了三次，都没"嫁"出去，次次都在洞房花烛时

男人奇怪地死去。没有人再敢娶她。而陈平自有其打算，且又不信阴阳生克的妄说，独对张家之女向往已久。

有一次地方上办丧事，陈平知道可以见到张负。于是，早早来到丧家，装出一副能干的样子，里里外外，事无大小，忙个不停，果然引起了张负的留意。陈平自是在心中窃喜，丧事办完已至深夜，陈平借故最后一个离开丧家。张负尾随陈平，追至陈家，见陈家破席当门，而门前又有很多显贵尊长的车轨痕迹。张负是有心之人，沉思良久，决定将孙女许配陈平。他对儿子张仲说："像陈平这样一个有才貌的人，怎么会永远贫贱呢？"

张负私自给了陈平一大笔钱，让他添置聘礼，操办酒席。娶亲那天，没有花轿接新娘，陈平用牛车做轿，张负也不嫌。张负训诫孙女说："不要因为他家里穷，而待人不恭敬。侍奉长兄陈伯要像侍奉父亲一样。侍奉嫂嫂要像侍奉母亲一样。"

陈平娶了富家女儿，没有被这个女人所迷惑，反倒愈发精神，邻里认为陈平自有天命，于是力举他做社庙里的社宰，想以此来"刮"点福气。陈平每次分配肉食非常恰当公平，地方上的父老都说："好极了！陈孺子当社宰真不错。"

陈平感慨地说："假使我陈平能有机会治理天下，也能像宰割这些肉食一样恰当称职！"

陈平娶了张负孙女，资用富饶，读书更方便了，交游范围更广泛了。

等到陈平把乡里富家的书读遍，天下也大乱了。陈平的心也从张负孙女身边飞到九霄云外去了。

公元前209年，陈涉起义而称王于河南陈州，并立魏咎为魏王，在河南临济与秦军会战。陈平辞别兄长陈伯，抛下新婚妻子，前往临济投奔魏王，魏王任命他当太仆。陈平用书中获取的计策劝说魏王，但与魏王相悖，陈平只得暗自离开，另谋高就。

过了一段时间，项羽攻城掠地到了黄河之滨，陈平前去投奔他，并且追随项羽入关灭秦，获得一些封赏。入关之后，项羽夜郎自大，谋士的意见也很难被采纳，陈平顿感英雄无用武之地，但项羽一身霸气，威风凛凛，陈平只得委曲求全。

项羽谋臣范增，深忌刘邦，多次想把他杀掉，于是劝谏项羽，不使刘邦到巴蜀上任，留在咸阳，名曰辅助，其实是将刘邦软禁起来。

刘邦暗自叫苦不迭，问计于张良，张良身陷敌营，此时也是一筹莫展。但他想，解铃还需系铃人，只有项羽或项羽身边的人才能有回天之力。

张良想到了一个人。求助于他，定能逃离虎口。

此人正是陈平。鸿门宴上，张良与陈平有一面之交。张良察觉，陈平坐在项羽身边愁眉不展，却屡屡向刘邦投出钦佩的目光。张良认定，才华横溢的陈平正处于"身在楚营心在汉"的徘徊之中，决定孤注一掷，暗访陈平。

不速之客张良的到来，使陈平激动不已。他们一见如故，相见恨晚。临别，张良直言夜访意图，陈平思考一会儿，俯身说了几句，喜得张良拊掌大笑，连称妙计。

项羽封臣时，封范增为丞相，称亚父。范增 16 岁时曾拜人为师，读书 30 年，已是满腹经纶。后随项羽，久经沙场，更是老谋深算，深为项羽倚重。陈平认为，从项羽身边救出刘邦，首要的是"调虎离山"，让范增离开项羽几天，否则，有范增在，一切都不好办。

张良夜访陈平的第二天，陈平依计启奏项羽：

"天无二日，民无二王，今陛下已为西楚霸王，彭城那儿还有个楚怀王。俗语说，名不正，则言不顺，臣以为当给楚怀王上个尊号，称他为大帝，给他往上提一提，让他到郴州去养老，您就可以号令天下了。"

陈平的话，正合项羽心意。

后来，范增觐见项羽，项羽说："亚父，寡人想起一件事儿。天无二日，民无二王……"项羽把陈平的话一字一句复述出来，但没说是陈平的意见，而说是自己想到的一件事，范增一点儿也没疑虑，为什么呢？因为这是霸王理应想到的事。

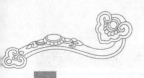

"大王，这事儿还真得解决，而且宜快不宜迟。"范增附和说。

"那好，我看给楚怀王上尊号这事儿，就劳你辛苦一趟，怎么样？"

"大王，这事儿还就得我去。"

范增毕竟是范增，他临行时，向项羽提出三个问题：一是不可离开咸阳；二是重用韩信，若不用则杀之，免得被他人所用；三是不可使刘邦归汉中。项羽答应后，范增启程。

陈平估计范增可能走出千八百里地了，趁霸王早朝，便奏上一本说：

"国家以理财为先，圣人以俭用为本。财不理，则出入无度，费用无径，财力尽而民心去矣；用不俭，则奢侈日靡，仓库日虚，民不聊生，而国必亡。陛下初登大宝，若不节用，何以为治？现今诸侯聚集咸阳，每路诸侯人马不下 4 万，要以 20 路诸侯算，总数几近百万……杂豆一万担，草料 200 万……臣实寒心，若不急令诸侯还国，恐百姓难以支持矣。"

陈平书法

霸王一听，实在是大吃一惊，遂传旨：天下众诸侯，远路的给 10 天期限，近路的给 5 天期限，在期限内做好还国准备；唯有刘邦，留在咸阳，伴王左右。

霸王扣留刘邦，乃在陈平意料之中。陈平趁各路诸侯返国之际，示意张良，行声东击西之计。于是，刘邦依张良之计上表，向项羽请假回故乡沛县探亲。

项羽看了刘邦的表章，思考了好一会儿，对刘邦说："你要回乡省亲，怕不是出自本心，是不是我要你留在咸阳，才有这个打算呢？"

刘邦装出感激而悲哀的样子回答："圣王以孝治天下，而天下莫不归于孝。我刘邦乃丰沛小民，跟着您西灭强秦，仰托您的恩惠，才受封为王。我虽荣耀了，父母妻子，却在老家，未能享受您给的天禄。

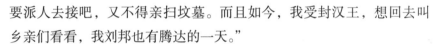

要派人去接吧，又不得亲扫坟墓。而且如今，我受封汉王，想回去叫乡亲们看看，我刘邦也有腾达的一天。”

刘邦话音甫定，张良故意装出一副奴才相，奉承项羽说："陛下，不可放他回乡取家眷！你想啊，沛县离彭城还不到 200 里，他是借着回家，好上彭城向楚怀王诉苦。楚怀王心软，他准会对刘邦说：既然项羽在关中为西楚霸王了，我也要上郴州去了，这彭城就给你吧，你为东楚霸王吧。这一来，你的老家不叫刘邦得了？你怎么中他的计呢？我看，宁可让他带着残兵败将到汉中去，使人去沛县取他的家眷做人质，好教他规规矩矩做人，休存妄想！"

张良话未落音，陈平又乘机启奏说："陛下既封刘邦为汉王，已宣告天下，臣民皆知，不使他上任，恐不足取信天下；人家会说，陛下一登位便说假话，那对以后的法令，也会阳奉阴违了。不如听张良的话，以刘邦的眷属为人质，留在咸阳，让他到汉中去，既可以保全信用，又可以制约刘邦，这不是两全其美吗？"

项羽思考了很久，对刘邦说："良、平二人的意见合乎情理。只准你去汉中上任，不能回沛县，明天就启程吧！"

刘邦心里无限欣喜，却装出一副可怜巴巴的样子，拜伏不起，良久，才勉强站起，感谢项羽大恩大德，然后离去。

刘邦回营，立即下令大小将士，拔寨启程。10 万人马，如猛虎归山，浩浩荡荡朝汉中开去。

刘邦被软禁咸阳，如虎落平阳，龙游浅水，一筹莫展。陈平出计救出刘邦，不仅保住了刘邦的身家性命，更为刘邦日后东山再起赢得了良机。

弃楚归汉，曲中见智

项羽定都彭城后，刘邦在汉中整顿了四个月，便回师平定关中，然后再向东进军。这时，殷王司马卬反叛楚国，项羽封陈平为信武君，前往讨伐。陈平用计，败降了殷王凯旋，项羽拜陈平为都尉，并赏赐黄金 20 镒。

陈平回师不久，刘邦便攻下了殷地，俘虏了司马卬。项羽大怒，痛恨司马卬反复无常，以至迁怒于陈平。陈平知道大难临头，又知项羽失道寡助，终难辅其共建大业，于是，携着一柄短剑走小路逃亡，打算投靠刘邦。

陈平两次出逃，三次择主而仕，是其大智使然。只要与范增相较，便可见出他的高明。范增深知项羽不可为，却疏于变通，结果落得身败名裂。陈平见可仕则仕，不可仕则去，终于能显身扬名。

陈平逃至黄河边上，可巧一只船划过来。陈平上了船，两个船夫把陈平上下打量一番，但见陈平衣冠整齐，一副富家子弟模样，心怀叵测地嘀咕着什么。尔后，一个站在船头，一个站在船尾，把陈平夹于船中央。

陈平一想："糟了，原来他们是黄河上的盗匪。见我这模样，一定以为我身上带着什么金银财宝。谋财害命怕是在所难免的了。但我不习武事，远不是他人对手呀！"陈平灵机一动，三下五除二剥掉衣服，扔到船夫脚边，光着身子站着说："老大，我也会摇船，助你一臂之力，帮你俩快点过河吧。"两个水盗见陈平毫不介意地脱下了衣服，知道遇上了个穷光蛋，只好自认晦气。

陈平终于逃到了河南修武。在旧友魏无知部将的推荐下拜谒汉王刘邦。陈平昔日救过刘邦一命，今日又前来归顺，刘邦自然万分欢喜，即赏赐陈平酒食。刘邦说："你一路风尘，吃过饭后，就去休息吧！"

陈平说："我是专为一事而来的，要说的话很紧急，不能超过今天。"

刘邦邀了陈平入房，问："你有什么急事呢？"

陈平毕恭毕敬地说："汉王如欲打败霸王，可赶快发兵去攻彭城。彭城是霸王的老窝，抄了他的老窝，堵住他的后路，楚军一定心慌。军心一乱，霸王就容易打败了。"

汉王觉得陈平的见解确实不错，与张良的主意不谋而合。便问："你在楚营里做什么官？"陈平说："做过都尉。"汉王说："我也拜你为都尉，好不好？"陈平磕头谢恩。汉王一高兴，又加了一句："我还要你监护军队，当个参乘。"古人乘车，御车人居中，尊者居左，另一个居右以防倾侧，叫作参乘，只有最亲信的人才能获此美差。陈平归汉，即授此重任，足见刘邦对陈平的重视。

那些平时最接近刘邦的将军见陈平一下子得到了这样的重任，就纷纷议论起来。说他光身来到这儿，来历不明，谁知道他是好人还是坏人。于是，故意打探陈平，向他送礼、送钱，陈平来者不拒。这下，他们便抓住了陈平受贿的小辫，一致推举绛侯周勃和灌婴去向刘邦告发。

周勃和灌婴对刘邦说："陈平外表漂亮，可是品格不好。听说他在家里与嫂子关系暧昧，一到这儿就仗着管理军队的职权，贪污了不少金钱。大伙认为这种品行不端、贪图贿赂的人不配受到大王的信任。"

刘邦把魏无知叫进来，斥责说："你推荐陈平，说他有才，可是他在家里与嫂子私通，在这里又收受贿赂。你为什么把这种品行不端的人推荐给我？"

魏无知说："我推荐的是陈平的才能。大王责备的是他的品行。现在，楚、汉相争，要想胜过敌人，就得有人为您献出奇妙的计策来。品行端正当然也很重要，可是就算找到一个讲信义的君子，或者讲道

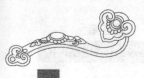

德的孝子，这对我们又有什么用呢？君子和孝子能辅助您把霸王打败吗？大王只要看陈平的计策好不好，不必去管他是否偷过嫂子。如果陈平没有才能，不能辅助您夺取江山，那我便甘愿受罚。"

刘邦觉得魏无知的话也不无道理，但心里仍不踏实，便把陈平叫进来："你原来帮助魏王，后来离开魏王去帮助霸王，现在你又跟随我，这是什么原因呢？"

陈平从容地回答说："同样一件有用的东西，在不同的人手里就不同了。我侍奉魏王，魏王不能用我，我离开他去帮助霸王，霸王也不信任我，我才来归附大王。我虽然还是我，但用我的人却不一样。我久慕大王善于用人，网罗天下豪杰于麾下，所以不远千里而来。我光身来到这儿，因为什么都没有，才收受了人家的礼物。没有钱，我就生活不了，也就办不了事。要是大王听信谗言，不重用我，那么，我收下的礼物还没动用，我可以全部交出来；请大王给我一条生路，让我带着一把骨头回去，这就是大王的盛恩了。"

陈平坦然陈言，话中有话。刘邦疑虑顿消，对陈平倍增好感，安慰陈平一番，又给了他重重的赏赐，拜官为中尉，监护所有的将军。诸将默然，无言以对。

有了刘邦的信任，陈平从此如鱼得水。他在治理军队时大刀阔斧，游刃有余，渐渐获得将士的好感；在运筹战事时，他深谋远虑，奇计迭出，成为刘邦不可或缺的心膂股肱。

六出妙计，屡立奇功

司马迁《史记·陈丞相世家》中，说刘邦"用其奇计谋，卒反楚"。但又说："凡六出奇计，奇计或颇秘，世莫能闻也。"

那么，所谓"六出奇计"到底是指哪六条奇计呢？捐金行反间，废谋士钟离眛，一也；嫁祸于人，逼死谋臣范增，二也；瞒天过海，解荥阳之围，三也；分封韩信，借刀杀人，四也；请君入瓮，韩信云梦就擒，五也；献美女图像，解白登之围，六也。

昨闺谣喝饨伛惯车寇阱紊检

楚汉彭城战后，刘邦逃往荥阳。项羽乘胜追击，兵临城下，并断了汉军的外援和粮道。刘邦十分焦急，郦食其献计分封六国，以求天下支持，被张良否定了，刘邦将郦食其大骂了一顿而告终。

汉王销毁了分封六国的王印，虽然是睿智之举，可是，无法使霸王退兵。而且随着时间的推移，项羽围城愈急，刘邦忧心如焚。便召集张良、陈平诸谋士商讨说："项羽趁我兵力分散，城内空虚，率兵围攻，有什么办法退敌？"

陈平说："项羽的骨干部下不外乎范增、钟离眛、龙且、周殷这几个人。如果能够离间他们，就可以分化项羽的核心组织，削弱他的进攻力量了。"

"怎么样离间诸将？"刘邦忙问。

陈平答："霸王为人猜忌，易信谣言，只要大王肯捐弃大量黄金，我就有办法去收拾他们。"

"黄金有什么稀罕的。你就拿4万斤去吧。"刘邦了解陈平喜欢黄金，又加了一句，"你爱怎么花，就怎么花。"

陈平受金4万，提出数成，交与心腹小校，让他扮成楚兵样子，怀金出城，混入楚营，贿赂霸王左右，散布谣言。

陈平抓住良机，又向刘邦献计说："项羽攻城不下，正好派人去向他诈降。他必然答应，遣人来讨论条件，到时我们便以恶作剧戏弄来使，借此来离间范增，等到项羽军心浮动时再行突围。"

"他要是不接受和谈呢？"

张良插话说："项羽断然不会亲临汉营和谈，但我们只要能吸引他的臣下来到这里，事情就好说了。我们可先差数人去楚营求和，项羽刚而不韧，连日攻城不下，正在急躁，见有汉使前来求和，一定会

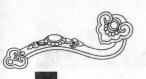

派人前来汉营协商。"

刘邦心领神会，遂命陈平、张良按计而行。

桔侉瞰榭伛州糌憧入伛锦涡车菪藤家

说到良、平派使者往楚营游说，无非是厚礼美言，说刘邦不敢与楚王分庭抗礼，愿各守封疆，共保富贵，划荥阳以东为楚界，荥阳以西为汉界。

项羽考虑到刘邦势力日大，韩信又善于用兵，继续打下去，亦不知鹿死谁手，不如趁早讲和，休养生息，等待时机，卷土重来，便召范增前来商量。

范增分析说："这是刘邦的缓兵之计。和谈不是本意，是想把战局拖住，坐等韩信的救兵。今日正可猛攻快打，把刘邦消灭在这里，再去对付韩信。"

项羽徘徊起来。汉使认定是范增从中作梗，便对项羽说："陛下自应圣裁。左右的话，怕有私弊。因为战胜也好，战败也好，别人一样可以不当楚官当汉官，但陛下将怎样安置自己？况且汉王尚未势穷力尽，韩信的几十万大军很快就会到来，内外夹攻，陛下师疲粮尽，那时欲罢不得，欲进不能，不是懊悔莫及吗？依臣鄙见，倒不如及时讲和，化干戈为玉帛，这样，不独汉王感恩戴德，老百姓也会赞颂陛下的仁义呢！臣虽身在汉营，仍是天下一介贱民，望陛下三思，为天下着想，不要被左右暗中出卖了！"

汉使的话落地有声。项羽一时难以回答，便说："你先回营，我即派人入城讲和。"

陈平心花怒放，暗想，范增，你的死期到了！

项羽不听范增的规劝，派虞子期等人为和谈大使进入荥阳城。刘邦谎称夜饮大醉，命陈平前来接待。陈平把楚使引至客房，楚使见客房布置得非常豪华，招待的人又都那么殷勤、周到，心里已有几分得意。陈平设了盛大筵席，请虞子期上座，顺便问起范增的起居近况，大赞范增，并附耳问："亚父范增有什么嘱咐？"虞子期说："我们是楚王差使，不是亚父差来的。"陈平一听，装作吃惊，说："我以为你是亚父差来的！"便叫几名小卒撤去上等酒席，随后把楚使领至另一间简陋客房，改用粗茶淡饭、残羹冷炙招待。陈平满脸愠色，拂袖而去。

众楚使如坠五里雾中，整衣求见刘邦。刘邦传话说还未梳妆。侍从领着楚使在密室休息，奉陪一会儿，托辞起身，说："虞大使请稍候，小臣去帮汉王梳洗。"遂离开密室而去。

虞子期受此怠慢，十分不快，在密室里走来走去，见桌上有几份秘密文件，随即走过去翻阅，找出一纸首尾不具名的信。内说：

"霸王提兵远来，人心不附，天下离叛，兵不过20万，势渐孤弱。大王切不可出降，急唤韩信回援荥阳。老臣与钟离眛等为内应，指日破楚必矣。黄金不敢拜领，破楚后愿裂土封于故国，子孙绵延百世，臣之愿也……"

虞子期大吃一惊，暗思这信必是范增写的了。近闻亚父与刘邦私通，尚不相信，今见此信，相信真的假不了，假的也真不了。于是，将信揣入怀中，准备回去向楚王邀功请赏。

虞子期回营后，不胜愤怒，把自己所受的怠慢，在项王面前渲染了一番，然后将从密室里偷出来的匿名信呈给项羽。

项羽看罢密信，勃然大怒，召来范增大骂："老匹夫居然起心要出卖我，今天绝不饶你！"

范增丈二和尚摸不着头脑。他深知霸王素来尊敬他，但今天却这么待他，分明早已不信任自己了，便对项羽说："天下大局已经定了，愿大王好自为之。"

项王一向薄情寡义，一气之下，炒了范增的"鱿鱼"。

范增解甲归田，一路上怨愤不已，叹气说："刘邦是个假仁假义、刁钻刻薄的小人，一个亭长怎么能做君王？霸王可是个既能干又豪爽的英雄，将门之子，确实有君王气魄，只可惜……"

范增边走边想，边想边气。一路上，吃不下，睡不好，犹如风前残烛，奄奄一息。将至彭城，恰巧背上生了一个毒瘤，凄凄惨惨，冷冷清清地合上了眼。这一年，范增75岁。

范增死后，项羽幡然悔悟，大喊上当，但悔之晚矣。他一面派人

到彭城，用厚礼安葬范增，一面命各部将拼死进攻荥阳。

韩信救兵迟迟不到，荥阳朝不保夕。张良、陈平决定，先救刘邦出城，入关收集散兵，再会同韩信部队三路围攻项羽。

窾将钗烊区赣蚱驮偕姗

陈平与张良商议后，对汉王说："请大王速写一封投降信给霸王，约霸王在东门相见。霸王定会把他的大军部署在东门，我再想办法把西、北、南各门楚军引到东门口来，大王就可以从西门冲出去了。"

汉王说："请你安排吧！"

不一会儿，陈平领着一位貌似汉王的将军来见汉王。这就是不惜性命来保汉王的纪信。纪将军说："现在敌人四面围城，大王无法坚持下去了，我愿装扮成大王的样子出去投降，吸引敌人把兵力集中围住东门，大王就可趁机从西门突围。"

汉王说："不可，不可！纵令我逃出去了，将军岂不是要遭毒手吗？"

纪信说："父亲有难，做儿子的应当替父亲死；大王有难，做臣下的就应当替大王死！"

汉王说："我刘邦大业未成，将军还没有得过什么好处，你替我慷慨赴死，我倒偷偷地溜了，怎么对得起你呢？还是请陈平再想办法吧！"

陈平说："这已是没有办法的办法了！"

纪信抢着说："现在火烧眉睫，要是大王不让我去，荥阳城被攻破后，大家也是同归于尽；还不如舍了我一个人，既保全了大王，将士们也有了生路。"

汉王皱下眉头，下不了决心。纪信猛然拔出宝剑，说："大王如果不同意，就让我先死在您的面前！"说着就要自刎。

汉王赶忙拦住，说："将军的心可以感天地、泣鬼神。我知道将军还有母亲和夫人、儿女。将军的母亲就是我刘邦的母亲，将军的夫人就是我刘邦的嫂子，将军的儿女就是我刘邦的儿女，请将军放心吧。"纪信磕头谢恩，刘邦热泪直流……

翌日，天还没亮，汉军便开了东门。陈平差遣 2000 妇女，鱼贯地从东门出去。楚军闻讯围了上来，可是一看这些手无寸铁的妇女，谁也不好意思刁难，只好闪开一条道来。南、西、北门的楚兵听说东门外全是美人儿，唯恐落后地涌向东门。忽然，有人大喊："汉王来了！"果然"汉王"坐着车，由仪仗队开道，缓缓地走出东门。"汉王"走进楚营，霸王才发现坐车出来的不是汉王，气得暴跳如雷，下令将士们把这个假汉王连车一块烧了。

汉王乘着东门混乱，冲出西门，带陈平、张良、樊哙杀出一条血路，逃之夭夭……

含弁鲲助伛勾否楎入

汉王四年（前 203），刘邦被项羽暗箭射中胸部，困守广武。这时，韩信在齐地却捷报频传，俘虏了齐王田广，击杀了楚大将龙且，声威大震，遣使向汉王刘邦请封他为假齐王（代理齐王）。刘邦听了脱口大骂："吾困于此，日夜盼你来相助，你却想在齐地为王！"

陈平见状，立即踩了踩刘邦的脚趾，耳语说："汉方不利，怎能禁止韩信自立为王？不如顺水推舟，使他感恩戴德，否则恐有后患。"

刘邦彻悟，便改口骂道："大丈夫能平定诸侯，即为真王，为什么做假王？"随即遣张良持印赴齐，封韩信为齐王。张良办了封王仪式，项羽亦连续派使者来劝韩信背汉归楚，或者三分天下，鼎足而立。当时韩信确有举足轻重之势，佐汉则汉胜，归楚则楚胜，如果背汉自立，汉势孤单，也会为楚所灭。幸亏当时有陈平临机蹑足，示意刘邦封韩信为王，使韩信感恩戴德，无论谁来劝说，也不忍背汉，并最终引大军击楚，与刘邦合力围困项羽于垓下，使不可一世的西楚霸王演出"霸王别姬"之后自刎于乌江。

蹲嘤厝瞄伛鲲助僵汪弩栜

项羽死后，刘邦为帝，史称汉高祖，封韩信为楚王。

楚大将钟离昧曾与韩信一起在霸王帐下共事。霸王曾想杀掉韩信，经过钟离昧的营救，保了韩信一命。项羽死后，钟离昧有家难归，只得投奔韩信（韩信背楚后即归汉），此事被高祖听说了，颇感不快。

汉高祖六年，又有人上书，言韩信为母亲迁坟，大兴土木，事实上是向高祖示威。高祖征求诸将的意见。诸将都说："赶紧发兵，活埋这个忘恩负义的小子！"

汉高祖沉默无语。便问陈平，陈平一再推辞。

高祖说："韩信自觉功劳大，早就盘踞齐地，自立为王；我加封他为楚王，他仍然不知足；现在，竟然胆敢窝藏钟离眜，这不是要造反吗？我计划前去讨伐他，你看怎样？"

陈平说："不可。韩信不比别的将军，一旦激成兵变，只怕很难平定。"

高祖一听气急败坏，却又无计可施。

陈平问高祖："有人上书告韩信造反，别的人知道这件事吗？"

"不知道。"

"韩信自己知道吗？"

"也不知道。"

"那就好办了，"陈平说，"古时有天子巡行天下，会合诸侯的事。南方有云梦泽，陛下佯装出游云梦泽，要在陈州会合诸侯。陈州在楚地西界，韩信听到天子正当出游，自然会来谒见。当他进谒时，陛下便可将他拘捕起来，这样，只需一个力士就行了。"

韩信果然郊迎于道中，高祖便命埋伏下的武士将韩信捆了个结实，投入囚车。贬之为淮阴侯，留居京都，不使外任。韩信再也不能有所作为了。

瘭舄屉姣卜伛赣祯祭偕姗

长城北面的匈奴，曾被秦将蒙恬赶走，远徙朔方，秦朝覆灭之后，楚汉相争，海内大乱，无暇顾及塞外，匈奴趁机南下。

汉七年冬，警报雪片似的飞入关中，高祖遂下诏亲征，冒寒出师。军至平城（今山西大同），匈奴单于冒顿集精兵40万围高祖于白登（今山西大同东），且派大兵，分扎要路，截阻汉兵的援应。高祖登山一看，只见四面八方，都有胡骑驻扎。

时值严寒，雨雪连宵。高祖和将士们冻得瑟瑟发抖，手脚都冻僵了。

被围三日后，粮食紧缺，饥寒交迫，汉军危在旦夕。

到第七日，陈平妙计忽生，高祖赶忙照办。

司马迁在《史记·陈丞相世家》里写到此处，只说："帝用陈平奇计，使单于阏氏，围以得开。"究竟是什么奇计？司马迁只说："其计秘，世莫能闻。"桓谭在《新论》中披露了下面的消息：

原来，冒顿新得阏氏（单于皇后），十分宠爱，朝夕不离。此次驻营山下，屡与阏氏并马出入，浅笑低语，情意甚笃。陈平想到冒顿虽能出奇制胜，也不免为妇人女子所愚，百炼钢化作绕指柔，不妨从阏氏身上入手。于是派遣使臣，乘雾下山。

阏氏见汉使来，悄悄走出帐外，屏退左右，召见汉使。汉使献上汉地金珠，并说是汉帝送给阏氏的，并取出图画一幅，说是汉帝请阏氏转给单于。阏氏到底是女流之辈，见到光闪闪的黄金、亮晃晃的珍珠，目眩心迷，便收下了。展开图画，只见绘着一个美人儿，不禁羡妒起来，便问："这幅美人图，有什么用处？"

汉使假装一副虔诚的样子，答说："汉帝被单于所围，极愿罢兵言好。故把金珠奉送阏氏，求阏氏代为乞情。又恐单于不允，愿将中国第一美人，献给单于。因美人不在军中，故先把画像呈上。"

阏氏愠怒说："这却不必，拿回去吧。"

汉使说："汉帝也觉得把美人献给单于，怕夺了阏氏之爱，但逼不得已，只好如此了。若阏氏能解白登之围，自然不献美人，情愿给阏氏多送金珠。"

阏氏说："请返报汉帝，尽管安心好了。"说毕，将图画交还汉使。汉使称谢而去。

阏氏暗想，若汉帝不能突围，就要献上美人，我就要被冷落。便对单于说："军中得到消息，汉军几十万大军，前来救援，明日便可赶到。"单于问："有这等事吗？"

阏氏说："两主不应相困。今汉帝被困于山上，汉人怎肯甘休，自然会效死相救的。纵使你杀败汉人，取得汉地，也恐水土不服，不

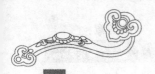

能久居。倘若灭不了汉帝，救兵一到，里应外合，我们便不能共享安乐了。"说到这里，阏氏便挥泪如雨，呜咽不能成声。

单于说："那该怎么办呢？"

阏氏说："汉帝被困7日，军中并不慌乱，想是神灵相助，虽危以安。你何必违天行事，不如放他出围，免生后患。"

单于半信半疑，但恐惹得阏氏不高兴，只好作罢，便于次日传令将围兵撤走。

也许因为陈平此计，使阏氏担心汉朝美女夺己之宠，力劝冒顿单于解围，放走高祖，用的是美人计，不太光彩，有失中国的体面，故而司马迁作《史记》时才秘而不宣。

平步青云，善始善终

汉初三杰，都曾不安于位：韩信受谤，被擒于云梦；萧何遭谗，被囚于狱中；张良惧祸，托言辟谷从赤松子（传说中仙人）游。然而陈平一生一直受到信任，并且青云直上，位居丞相，令后人羡慕不已。

陈平出计擒韩信后，被封为护佑乡侯。但他居安思危，推辞着说："这不是我的功劳。"高祖说："我用你的计谋，才能克敌制胜，这不是你的功劳是谁的？"陈平说："若不是魏无知的推荐，我哪里能为陛下所用呢？"高祖说："像你这样的人，可说是不忘本啊！"于是厚赏魏无知。

白登解围后，高祖回师，路过曲逆（今河南完县东南）。登上城楼，四面一望，见城里有许多高大的房屋，感叹说："这个县真不错。我走遍天下，要数这儿和洛阳最好。"他回头问当地长官，"曲逆县有多少户口"长官答说："秦朝时有3万多户，以后连年打仗，死的死，逃的逃,现只剩 5000 户了。"高祖念陈平白登救难之功,就把 5000 户的曲逆县封给陈平,改护佑侯为曲逆侯。汉初被封县侯的功臣,所食户数多少不同,但多到食户一县的,仅有陈平一人,由此可见刘邦对陈平宠爱之至。

我们可以从下面叙述的四个故事中,悟出陈平的谋身之道。

寡臭泪坯

公元前 195 年,高祖击败英布叛军归来,创伤发作,抱病回到长安。又闻燕王卢绾叛汉,遂派樊哙以相国的身份率军征讨。樊哙走后,又有人对高祖说:"樊哙跟吕后沆瀣一气,想等皇上百年之后,杀害戚夫人和赵王如意,皇上不能不早加提防!"

高祖早已察觉吕后自作主张,干涉朝政,心里有些不高兴。可又想,一个妇道人家能干出什么来呢?但现在听说跟他妹夫大将军樊哙串通起来,情况就严重了。他立即在床上下诏说:"陈平急速以驿传马车,载着绛侯周勃代替樊哙将兵,到了军中立即砍下樊哙的头!"高祖怕陈平不敢去杀樊哙,又叮嘱陈平尽快把樊哙的头取来,让他亲自检验,并催促陈平:"快去快回,不得有误!"

陈平、周勃立即动身。路上,陈平对周勃说:"樊哙功劳大,又是吕后妹妹吕嬃的丈夫,我们可不能自己动手处斩皇帝国戚。眼下,皇上正在气头上,万一他懊悔了,怎么办?再说皇上病得这么厉害,咱们斩了吕后妹夫,将来吕后当权能放过咱们吗?"

周勃听罢,一时没了主张,便问:"难道把樊哙放了不成?"

陈平说:"放是不能放的,咱们不如把他绑上囚车,送到长安,让皇上自己去斩。"周勃觉得此计甚妙。

陈平还没回来,高祖的病就严重了,高祖想,光杀了樊哙,还不能削弱吕后的势力,因此,他嘱咐手下的人宰了一匹白马,叫大臣们歃血为盟:"非刘氏不得封王,非功臣不得封侯,违背盟约,天下共伐之!"

陈平来到军中,建筑高坛,以符节召见樊哙。将樊哙两手反缚载入囚车,押往长安。

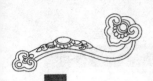

陈平在路上听到高祖驾崩,立太子刘盈为皇帝(汉惠帝),尊吕后为皇太后,更加惊惧,又怕吕媭进谗,于是坐驿传马车急速回朝。路上遇到使者传命,令陈平屯驻荥阳。陈平领受诏命,立即改变主意,回到关中,跑进长乐宫。

吕太后见陈平回来,马上问及樊哙。陈平讨好地说:"我奉先帝之命处斩樊将军,可我一直认为樊将军功大于过,怎么忍心下手?再说那时先帝病重,昏迷之中所说的话不一定正确,因此,我只派人把樊将军送回来,听候太后的发落。"

吕太后松了口气,宽慰陈平。陈平害怕谗言,唯恐地位不稳,就流着泪说:"我受了先帝的大恩,应该赤胆忠心地报答一番。现在太子刚即位,宫里正需要人,请让我在宫里做个卫士,伺候皇上,一来可以报答先帝大恩,二来可以替太后和皇上效力。"吕太后听了这些话,心里挺舒服,夸赞陈平一番,拜他为郎中令,又叫他在宫里辅佐皇帝。

汉惠帝六年,相国曹参逝世,任命安国侯王陵为右丞相,陈平为左丞相,周勃为太尉。第二年,惠帝崩逝。

钤扶斥蹴嘞俣登

汉惠帝死后,其子刘恭被立为皇帝,称为"少帝"。因为少帝还是个婴儿,不能统治天下,吕太后名正言顺地替少帝临朝,主持朝政。

吕太后为了巩固自己的权势,想封娘家的兄弟子侄为王,故意问大臣们是否可以。右丞相王陵是个直性子,直截了当地说:"高祖宰了白马,大臣们都宣过誓,非刘氏不得封王。"问陈平,陈平违心地说:"可以。高祖平定天下,分封自己的子弟为王,是对的;现在太后临朝,分封自己的子弟为王,也是对的。"

散朝后,王陵斥责陈平背弃高祖的盟约。陈平意味深长地说:"现在在朝廷上抵制吕太后,我比不上你;将来除吕保刘,你可比不上我啊。"

王陵只是冷笑。可冷笑有什么用?吕太后不再让王陵做丞相,而表面上升迁王陵为汉少帝太傅,事实上是架空他。王陵肚里无撑船的海量，干脆称病辞职，闭门不出，7年后病逝。非刘氏不得封王的盟约并没有成为现实。

王陵免相后，升陈平为右丞相，命辟阳侯审食其为左丞相，吕太后的内侄和内侄孙先后被封为王。出现了诸吕当权，一统天下的局势。

审食其是沛县人。当初汉王刘邦在彭城战败向西转移时，楚霸王到沛县掳取汉王父亲和妻子为人质，审食其则以舍人身份侍候刘妻，相处日久，两人关系暧昧。现在审食其得幸于刘妻（吕太后），才当上左丞相。陈平深知审食其老底，也深知太后欲让审食其掌权，就故意不管朝事，国家大事一应由审食其决定。

吕媭因为以前陈平替高祖策划拘捕樊哙，曾多次向太后进谗，说："陈平当了右丞相，却天天酗酒、玩女人。"陈平获知后，更加纵情于酒色之中，这正合太后心意。太后曾当着吕媭的面对陈平说："常言道：'小孩和女人的话不能听'。你不用畏惧吕媭进谗。"

芰嗽回咽玻蹴嘞干吹渗

陈平为了保全荣华富贵，凡事都秉承吕后的意旨，不敢擅权，一如既往吃喝玩乐。看样子，有些麻木不仁；其实，他心如刀绞。无奈诸吕专权，日盛一日，不敢轻举妄动。

汉代士兵图

陈平的忧虑被陆贾看出，陆贾便对他说："天下安，注意相；天下危，注意将。将相和睦，众情归附。"又说，"今日社稷大计，在两个人的掌握之中，一是足下，一是太尉周勃……"

陈平本来与周勃不睦。当年他归汉时，周勃曾说过他受金盗嫂，当然心存芥蒂。但诸吕日盛，必然危及国家和自身安全，陈平决定

"捐弃前嫌"，以五百金厚礼为周勃上寿，以求将相交好。周勃也恨诸吕，自然与陈平意气相投。两人常在一起议事，决计合力铲除诸吕。

公元前180年，吕太后病笃，临终前立吕产为相国，吕禄为上将军，分别统管南军、北军。吕太后死后，诸吕果然谋乱，把天下弄得乌烟瘴气。

诸吕认为时机已到，遂密谋叛乱。

陈平获悉曲周侯郦商之子郦寄与吕产、吕禄有交谊，遂托称议事，把郦商邀了过来。软禁郦商后，再召郦商之子郦寄，胁迫他诱劝吕禄，交出将印，回朝就职。吕禄本来没有什么胆识，又因与郦寄是好友，乃信以为真取出将印，匆匆出营，直奔长安。

郦寄把将印交给太尉周勃。周勃手持将印，召集北军，下令说："为吕氏右袒，为刘氏左袒！"北军纷纷袒露左臂，表示要效忠刘氏。

这时，陈平已与朱虚侯刘章（刘邦次孙）建立联系，与周勃联手，以势不可当之势冲进未央宫。刘章杀了吕产，周勃杀了吕禄，然后鞭杀吕媭，斩绝诸吕的全家。

廷绲展炊伛怼时回咽

陈平、周勃为了安定社稷，挽救刘氏，拥刘恒为帝，史称汉孝文帝。

文帝即位，大夸太尉周勃亲自率兵诛杀吕氏，劳苦功高。陈平虽与周勃联手杀了诸吕，但内心深处仍怀恨周勃，于是托病引退，让出高位，等候时机再来挤兑周勃。汉文帝刚刚即位，对陈平称病感到奇怪。陈平谦虚地说："在高祖时周勃的功劳不如我，到了灭杀诸吕，我的功劳不如周勃。"一席话，使文帝对陈顿生好感，但一时又难以改变初衷，于是，封周勃为右丞相，陈平为左丞相。

有一次，大臣们上朝。文帝问右丞相："天下一年判决的讼案有多少？"周勃谢罪说："不知道。"又问："天下一年金钱和谷物的收支有多少？"周勃急得汗流浃背，谢罪说不晓得。

皇上又问左丞相陈平。陈平虽心中无数，但比周勃机智。他说："这些事都有主管的人。皇上要知道监狱的情况，可以问廷尉，要知道钱粮收支的情况，可以问治粟内史。"

皇上又问："既然一切事情都有主管的人，那么，丞相管什么呢？"

陈平感到挤兑周勃的时机到了，便讨好说："丞相主要的职责是：上，协助天子调理阴阳，顺从四时；下，妥善地化育万物；外，安抚四方；内，爱护百姓，使文武百官各司其职。"

文帝听了点头称许。周勃则满脸愧容，感到无地自容。不久，周勃托病请求免去右丞相职位，告老还乡。文帝因此废除了左右丞相制度，让陈平一人做了丞相。

从陈平处置樊哙和违心地拥护诸吕为王，以及联合周勃诛诸吕、安刘氏和对答如流、排挤周勃四事，可以看出陈平的确有些心机，这也可能就是刘邦临终时说"陈平智有余，然难独任"的原因。刘邦觉得，陈平机智聪明过人，这在争夺天下时是少不了的，但在治理国家时，却需要厚道一点为好。然而在刘氏天下被吕家夺去，生杀予夺大权全在吕后一人之手时，像王陵那样刚硬是无济于事的。相反，陈平采用的"谋身"之术，虽有些滑头，却是为保全实力以图后计，未尝不是一种明智之举。

司马迁在《史记·陈丞相世家》中不禁地感叹说："吕太后时，国家多故，然而陈平竟能够使自己脱身于其中，并能安定宗庙，终其一生，并被称为贤相，他的确是一个能善始善终的人！如果不是智谋过人，谁能做到这样呢？"

第　四　章

忠臣楷模，名垂宇宙
——诸葛亮

　　诸葛亮（181—234），字孔明，号卧龙。诸葛亮为匡扶蜀汉政权，呕心沥血、鞠躬尽瘁，在世时被封为武乡侯，死后追谥忠武侯。后来的东晋政权推崇诸葛亮的军事才能，特追封他为武兴王。诸葛亮在后世受到极大的尊崇，成为后世忠臣的楷模、智慧的化身。成都有武侯祠，杜甫作千古名篇《蜀相》赞扬诸葛亮。

归隐隆中，娶妻阿丑

公元 181 年（东汉灵帝光和四年）7 月 23 日，在徐州琅琊郡阳都一户门第不高的家庭里，第二个男孩诞生了，他就是后来的诸葛亮。诸葛亮祖上原本姓葛，是秦末跟随陈涉起义的将军葛婴的后代，汉文帝时追叙其功绩，封他的孙子为诸县（属琅琊郡）侯。后来其家族由诸县迁至阳都，因阳都先有姓葛的人，人们便称其家族为"诸葛"以区别开来，久而久之就成为复姓了。

诸葛亮的远祖诸葛丰在西汉元帝时候做过司隶校尉，为官廉洁，"刺举无所避"，在当时声望很高。诸葛家族到了诸葛亮父亲时，家世虽不显达，但多少还有点名望。诸葛亮父亲诸葛珪做过泰山郡郡丞，叔父诸葛玄和当时名门世族中的高官显宦袁术以及荆州牧刘表等都有往来。

诸葛亮幼小时，生母章氏就不幸亡故了，上有比他大 5 岁的哥哥诸葛瑾和两个姐姐，下面有一个弟弟诸葛均。为了抚育他们，父亲续娶了一个妻子。诸葛亮 8 岁时，父亲诸葛珪又去世了，一家子的生活也就只有依靠叔父诸葛玄来安排料理了。大约在诸葛亮 14 岁那年，叔父诸葛玄就任豫章（今江西南昌）太守，诸葛亮和弟弟诸葛均也随同到了那里。不久，东汉朝廷派朱皓来代替诸葛玄，诸葛玄丢了官职，就带着诸葛亮两兄弟前往荆州去投靠刘表。

诸葛亮居住襄阳期间，因他叔父的关系，先后结交了不少当地以及外地流寓而来的知名人士。其中，有南郡襄阳县的大名士庞德公，从颍川迁居襄阳号称"水镜先生"的司马徽，沔南名士黄承彦，庞德公侄儿庞统，颍川的徐庶、石广元，汝南的孟公威等，他们都是对当

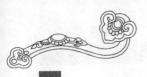

时的时局和大地主豪强割据混战持否定态度的知识分子。诸葛亮常常和他们读书吟诗，谈古论今，畅谈天下大事，抒发自己的政治理想。有一天，诸葛亮对朋友们讲："如果你们去做官，凭你们的才能是可以当上刺史和郡守的。"当朋友们问他时，他笑而不答。其实诸葛亮是有着更为远大的政治理想的，他常常把自己与春秋战国时期的管仲、乐毅相比。

公元197年，诸葛亮17岁时，叔父诸葛玄去世了。诸葛亮本想带着弟弟回老家去，但想起徐州地区还在战乱之中，一时又打不定主意。庞德公、徐庶、孟公威、石广元等诸多朋友，都挽留他。诸葛亮敬为师长的庞德公和水镜先生，还劝勉他不要虚度年华，要致力于学，多读些书，尤其要多研讨些经邦济世的学问。现在一时用不着，将来会用得上的。经过深思熟虑后，诸葛亮决心留下来。于是，他带着弟弟诸葛均，搬迁到襄阳城西20里的隆中山村，在那里盖了几间草屋，定居下来。

自此，诸葛亮开始了长达十年的"躬耕于南阳，苟全性命于乱世，不求闻达于诸侯"的归隐生活。

隆中是一个依山傍水，风景优美的小山村。诸葛亮在这山明水秀的隆中小山村居住下来后，心境也平静了下来。平日除参加田间的耕作外，多半是在草堂内掩门攻读。有时也应学友相邀外出游历，或独自出去寻师访友。

生逢乱世，诸葛亮很注意研究先秦法家的著作，尤其是管仲和韩非等人的著作。他所处的政治地位，以及他要求变革现状的抱负，使他比较容易接受先秦法家的思想和政治主张，同时富有革新精神的先秦法家思想，也开阔了诸葛亮的视野，丰富了他的思想。经过不断努力，诸葛亮的政治见解越来越精深，在荆州名流中树立了威信，成了当时一名颇有影响的人物。

为了学习韬略智谋，经过司马徽引荐，诸葛亮拜居住在汝南灵山的隐士郦玖为师，用了一年多时间，学习兵法阵图和治国定邦之道。郦公对诸葛亮测试时，发现诸葛亮对所学的内容一般都能掌握，而且还能"致其奥妙"，有比较精微独到的见解。于是，对诸葛亮赞许、勉励了一番后，就叫他下山去了。

诸葛亮学成回到隆中，前去拜谢司马徽。聚谈之后，司马徽改容称说："真第一流也。"过了不久，庞德公也感觉诸葛亮学识不凡，把他看成隐匿在隆中山林中的一条龙。这条龙一旦飞腾，必将响震宇内，干出一番经天纬地的事业。因此，庞德公誉称诸葛亮是"卧龙"，诸葛亮的名气在荆州地区的知识分子中越来越大。

随着诸葛亮的名气愈来愈大，年龄也随时间而增长，因他把所有精力都用在学业上，丝毫不考虑个人的婚姻问题。当时世人都认为：以诸葛亮之年轻英俊，才学超群，必定要选择一位才智出众的绝色女子。对这种"郎才女貌"的世俗观念，诸葛亮一笑置之。经过一段时间考察，诸葛亮选上了黄承彦先生的女儿阿丑为妻，这大出人们的预料，还有不少人为此替诸葛亮感到惋惜。这阿丑姑娘虽然自小天性聪慧，才学颇高，但却长得矮小，肤色又黑，再配一头黄发，实在是不好看。哪里知道诸葛亮得此贤内助，不仅在当时对他的学业甚有补益，而且对他一生的事业也有相当大的帮助。传说后来诸葛亮在北伐中用的木牛流马，就是从其妻那里讨教而"变其制"做成的。诸葛亮对自己的这桩婚事十分称心。

后来，诸葛亮在《诫子书》中说，"学须静也，才须学也，非学无以广才，非志无以成学"，这正是他身处隆中时的经验之谈。

三顾茅庐，隆中对答

东汉末年，社会矛盾日益激化，各地豪杰并起，据地称雄，彼此连年征战，其中董卓、袁术、袁绍、吕布等军阀割据势力先后沦亡，

曹操、刘备、孙权等地方势力逐日壮大，刘表、刘焉、马腾等也乘机拥兵割据。

刘备出身西汉宗室，自起兵征战20多年来，屡遭败绩，但他复兴汉室的志向仍很坚定。公元201年，刘备被曹操打败，投奔荆州刘表，驻军新野县。为了成就霸业，他到处访贤求士，谋求良辅。当刘备去向襄阳隐士司马徽请教时，司马徽说："识时务者在乎俊杰。此间自有卧龙、凤雏。"刘备兴奋地问他们是谁。司马徽说，诸葛孔明、庞士元。为了使刘备对这两位年轻的山林隐士引起足够的重视，司马徽点到为止，尽管刘备一再追问，他还是请刘备自己多方查访。不久，徐庶到新野来投归刘备，刘备对徐庶的学识见地十分钦佩，因此很器重他。徐庶深感刘备所要开创的事业非同一般，非得有比自己更高明的人来辅佐不可，于是决心向刘备推荐诸葛亮。当徐庶向刘备提到诸葛亮时，刘备喜不自禁地说："卧龙大名如雷贯耳，早就听水镜先生讲过，那就有劳先生快快把他请来吧！"看到刘备求贤若渴的样子，徐庶心里十分高兴，但仍不动声色地说："诸葛孔明这个人，将军您还不太清楚吧？他常常自比管仲、乐毅。依我看来他的才学不在管仲、乐毅之下！恕我直言，像他这样的人，愿不愿意出仕还得看您的诚意如何，所以我建议，最好还是将军您亲自屈尊去请，或许他亲身感受到您的一片诚意，说不定会乐意出山。"刘备想起成汤请伊尹、文王载太公的故事，不等徐庶话完，就连连应道："我一定去，拿出我最大的诚意去！"

于是，公元207年的冬天，在司马徽、徐庶等人的极力推荐下，刘备亲自带着关羽、张飞，冒着隆冬季节的严寒，接连三次前往隆中探访诸葛亮。

在一个雪霁初晴，碧空万里的日子，隆中山色格外明丽。刘备带着关羽、张飞第三次来到隆中，两位怀着同样统一志向的政治家，终于在隆中草庐里相见了，这就是历史上有名的"三顾茅庐"的故事。

刘备见诸葛亮身高八尺，头戴素巾，身着布袍，风度翩翩，举止不俗，忙上前施礼说："刘备久闻先生大名，如雷贯耳，两次到此空返，今日得睹尊颜，幸甚！幸甚！"诸葛亮深深还礼，并应声说："南阳山村闲散之人，哪里敢劳烦将军一再下顾！"刘备感慨地说："大丈夫抱经世奇才，怎么可以空老于林泉之下？愿先生以天下苍生为念，启发我的愚鲁，给我以明教。"

诸葛亮笑笑说："愿闻将军之志。"

刘备看四周无人，向前挪了挪，极其急切而又坦率地说："汉室倾颓，奸臣窃命，我不自量力，欲伸大义于天下，而智术短浅，至今一事无成。今天特向先生讨教，请先生指明我应该怎样去做？"

诸葛亮全神贯注地听着，深深地被刘备这种虚心求教的精神、竭诚相待的态度所打动，于是从容不迫地把心中要说的话和盘托出："自董卓作乱以来，天下豪杰并起。曹操势力不及袁绍，却战胜了袁绍。现在，曹操已拥有百万之众，挟天子以令诸侯，不能与他争锋。孙权据有江东，已历三世，国险而民附，实力也很强。荆州北据汉、沔，利尽南海，东连吴会，西通巴、蜀，是用武之地，它的主人守不住它，就是天赐给将军的。还有

三顾草庐图

益州险塞，沃野千里，天府之国，汉高祖就是在那里成就帝业的；现在，刘璋暗弱，民殷国富，却不知存恤，智能之士，思得明君。将军既是帝室之胄，信义著于四海，总揽英雄，思贤如渴。若跨有荆、益，保其岩阻，西和诸戎，南抚彝、越，外结孙权，内修政理；待天下有变，则命一上将将荆州之兵以向宛、洛，将军身率益州之众出秦川，百姓欢迎您，则大业可成，汉室可兴，这就是我的建议。"

诸葛亮看刘备不住点头，心领神会的样子，心中很是宽慰。于是叫书童取出一幅图来，挂到中堂上，指着图说："这是西川五十四州

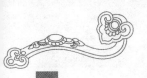

的地图。将军想要成就霸业，北边有曹操占着天时，南边有孙权占着地利，将军可占的是人和。所以首先占取荆州作为基地，然后进取西川建立根据地，与曹操、孙权以成鼎足之势，然后就可以图谋中原了。"

刘备听了诸葛亮对天下形势的这番精辟分析，不但连声赞叹，而且从内心深处对这位27岁的山东青年由衷地产生了钦佩之意，心想诸葛亮真是了不起的一代俊杰，正是他梦寐以求的辅弼。于是毕恭毕敬地拱双手说："先生所言，使我如拨开云雾而重见青天，茅塞顿开。愿先生以天下苍生为念，以复兴汉室为务，刘备至诚相邀，恳请先生能出山帮助我。"于是，诸葛亮离开了他生活10多年的隆中草庐，跟随刘备到了新野。

这就是历史上有名的《隆中对》（也叫《草庐对》）。诸葛亮未出茅庐，已知天下三分，真是前无古人，后无来者！

出谋划策，军师将军

诸葛亮来到新野，刘备把他当作良师益友，朝夕相处，情同平足。关羽、张飞很不高兴，认为刘备对比他小20岁的这位青年人过于敬重了，并且还不知道他是否有真才实学。刘备坦诚而又严肃地对他们说："我得孔明，如鱼得水，请以后不要再说长道短了。"关、张嘴里虽不再说了，但心里还是很疑虑。

一天，刘备正在发愁，见了诸葛亮，刘备皱着眉头解释说："我只是担忧兵少难以对付曹操，还请先生以良策教我。"诸葛亮微笑着说："将军不必多虑，我已替您想好了。现在荆襄不是人少，而是上户籍的少，若是像平常那样按户籍册来征税抽兵，必然要引起在籍者不满，以致人心骚动。这件事关系重大，您可请刘表下令荆州境内所有游户，限期自报上籍，这样，立即就可以征到大量兵员。"

因此，刘备在诸葛亮协助下，用清查当时荆州一带的"无籍"游户的办法，按户征兵，在短时间内便把军队由数千人扩编为数万人，刘备的势力迅速壮大起来。诸葛亮还利用他与荆州一带豪门大户的关系，亲自作保，为刘备筹借到足够的军粮和其他物资（诸葛亮亲笔写的借条一直到明末还被保留着）。新组建的这支军队，经诸葛亮严格训练，成了刘备开创基业的核心武装力量。

从此，在汉末政治斗争的舞台上，诸葛亮便开始大显身手，为实现自己消灭割据、谋求国家统一的理想而努力奋斗了。

荆州牧刘表坐守江汉，孱弱无能，不但不能应对复杂的局势，而且连家事也处理不好。刘表因受后妻蔡氏积年累月的挑唆，"爱少子琮，不悦于琦"，使长子刘琦深感自危，提心吊胆地过日子。身处窘境而又一筹莫展的刘琦，一向钦敬诸葛亮的谋略，多次求教"自安之术"。诸葛亮总是回避，以免惹出乱子危及刘备在荆州的地位。后经刘备提示，刘琦以请诸葛亮游观后花园为名，携手同登高楼饮酒。宴饮之间，屏退左右，并命令人将下楼梯子搬开，然后恳求说："今日上不沾天，下不着地，只有你我二人在此，言出先生之口，入于在下之耳，先生该可以教我了吧？"到这时，诸葛亮才低声启发刘琦说："公子可记得申生、重耳的故事？申生在内而危，重耳在外而安。"时恰逢江夏太守黄祖身死，刘琦听从诸葛亮的建议，乘机向刘表请求率部出镇江夏，走为上策。这样，诸葛亮一言妙计，不仅使刘琦化险为夷，避免了祸起萧墙，也为刘备积蓄了一支外援力量。

曹操统一北方后，改革内政，罢去三公之职，自以丞相兼之，独揽大权，并筹划南征。有人劝谏说："刘备当世英雄，现在更有诸葛亮为军师，实不可轻敌。"曹操问徐庶，诸葛亮是什么人？徐庶说："诸葛亮字孔明，道号卧龙先生，有经天纬地之才，出鬼入神之计，是当代真正的奇才。"曹操又问："同先生相比怎么样"徐庶答说："我怎么敢和诸葛亮相比？我好像萤火一样的微光，诸葛亮如同那皓洁的

明月一样明亮。"曹操及众人不置可否，夏侯惇却是视诸葛亮如草木，奋然领兵出发了。

诸葛亮正在新野训练新兵，忽报曹操派夏侯惇领兵十万，杀奔新野来了。刘备急召众将商讨对策，关羽说："让孔明前去迎敌便可以了。"张飞也说："哥哥为什么不使用水呢？"刘备严肃地说："智谋依赖孔明，勇敢杀敌还须要二位兄弟，这是不能推辞调换的。"于是，刘备把佩剑和官印交付诸葛亮请他代行指挥。诸葛亮遂召集众将听令：命关羽领一千兵士埋伏在博望坡左边的豫山，曹军来时放他们过去，但见南面火起，可纵兵出击，焚其粮草；命张飞率一千兵士埋伏在博望坡右边安林背后的山谷中，只要看见南面火起，便可出击，向博望城纵火烧之；命关平、刘封领五百兵，准备引火之物，在博望坡后两边等候，曹军到时，便可纵火烧之；命赵云为前部，但遇曹兵，不要赢，只要输；又命刘备领一千兵士为后援，屯在博望山下，曹军到时，便弃营而退，但见火起，即回军掩杀。各须依计而行，勿使有失。关、张二将质问说："我等出去迎敌，你却在家里坐着，好自在！"诸葛亮举着剑印说："剑印在此，违令者斩！"刘备赶忙说："岂不闻：'运筹帷幄之中，决胜千里之外'，两位兄弟不可违令。"诸葛亮令孙乾、简雍准备庆功酒宴，安排"功劳簿"伺候。派拨完毕，刘备及众将大都疑惑不决。夏侯惇等领兵到了博望坡，分一半精兵为前队，其余在后保护粮车前进。夏侯惇与赵云接战，赵云稍战即诈败而逃，且战且退，直到博望坡下刘备接战，随即退走。夏侯惇以为正面之敌及伏兵仅此而已，更加杀得起劲，催军前进，紧追不舍，直到窄狭处，两边都是芦苇杂草。等曹将有所觉察时，大火已起，喊杀震天，又值风大，火势愈猛。赵云回军赶杀，关羽、张飞伏兵又出，杀得尸横遍野，曹军死伤无数。夏侯惇收拾残兵败将，回许昌去了。这正是：火烧博望笑谈中，初出茅庐第一功！

公元 209 年到 221 年，即赤壁大战后的十一年间，在诸葛亮的全力协助筹谋下，刘备的势力得到迅速发展。

赤壁大战后，曹操北归，留曹仁镇守南郡。曹仁被周瑜用计引出城去，大战而溃，逃往襄阳去了。吴军追了一番，周瑜即回到南郡城下，忽见城上布满旌旗，敌楼上一将高喊："我是常山赵子龙。都督得罪了！我奉军师将令，已取城了。"周瑜大怒，便命攻城，城上箭如雨下。周瑜退兵与众将商议，欲派甘宁取荆州，凌统取襄阳，正分拨人马时，忽然探马来报："诸葛亮已派张飞袭了荆州，关羽夺了襄阳。"原来，诸葛亮得南郡后，遂用曹仁兵符，派人前往两处，诈称曹仁求救，诱曹兵出城，轻得两城。周瑜得知，大叫一声，箭疮迸裂，气昏过去。

周瑜被众将救醒，便令起兵攻打南郡，鲁肃忙劝说，我愿到荆州见刘备、诸葛亮，讨还荆州。诸葛亮对鲁肃说："常言道：'物归原主'。荆襄九郡是刘表之地，刘表虽亡，其子刘琦尚在，理应归于刘琦。我主刘备是刘表之弟，以叔辅侄，理固宜然。"于是，请出刘琦。鲁肃根本意料不到刘琦已被诸葛亮请到荆州，先是吃了一惊，沉默许久才说："公子不在便怎么样？那时须将城池还我东吴。"诸葛亮答说："公子在一日，守一日；若不在，别有另议。"遂设宴款待鲁肃。

公元 209 年，诸葛亮辅佐刘备乘胜占领了荆州所属的江南四郡——武陵、长沙、桂阳、零陵（都在今湖南境内）。诸葛亮被刘备拜为军师中郎将，总督零陵、桂阳、长沙三郡。"调其赋税，以充军实"。为确保前线军需，诸葛亮没有住在郡城，而是以水陆交通便利的临（今湖南衡阳市）为驻地，招降刘表旧部，发展生产，广纳贤才，勤勉于事，荆州很快被治理得井井有条，初具繁荣景象。

公子刘琦亡故后，为防东吴趁机生事，诸葛亮即调关羽接防刘琦生前驻守的襄阳。当鲁肃来索要荆州时，诸葛亮巧妙地以取益州后再还荆州与之周旋，双方立下文书，签字画押。周瑜得知后大呼上当，后来听说刘备甘夫人去世，即设计以招亲为由，骗刘备到东吴。当东吴使者言说以孙权之妹许配刘备，请刘备前往东吴招亲时，刘备心有疑虑，不知怎么样才好。诸葛亮胸有成竹地说："这是周瑜讨还荆州之计。我已定下三条计策，请赵子龙随主公一同前往就可以了。"遂交给赵云三只锦囊，并暗授机宜。

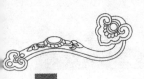

刘备与赵云领着五百士卒，到了东吴的南徐州。赵云打开第一只锦囊看过，便吩咐五百军兵购物张扬。刘备一行披红挂彩，带着重礼前去拜访乔国老（孙权岳丈）、吴国太。如此一来，东吴上下都知道了刘备娶亲这件事，孙权与周瑜得知弄巧成拙，只得假戏真做。不久，刘备与孙尚香成婚，皆大欢喜，仍住在东吴。孙权于是同周瑜商议，又生出一计：命人整饰了刘备的住所，并布置得富丽堂皇，刘备果然被声色迷住，完全不想回荆州去。到了年底，赵云猛然想起军师的临行嘱咐，于是打开第二个锦囊看过，进见刘备，报说曹操兴兵来犯荆州。于是刘备与孙夫人并赵云众人，以到江边祭祖为名，离开南徐往荆州而去。孙权获悉后，先令陈武、潘璋二将前去追回，后命蒋钦、周泰二将追杀刘备等人。刘备一行赶到柴桑附近时，望见后面尘土大起，知道追兵将到。正在这时，前面山脚徐盛、丁奉二将领着三千人拦住去路，原来周瑜料定刘备回去走旱路必经此地，已提前在这要冲处扎营等候。刘备大惊失色，慌忙勒马，问赵云怎么办？赵云镇静地打开第三只锦囊，呈给刘备看过。刘备急忙来到孙夫人车前哭诉，并把招亲这事及当下处境说了一遍。孙夫人听后勃然大怒，命从人推车上前，喝退二将，使刘备一行安然通过。

不久，陈武、潘璋二将追到，与徐盛、丁奉合兵追来，孙夫人让刘备先行，自己与赵云断后，把追兵大骂一通。四将没办法，又不见刘备，却见赵云怒目而视，只好退后，并飞报周瑜。过了半天，蒋钦、周泰二将赶到，传孙权将令，因此众将又率兵沿江追赶。刘备一行人马来到刘郎浦，准备寻船渡江，一眼望去，江水弥漫，并没有渡船。恰在这时，忽报后面尘土冲天而起，刘备登高一看，看见追兵铺天盖地而来，长叹说："死无葬身之地矣！"正慌急间，忽见江岸边一字摆着二十多条拖篷船，赵云赶忙护着刘备及孙夫人上船，只见船舱中一人大笑而出："恭喜主公！诸葛亮在此等候多时了。"刘备喜出望外，急命赵云开船。这时追兵赶到，只得呆呆地在岸上看着刘备一行远去。

刘备一行正在乘船行进间，忽然喊声大震，只见江上战船无数顺江而来，刘备知是周瑜亲率惯战水军急追来了。看看即将追上，诸葛

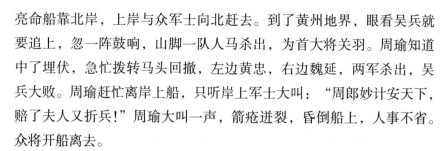

亮命船靠北岸，上岸与众军士向北赶去。到了黄州地界，眼看吴兵就要追上，忽一阵鼓响，山脚一队人马杀出，为首大将关羽。周瑜知道中了埋伏，急忙拨转马头回撤，左边黄忠，右边魏延，两军杀出，吴兵大败。周瑜赶忙离岸上船，只听岸上军士大叫："周郎妙计安天下，赔了夫人又折兵！"周瑜大叫一声，箭疮迸裂，昏倒船上，人事不省。众将开船离去。

周瑜败回柴桑，即请起兵攻取荆州，孙权虽很愤懑，但与张昭商议后，认为强曹在北，不能与刘备闹翻，于是派人到许都，反而表奏刘备为荆州牧，使曹操不敢南下，欲收曹、刘相攻之利。曹操在许昌听到孙权"表奏刘备为荆州牧，汉上九郡大半已属备矣"时，手忙脚乱，正写字的笔也惊得掉到了地上，众人问及，曹操说："刘备是人中之龙，以前没有得水。今天得到荆州，犹如困龙入了大海啊。我怎能安心呢？"因此，曹操听从谋士程昱的计谋，表奏周瑜为南郡太守，程普为江夏太守，留东吴使者华歆在许昌授以重任，以坐收吴、刘相攻之利。

周瑜既领了南郡，便想着报仇，讨还荆州。即命鲁肃去交涉，被诸葛亮用计，以刘备大哭劝回。周瑜一计不成，又生一计，派人对刘备说："孙、刘既然结亲，便是一家，愿替刘备去取西川。"诸葛亮在旁欣然应允，后对刘备说："这就是周瑜'假途灭虢'的计策，名义上是去取西川，实际上来夺荆州。等主公你出城劳军，乘势拿下，杀入城来。'出其不意，攻其不备'。"于是叫来赵云做了部署。

周瑜听说刘备、诸葛亮欣然应允，还要出城劳军，大笑说："今天诸葛亮也中了我的计！"于是起兵五万望荆州而出。离荆州十余里，见江面上静悄悄的。周瑜猜疑，亲自上岸乘马，带领众将及三千精兵，来到荆州城下，命军士叫门，言未毕，忽一声梆子响，城上守军一起都竖起刀枪，敌楼上赵云大喊说："我家军师早已知都督'假途灭虢'之计，故留赵云在此。我家主公说过，他与刘璋同为汉室宗亲，怎么能忍心去攻取西川？如果东吴要取西川，他就要披发入山（出家），不会失信义于天下的。"周瑜听了，勒马便回，忽一小校来报："探得四

路军马，一齐杀到：关羽从江陵杀来，张飞从秭归杀来，黄忠从公安杀来，魏延从彝陵小路杀来，四路正不知多少军马喊声震天，都说要捉周瑜。"周瑜在马上大叫一声，箭疮复裂，堕于马下，左右急救回船。周瑜被众将救醒，怒气填膺，不能支持，自知不久于人世，因此叫人取来纸笔写下遗嘱，嘱咐众将要尽忠报国，努力帮助孙权完成大业。说着说着又昏了过去。过了一会儿，慢慢又苏醒过来，仰天长叹道："既生瑜，何生亮！"连着叫了几声，便忧愤而死，时年36岁。

周瑜死后，孙权即根据周瑜生前的推荐，任命鲁肃为都督，总统军马。消息传到荆州，诸葛亮对刘备说："周郎为我数气而亡，东吴上下必怀怨恨，不利于孙刘联盟。我当往江东去吊周瑜，以释吴人之愤恨，巩固联盟；也可就地寻找贤士辅佐主公。"刘备很担心"吴中将士加害先生"，诸葛亮说："周瑜在时，我都不惧怕，何况今天周瑜已死，我有什么担心呢？"于是同赵云领着五百军士，带着祭礼，前去吊丧。

诸葛亮祭奠完周瑜，正欲上船回去时，只见江边一人一手揪住他大叫道："你气死周郎，却又来吊孝，明明是欺东吴无人啊！"诸葛亮赶忙回头看时，原来是人称凤雏先生的庞统庞士元。诸葛亮也大笑，两人携手上了船，各自诉说心中之事。临别，诸葛亮给庞统留下一封信，要他到荆州与自己共佐刘备，庞统欣然应允。两位故友依依惜别，诸葛亮自回荆州去了。后来庞统不被孙权重用，就到荆州来投奔刘备，终被拜为副军师中郎将，与诸葛亮共谋方略，教练军士，听候征伐。

曹操在许昌听说刘备拜诸葛亮、庞统为军师，招兵买马，囤积粮草，连结东吴，知早晚必要兴兵北伐。于是召集众谋士商议南征之事，谋士荀攸进言："可先取孙权，次攻刘备。"曹操同意，并听从荀攸的计谋，把西凉马腾骗到许昌杀掉，以绝南进后顾之忧。即起大军30万，径下江南。

早有人报到东吴，孙权与众将谋士计议后，急差人命鲁肃向荆州刘备求救。诸葛亮回信给鲁肃称："可以高枕无忧。如果有北兵侵犯，自有退兵之策。"并对疑惑不解的刘备解释说："曹操平日所忧虑的是西凉的兵马，现在曹操杀了马腾，而马腾的儿子马超统率着西凉的军马，必定对曹操怀着切齿之恨。主公写可信告诉马超，进兵关中（今陕西关中地区），那样曹操又怎么能南下呢？"刘备听后非常欣喜，随即写了信，派一名心腹送到西凉去了。

果如诸葛亮所料，马超联合西凉太守韩遂，起兵20万，杀入关内，直奔长安，找曹操报仇雪恨。马超士气旺盛，势不可当，很快攻破长安城，并攻占潼关。又加马超勇猛无敌，直杀得曹操弃袍割须于潼关，夺船避箭于渭水，曹军多次被马超打败。后来曹操用谋士贾诩反间计，离间了马超与韩遂，才大败西凉军。经过这一折腾，曹操再也无力南征了。

刘备在荆州的地位得到巩固后，按照诸葛亮、庞统的建议，积极准备谋取益州了。

这时，占据益州的是刘璋。刘焉、刘璋父子在益州统治了20多年，推行分裂、守旧的儒家路线。公元188年，汉宗室鲁恭王的后代刘焉来到益州，黄巾军刚被镇压下去，阶级矛盾非常尖锐，但刘焉对豪强大族采取"宽惠"政策。刘焉死后，其子刘璋沿用"温仁"之政，致使随他入蜀的"东州人"即客籍地主，"侵暴旧民，璋不能禁"，且益州本地的"大姓"豪族，称霸郡县，刘璋也没有办法。这些豪强大姓任意侵占人民土地、财产，残酷地剥削和压迫人民，搞得益州这个"天府之国"，乌烟瘴气，民不聊生，社会矛盾和主客籍地主集团之间的矛盾日益尖锐。正如诸葛亮在《隆中对》中分析的那样："刘璋暗弱，民殷国富，而不知存恤，智能之士，思得明君。"

公元211年，正当诸葛亮、庞统和刘备讨论进攻益州的时候，益州牧刘璋派遣法正到荆州来迎接刘备入蜀了。原来刘璋为防汉中张鲁入侵益州，曾派别驾张松去结好曹操。张松本想投靠曹操，不料曹操对张松不加礼遇，非常怠慢。张松因此为怨，路过荆州时把原准备献给曹操的益州地图献给了刘备，并力劝刘备入川。张松回到成都，就向刘璋说曹操的坏话，并劝刘璋与曹操断绝往来，说刘备与他是同宗兄弟，可以成为心腹，要刘璋交结刘备。

刘璋采纳张松的建议，企图借助刘备的力量抵御曹操和汉中的张

鲁，于是根据张松举荐，派扶风人法正去荆州和刘备通好。不久，又派法正和孟达给刘备送去 4000 兵士，以助刘备守御，并前后赠给刘备很多钱作为军饷。

原来张松和法正是好朋友，常在一起私下商议，认为跟随刘璋"不足与有为"，成不了大事。他俩密谋策划，准备共同拥戴刘备为益州之主。

法正到荆州见到刘备，力陈"益州可取之策"，把益州的兵器、人马、府库、钱粮以及地理远近，战略要地等情况，都介绍给了刘备，使刘备、诸葛亮、庞统等进一步了解了益州的真相。进取益州，这既是诸葛亮在隆中早已确定的既定战略，也是庞统所倡导的"逆取顺守"的策略，更是刘备集团实际利益的需要。于是，进取益州，便正式提到了议事日程。

经过商议，刘备决定留下诸葛亮、关羽等镇守荆州，刘备亲率庞统和黄忠、魏延等谋臣武将及数万军队向益州进发。

益州许多人反对刘备入川。主簿黄权、从事王累等都力谏认为不可，尤其是王累以"自刭州门"，表示刘备不可入川。巴郡太守严颜感叹说："这是独坐穷山，放虎自卫也！"刘璋一概不听，下令所过之处，迎送供奉，真是让刘备感到"入境如归"。

刘备从江州北面垫江（今四川合川）取水路向涪城（今四川绵阳东）进发。刘璋亲率步骑三万多人，赶往距成都三百六十里的涪城与刘备相会。刘备到达涪城，刘璋亲自出迎，两人相见，非常喜悦。

这时，张松、法正、庞统等都向刘备献计，趁机杀掉刘璋，坐得益州。刘备坚决不从，后对庞统坦诚地讲了自己的实际想法："我们刚到这儿，对老百姓毫无恩信，所以不能这么匆忙地做。"

刘璋和刘备在涪城住了 3 个多月。这期间，刘璋给刘备增加了大量兵众和财物，请他向北讨伐张鲁，刘璋自己回成都去了。刘备统军向北到了葭萌（今四川广元西南），就停了下来。"未即讨鲁，厚树恩德，以收众心"。忽然接到诸葛亮送来的报告，说孙权派人把孙夫人接回东吴去了，五岁的阿斗差点也被带去，刘备预感事情复杂，决定尽快解决益州问题。刘璋对刘备取占益州的意图已有所觉察，形势很是危急。庞统立即向刘备献上收川三计：上计是暗选精兵，径袭成都，一举便定；中计是斩杀白水关守将杨怀、高沛，收其部众，徐图进取；下计是退还白帝城，联结荆州，日后缓图。刘备认为上计太急，下计太缓，中计比较可行。于是借口曹操来攻，理应回兵援救，向刘璋求借兵物，刘璋予以拒绝。这时，内应张松因机事不密，被刘璋收斩。刘璋下令各处关隘严加防范，同刘备决裂。刘备有了借口，立即斩了杨怀、高沛，夺了白水关。到此，双方正式摊牌，刘备拉开了收川战争的序幕。

刘备收并白水军后，挥师南下，进据涪城。击退了刘璋派来堵击的刘贵、冷苞、张任、邓贤、吴懿、李严等将领，吴懿、李严等率部投降，张任、刘贵与刘璋儿子刘循固守雒城（今四川广汉北）。这时刘备声威大震，在分遣诸将平定益州郡县的同时，与庞统亲率主力进攻雒城。

雒城之战，是刘备兵定益州的一次关键性战役，刘备久围雒城不下，刘循坚守不出，军师庞统也被张任乱箭射死于落凤坡，刘璋又派兵围攻葭萌关，打算切断刘备后路。刘备感到形势危急，写信叫关平速去荆州请诸葛亮前来。

诸葛亮接到刘备的信，对庞统身死恸哭不已，把信让众人看，说："主公现处危急之际，我不得不去。荆州重地，主公信中虽然没有说，但让关平送信，意让云长公镇守，责任重大，公宜勉之。"关羽更不推辞，慷慨答应。诸葛亮设宴，交割印绶，关羽双手来接，诸葛亮严肃地说："这干系都在将军身上。"关羽大声说："大丈夫既领重任，除死方休。"诸葛亮见关羽说出个"死"字，心中很不高兴，想不交给他大印，但话已出口，于是问："如果曹操引兵来攻，应当怎么对付？"关羽回答说："以全力抗拒。"诸葛亮又问："如果曹操、孙权一齐发兵来攻，怎么办？"关羽答："分兵抗拒。"诸葛亮说："如果这样的话，荆州就危险了。我有八个字，只要将军牢记，就可以保守住荆州了。"停了一下，严肃地说，"北拒曹操，东和孙权。"关羽点头称是：

"军师之言，当铭肺腑。"

但是，诸葛亮担忧的事情后来还是发生了。

诸葛亮把大印交给了关羽，命令文官武将留下辅佐关羽，同守荆州。然后亲自点兵入川：先拨精兵一万，交张飞统领，从大路杀奔巴州、雒城之西；又拨一支兵，令赵云为先锋，溯江西上，会于雒城；诸葛亮随后引简雍、蒋琬率大军起行。

张飞临走时，诸葛亮嘱咐说："西川豪杰很多，不可轻敌。一路上要戒约三军，不得掳掠百姓，以免失去民心。所到之处，应该多多抚恤，不可任意鞭挞士兵。希望将军早到雒城相会，不可延误。"张飞欣然应允，上马领兵出发了。

张飞带领人马，快速前进，所到之处，但降者秋毫无犯，一直通过汉川路，到达巴郡。用计收降了巴郡太守严颜。因此，严颜为前部，张飞领军随后，所到之处，尽是严颜所管辖，四十多处关隘的守军都被严颜叫出来投降了张飞，很快到了雒城。诸葛亮和赵云后来也赶到了，见张飞先到，很是惊讶，问明原委，诸葛亮激动地说："张将军能用谋略，这是主公的洪福啊。"于是，诸葛亮调兵遣将，用计擒杀了张任，很快攻下了雒城。

刘备、诸葛亮乘胜追击。一面亲率主力直逼成都，一面分兵去攻占成都周围诸郡，进而合围成都。这时，因兵败而投靠张鲁的西凉马超，也来归顺了刘备，领兵到成都前来助战。刘璋见大势已去，虽然有人劝他不要投降，刘璋悲叹地说："我父子在益州二十多年，对百姓谈不上有什么恩德，老百姓为我打了三年的仗，吃的苦够多了，要是再打下去，我不忍心！"于是开城出降。刘备见了刘璋，很过意不去，说了些抱歉的话，就让刘璋带上全部财物，并佩振威将军印，去南郡公安居住。

刘备进入成都，大摆庆功酒宴，犒劳三军，论功行赏。刘备以荆州牧又兼领益州牧，拜诸葛亮为军师将军，将后方政务一概交给他处理。诸葛亮也就全力以赴地辅助刘备治理巴蜀了。

孔明治蜀，刘备托孤

诸葛亮治蜀期间，重视修明政治，任人唯贤，唯才是举，严明法度，发展生产，整肃军纪，以确保蜀汉政权的稳固和前线的军需及兵源。

初治巴蜀，诸葛亮很留心解决主、客籍集团的关系。在以自己原来的荆州集团作为政权的骨干外，特别注意吸收"东州"（刘璋）集团和益州地方集团的人士参与政权建设。对原有官员，只要他们拥护新政权，都加以信任和重用。如董和、黄权、李严、吴懿、费观等人，"皆处之显任，尽其器能"。有影响的儒生，如杜微、来敏等，在不让其参与军政大事的基础上，给他们一定的官职，或是诸如谏议大夫等名誉职务，这样，大大缓和了各集团之间的矛盾，进一步使刘备集团在益州站住了脚跟。

选贤任能是诸葛亮治国的首要措施。他特别强调"治实而不治名"的原则，认为"为人择官者乱，为官择人者治"，坚决摒除用人唯亲的做法。为了招纳贤士，他在成都筑起了招贤台，又称读书台，做到"筑台以集诸儒，兼以待四方贤士"。他"用人不限其方"，广揽人才，使蜀汉政府的官员来自四方八面，既有刘备原来的部属，又有刘表的部属，还有刘璋的旧臣，还有外部投奔而来的人。诸葛亮任人唯贤，不拘出身门第，不论资历；很注意在下层普通人员中发现举荐人才。他先后对杨洪、何祗的提拔，当时最受称道。李严属下功曹杨洪，诸葛亮赏识他遇事明断，上表请任为蜀郡太守。杨洪门下何祗，任督军从事时，游戏放纵不勤所职，听说诸葛亮前来视查，何祗连夜张灯审案办公，待到查问，何祗对所问公务对答如流，无所凝滞，诸葛亮很

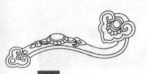

是惊异其才，于是提拔他为成都令，后因政绩突出升任为广汉太守。李严、杨洪、何祗原本职位相距很大，而后来同为太守。这样，蜀汉上下对诸葛亮以德才选士都深表佩服。

诸葛亮用人唯贤是举，破格提拔了一批尽忠职守、廉洁奉公，而又卓有才干、富于实干精神的基层官吏。例如，张嶷，史书上说他"出自孤微"且"放荡少礼"，但他忠于蜀汉政权，诸葛亮提拔他做了太守。王平"生长戎旅，手不能书，其所识不过十个"，但他"遵履法度"，颇有军事天分，在街亭战役中表现卓越，诸葛亮马上加拜王平为参军，统率五部军马。又进位将军，屡立战功。后来成了蜀国一员善于打仗的将领。吕乂治身俭约，为政简而不繁，执法刻深，诸葛亮便让他去管理极为重要的汉中郡。邓芝"不治私产，妻子不免饥寒"，但他"赏罚明断"，且在"联吴抗曹"方面有功，当了中监军、扬武将军等重要职务。姜维本是曹魏降蜀的下级军官，因为他"忠勤时事""甚敏于军事"，很快就被诸葛亮拜为征西将军，后来成了西蜀后期举足轻重的人物。蒋琬本是荆州一个无名的小吏，但他"为政以安民为本，不以修饰为先"，又"常足食足兵，以相供给"，的确是个很有才能的人。因此，诸葛亮临终时便毫不犹豫地推荐他做了继承人，当了蜀国的丞相。

诸葛亮不仅自己留意选拔贤才，而且十分注意教育下属官员不要嫉贤妒能，注意向上级推荐有德才之士。当广汉太守向诸葛亮荐举自己有才能的部下时，诸葛亮很是称赏，并要其他官员学习。

诸葛亮把严明法令、整顿吏治放在首位，以获得良好的政治局面。他主持修制了一部比较完善的法典《蜀科》，公布于众，作为蜀汉政权实行法治的基础，使"赏不可以虚施，罚不可以妄加"，以达"科教严明，赏罚必信，无恶不惩，无善不显"。同时，他还制定出"训励臣子"的科条：八条、七戒、六恐、五惧。诸葛亮严于执法，不论亲疏，他说："吾心如秤，不能为人作轻重。"他十分强调以身作则，认为"其身正，不令而行；其身不正，虽令不从"。他带头遵守一切法令，如后来北伐时因用人不当失守街亭，即主动上书请降三级，以示惩罚。

诸葛亮依法治国，能做到开诚布公。所以，"邦域之内，咸畏而爱之。刑政虽峻而无怨者，以其用心平而劝戒明也"。将军向朗在街亭之战中因对马谡违令失守知情不报被诸葛亮革职，而他的侄儿向宠却因为屡经战场，"晓畅军事"，办事稳妥谨慎，对蜀汉有贡献，在诸葛亮的亲自选拔下提升为督军。向朗事发罢官后，诸葛亮依然十分信任向宠。在整个北伐期间，都把后方兵马大权交给了他，向宠也忠于职责完成了任务。《三国志》作者陈寿，他的父亲因犯法被诸葛亮处以重刑，尽管有辱父之仇，陈寿依然颂扬诸葛亮严明的法治精神。中都护署府事李严和长水校尉廖立，因违法乱纪被罢官，流放到边远地区务农，后听到诸葛亮去世的噩耗，都禁不住悲伤交加。

经过诸葛亮大力整治，蜀汉朝廷法威大振，政令严明，官吏不敢作恶，百姓人人向善，"道不拾遗，风化肃然"。从而提高了各级官吏的积极性和国家机构的办事效率。

诸葛亮恢复和发展生产的政策，主要是"务农殖谷，闭关息民"。他积极推行奖励耕战的政策，即使在前线的将士，也必须从事农业生产；还曾经招五千名青壮年到汉中屯田，并命令汉中太守兼任督农，把农业收成作为考核政绩的标准。农业的发展，恢复和充实了国力，为以后的军事行动打下了物质基础。

诸葛亮十分重视兴修水利，"以此堰（都江堰）为农本，国之所资"，创设堰官，专门管理都江堰。调遣一千多名青壮年，疏通河道，使都江堰水利工程的灌溉作用得到充分发挥，保障了西蜀农业的发展。

诸葛亮把直接关系人民生活和国家税收的盐铁开采经营权收归官府所有，专门设置了盐府校尉和司金中郎等官职，选拔有理财能力的官吏担任此职，管理食盐和铁器的生产，还常常亲自过问盐铁生产经营状况。这些措施极大地增加了蜀汉政权的财政收入。

诸葛亮用卖川锦的办法集中增加财政收入，补充空虚的国库。把织锦工匠集中在一起，筑城并派兵加以守护，设置锦官，专门管理蜀锦的织造。他还亲自带头，让家眷在园子里种桑树八百株，以带动百姓植桑养蚕，为蜀锦生产提供了充足的原料。他曾说："今民贫国虚，

决敌之资，惟仰锦耳。"在他的倡导和各种有力措施的施行下，蜀锦生产有了相当大的发展。

诸葛亮卓越的治国才干，也表现在治军上。为了完成统一大业，必须建立一支强大的攻克制胜的军队，他从西蜀国弱人少的实际情况出发，十分注意苦练精兵，建立纪律严明的军队。他说："有制之兵，无能之将，不可以败；无制之兵，有能之将，不可以胜。"他坚持"法令明、赏罚信"，所以蜀国"士卒用命，赴险而不顾"。同时，很注重对将领的考核和提拔，认为"良将之为政也，使人择之，不自举；使法量功，不自度"。这样的选拔方法，优秀的将领就不会被忽略。他特别讲究兵法的运用，发展了孙子兵法，结合实战，创造出有名的"八阵图"，变化无穷；制定了有关练军、行军、扎营、作战、撤退等一整套行之有效的办法。要求行军安静而神速，宿营驻寨的布置必须坚实而有条理，正所谓"止如山，进退如风"。蜀军经过诸葛亮的严格训练，战斗力大为提高，达到了"数万之众，其所兴造，若数十万之功"

的程度。第五次北伐时，司马懿统率着 30 万精锐魏军，面对千里而来、粮草不济的 10 万蜀军，也只能深沟高垒，筑营自守而已。

公元 215 年，曹操亲率大军讨伐汉中的张鲁，张鲁败降，曹操留大将夏侯渊驻守汉中。公元 217 年，鲁肃去世，出于对吴蜀联盟前途的考虑，刘备和诸葛亮感

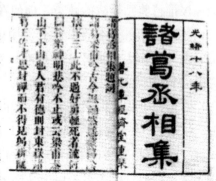

《诸葛丞相集》书影

到夺占汉中，巩固巴蜀，已是刻不容缓的事。于是，刘备听从法正之谋，亲率大军北进汉中，与曹交战达两年之久。诸葛亮坐镇成都，提供兵饷粮草，不失萧何之功，终于以黄忠斩夏侯渊，刘备攻取汉中结束战事。

公元 219 年，刘备的大臣联名上表汉献帝，尊刘备为汉中王。这篇借古喻今言天下"安危定倾"的表文，经过诸葛亮审议，领衔的却

是平西将军马超，其次是刘璋旧臣，然后才是诸葛亮和关张赵等人。这表明了诸葛亮等人的谦逊之德和宽大气度，也表示不论新故官员都同心拥戴，甚至新人比旧故更迫切，增强了马超等人的向心力，表明了刘备集团的高度同心协力。从表文排名也能看到诸葛亮的良苦用心。

荆州守将关羽，骄傲轻敌，盲目自尊，是诸葛亮深为担忧的。当刘备兵定益州拜马超为平西将军时，关羽即要入川与马超比武，刘备很是担忧，诸葛亮深知关羽为人，于是写信称："孟起（马超字）兼资文武，雄烈过人，一世之杰，黥、彭（刘邦手下勇将）之徒，当与翼德同心争先，犹未及髯公（关羽称美髯公）之绝伦逸群也。"关羽看了很高兴，还把信拿给左右宾客看，志得意满。后来刘备占领汉中称王，封关羽为前将军，黄忠为后将军，不出诸葛亮所料，关羽一听黄忠为后将军，不禁大怒说："大丈夫誓不与老兵同列！"后经刘备和诸葛亮暗授机宜而去的益州前部司马费诗晓以利害，关羽才大为感悟，拜受了印绶。

关羽对诸葛亮联吴以守荆州这个重大策略显得轻视忽略。不但常和鲁肃在边境上制造摩擦，挑起事端，而且连孙权也不放在眼里。当孙权派使者为儿子求娶关羽之女时，他不但不许婚，还辱骂孙权说："虎女安肯嫁犬子乎？"使孙权深恨关羽。眼看刘备势力日益强盛，孙权深感不安，孙、刘集团之间的矛盾也越来越激化，孙权遂开始谋划夺取荆州。诸葛亮最担心的事终于还是不可避免地发生了。

公元219年7月，关羽按照刘备的安排，发动了襄樊战役。关羽一举夺下襄阳，把曹仁围困在樊城。曹操派大将于禁、庞德率七路精锐军队去援助，关羽用计水淹七军，于禁被捉投降，庞德被生擒斩首，关羽一时"威震华夏"。这是关羽一生功业最为得意的时刻，只是实在太短暂了。

魏王曹操这时坐镇洛阳，深感许昌受到关羽的威胁，已有迁都邺城的打算，但又怕动摇人心，与司马懿等谋士商议后，一面派徐晃领兵救援樊城，一面遣使劝说孙权抄袭关羽后方，并以割让江南地区给孙权相诱惑。正当关羽与曹军打得难解难分的时候，早蓄谋夺取荆州

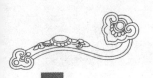

的孙权，于是派吕蒙用计偷袭了江陵，攻占了关羽的后方。关羽闻讯大惊，不顾诸葛亮当年的嘱咐，挥军南返，回救途中被东吴军队俘虏杀害了。孙权进而占据了荆州各郡县，为了防备刘备报复，遣使向曹操称臣，并奉上关羽的首级，想使刘备移恨曹操。曹操深知其意，刻沉香木为躯，以王侯之礼葬关羽于洛阳南门外，令大小官员送殡，亲往拜祭，并赠为荆王，以使刘备更恨孙权，从中获利，这样，孙、刘联盟便完全不存在了，天下形势发生了巨变。

消息传到成都，刘备悲痛欲绝，立即要提兵讨伐东吴。诸葛亮及众官员再三劝阻：孙权与曹操各怀鬼胎，目前只可按兵不动，等到吴、魏不和时，再乘机讨伐。考虑到当时的实际情况，刘备也只好暂时不计较此事。

公元 220 年，曹操病故，长子曹丕继位，废掉汉献帝，自立为帝，建立魏国。第二年，诸葛亮劝说刘备继承汉统，建立蜀汉国，以取得政治上的主动。刘备在成都称帝，以诸葛亮为丞相，置百官，立宗庙。

公元 221 年 7 月，刘备为了给关羽报仇，也为了夺回战略要地荆州，带领蜀军精锐主力去讨伐东吴，诸葛亮、赵云等苦谏无济于事。刘备命丞相诸葛亮辅佐太子守成都。这时，张飞因急于为关羽报仇，鞭挞士卒，被部将害死，刘备把张飞被害的账也算在孙权身上，坚决出兵伐吴，到江州时留下赵云镇守，立即兵出三峡。

起初，刘备军势甚锐，所向无敌，连连打败东吴军队。孙权多次派人向刘备求和，遭到盛怒之下的刘备的拒绝。刘备感情用事，违背了诸葛亮联吴抗曹的正确策略，使自己腹背受敌，处于不利的地位，这是很大的战略失误。孙权见求和不成，形势危急，只好一面派使节向曹魏称臣，请求魏国发兵相助；一面派大将陆逊领兵抵挡。公元 222 年 5 月，刘备的军队在猇亭（今湖北宜都北）一带因疲劳轻敌，安营寨于密林，被陆逊指挥的吴军用火攻破，火烧连营数百里，号称七十万的蜀军伤亡惨重，军事物资几乎全部烧光。刘备率领败军退回白帝城，一病不起。

刘备在猇亭连营数百里与吴军对峙时，连魏帝曹丕都说刘备不懂兵法。当谋士马良提议画扎营地图问诸葛亮时，刘备不以为然。当诸葛亮在成都见到马良画的图本时，拍案叫苦说："是何人教主公如此扎寨？可斩此人！"当得知是刘备自己的安排时，诸葛亮情不自禁地叹息说："难道大汉气数真的已尽了？"然后又说，"东吴兵胜，我入川时在鱼腹浦伏下十万精兵，陆逊害怕魏军袭击其后方，必然不敢来追，成都可保无事。"于是，一面派人去告知刘备火速移营，一面调遣军马准备救应。后来刘备兵败，陆逊追击时迷入诸葛亮在鱼腹浦布的八阵图中，多亏黄承彦指引才得脱险。后世杜甫有诗赞："功盖三分国，名成八阵图。江流石不转，遗恨失吞吴。"陆逊脱险后叹道："孔明真是卧龙，我不及也！"于是下令班师回朝，准备迎击魏军的进攻。

荆州之失和猇亭之败，不仅使蜀汉大伤元气，损失惨重，而且使诸葛亮两路北伐的战略计划也无法施行了。它标志着蜀汉不断强大的终止和三国鼎立之势的最终形成。

公元222年3月，刘备在白帝城病危，火速派人奔回成都，诏诸葛亮到白帝城，将统一大业和幼子相托付。当时马良之弟马谡也在白帝，刘备总感到马谡身上缺少点真实的东西，就提醒诸葛亮说："马谡言过其实，不可大用。"诸葛亮听了，心里总感到费解。转眼到了4月下旬，刘备病势一天比一天沉重，临终前，托丞相诸葛亮辅佐刘禅，完成统一大业。遗诏中要刘禅多读一些法家的书，多向诸葛亮请教。并对诸葛亮深情地说："君才胜过曹丕十倍，必能安邦定国，成就大业。若是刘禅可辅，则辅之，如其不才，可取而代之。"诸葛亮一听，急忙跪下，泪流满面地说："臣一定竭心尽力，效忠贞之节，就是死也报答不了陛下对臣的知遇之恩。"刘备听后流着眼泪，一面命内侍扶起诸葛亮，一面请李严前来，嘱咐他协助诸葛亮共辅太子。然后把两个小皇子叫到身前，命他们跪在诸葛亮面前，告诫说："我死之后，你们兄弟要把丞相当作父亲一样对待，同心共事，不可违命。"不久，刘备就病逝了。像刘备如此托孤的帝王，在历史上是绝无仅有的。

刘备病逝后，太子刘禅继位，封诸葛亮为武乡侯，开府治事，又

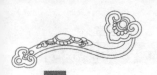

兼任益州牧，刘禅对诸葛亮敬之如父，"委以诸事"。于是诸葛亮义不容辞，全面担负起蜀汉的军政重任，苦心孤诣，殚尽心血。

南征北伐，名垂千古

刘备死后，蜀汉政权面临着深重的危机：强曹在北，仇吴在东，国力大大削弱，内部也很不稳定，南中叛乱不断，诸葛亮正是在这样一个形势下，受命开始总理蜀汉的军政事务。

魏主曹丕闻知刘备死去，认为良机已到，听从司马懿之计，派遣五路大军，围攻西川：第一路，曹真取阳平关；第二路，叛将孟达从上庸进犯汉中；第三路，东吴取峡口入川；第四路，南蛮王孟获进犯益州四郡；第五路，西羌番王轲化直奔西平关。消息传到成都，蜀汉朝廷为之震动。诸葛亮因病不能视事，后主刘禅亲往相府探病问候，诸葛亮笑着对后主说："四路敌兵，臣已退去了。马超守西平拒羌兵，魏廷以疑兵阻南蛮孟获，李严写信给孟达使其称病在军，关兴、张苞在重要的地方屯兵三万作为各路策应。东吴孙权自不会轻举妄动，我们只须派一能言善辩的人去东吴，陈说利害，东吴自然先退了。"果如诸葛亮所料，四路进犯之兵都纷纷败退。同时，为了执行联吴抗曹的战略，诸葛亮任用很有外交才能的邓芝出使东吴，经过邓芝艰辛卓绝的努力，在客观形势的推动下，终于使吴蜀这相互仇视的两大政治集团重新携起手来。吴蜀重新缔结盟好条约，是诸葛亮外交政策的重大成功。它不但把一个强大的仇敌化为盟友，而且抵制了曹魏的军事威胁。这样，诸葛亮就能专心搞好蜀汉内部事务，同时，积极准备解决当时已成为蜀汉政权威胁的南中内乱问题。

三国时期隶属于蜀汉管辖的南中地区，包括今天云南、贵州和四

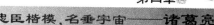

川西南部一带，古称"夷越之地"。由于东汉统治者的"赋敛烦扰"，激起了南中各族人民的反抗，残酷的镇压使得人民掀起更大规模的反抗，而一部分少数民族奴隶主"夷帅"和汉族豪强地方"士族大姓"，时刻都在寻机激化矛盾，以便达到他们割据称雄的目的。由于上层分子雍闿、孟获等的造谣和煽动宣传，不少人受骗跑到叛军中去，叛乱几乎达到整个南中地区。

公元225年3月，经过近两年的"闭关息民"，在把内政外交各方面安排好后，诸葛亮感到出兵平定南中叛乱的时机已经成熟，于是亲自统领大军南下平叛。

诸葛亮采用了"攻心为上，攻城为下，心战为上，兵战为下"的策略来平定南中之乱。诸葛亮采用反间计杀了叛乱首领雍闿、朱褒，全歼高定部后，五月渡泸，深入不毛之地，开始征讨孟获。孟获收集雍闿等人的余部，继续与蜀军对峙。作为少数民族的首领，孟获在南中为"夷汉所服"，是当地一位很有影响和威望的人物。诸葛亮决定收服孟获，然后使他从心里臣服蜀汉政权，在西南少数民族中造成影响，以便长期稳定南中局势。

孟获在蜀汉大军到来时，聚集三洞元帅讨论，后派三位元帅各领兵五万，分左、中、右三路来迎战。诸葛亮用激将法，使赵云、魏延两位老将军杀奔敌军营寨，大败蛮兵，斩了敌军中路元帅，左右两路敌军元帅从山路逃跑时也被埋伏的蜀军擒获。

诸葛亮命人解去两位洞主元帅的绳索，赐给酒食衣服，让两人各自归去。孟获闻知兵败，大怒，遂率兵进发。诸葛亮使王平诈败，引诱孟获军进入埋伏圈。孟获见蜀军旌旗不整，队伍杂乱，即生轻敌之意，驱兵追击王平。正追杀时，蜀将张嶷、张翼两路兵马突然杀出，截断后路。王平领兵杀回，赵云、魏延从两侧夹击，孟获抵挡不住，被魏延生擒活捉。

诸葛亮让人解去被俘蛮兵的捆绑，安抚说："你们都是好百姓，不幸被孟获蛊惑，今受到惊吓了。我想你们的家人一定倚门而望；我今天全放你们回去，以安各自家人之心。"蛮兵深感其恩，哭着拜

谢归家。

诸葛亮对孟获不杀不辱，反而加以款待，让他观看蜀军的营垒和阵容。孟获并未服气，声称自己是因为未知虚实而中了埋伏，并说再战必胜。诸葛亮便笑着放他回去，让他整顿军马再来交锋。结果孟获又一次兵败被捉。可是他还是不服气，于是诸葛亮又把他放回去。就这样，一捉一放，前后共七次。孟获第七次被捉住的时候，诸葛亮微笑说要放他回去，这时孟获终于心悦诚服地说："公，天威也，南人不复反矣。"这就是历史上诸葛亮"七擒孟获"的故事。后世有关这方面的记载和传说很多，至今云南一些少数民族地区还亲切地把诸葛亮称为"孔明老爹"；现在东南亚各国人民说到诸葛亮，也肃然起敬，一般都不直呼其名，而是尊敬地称他为孔明，可见诸葛亮深远影响。

取得平定南夷的胜利后，诸葛亮采取了"以夷制夷"的政策，任用当地少数民族首领来管理，不再派留汉人官吏和军队。有人对此表示担忧，诸葛亮说："留人有三不宜：其一留汉族官吏，就要留兵，而所需军粮难以解决；其二战争刚刚结束，双方各有死伤，留汉人而不留兵，必成后患；其三南中常有废杀之举，自嫌衅血，如留汉人，不敢相信。因此用夷人自治，使夷汉各族相安无事。"并且，诸葛亮还选拔少数民族中威望很高的首领到蜀汉朝廷中任职，增强了民族团结。

为了巩固南中的安定，巩固蜀汉中央政权的统治地位，诸葛亮在南中扩大和健全了郡县制，推行郡曲制度。把原来南中四个郡，重新划分为六个郡，并遣一些比较可靠、有能力、熟悉当地情况的官员做太守。他们都比较重视整顿政治，贯彻诸葛亮的各项政策，对巩固蜀汉对南中地区的统治起到了很大的作用。

在加强政治统治的同时，诸葛亮还很重视发展南中地区的农业和生产。推广汉族先进的农业耕作技术，教当地少数民族使用耕牛，传授织锦技艺，重视南中盐铁业和商业的发展；动员大量人力修复久已不通的道路和沿途的驿亭，以利于商旅往来，促进了南中地区与内地经济、文化、物资的交流；还从当地少数民族中选拔了一批年轻力壮

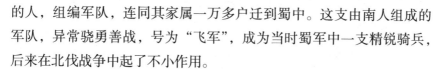

的人，组编军队，连同其家属一万多户迁到蜀中。这支由南人组成的军队，异常骁勇善战，号为"飞军"，成为当时蜀军中一支精锐骑兵，后来在北伐战争中起了不小作用。

诸葛亮"和抚"南中地区的措施和方针既巩固了蜀汉政权，实现了夷、汉团结，又促进了南中少数民族地区的经济发展和社会进步。据史书上记载，当时南中地区的一些特产，如金银、丹漆以及耕牛、战马等，都源源不断地运往蜀中，为蜀汉政权带来了巨大的经济效益。这样，在南中这个大后方得到巩固后，诸葛亮即按照他的既定方略，加紧训练兵马，强化武装力量，积极策划北伐中原。

汉末三国时期的历史，波澜起伏，人才辈出，涌现出了一批杰出的历史人物，诸葛亮就是这其中最具代表性的一位。

诸葛亮从 27 岁出山到 54 岁病逝北伐前线五丈原，他短促而又峥嵘的一生，几乎时时处处都充满了超人的智慧和才干。他从 27 岁走出隆中，登上当时风云变幻的政治舞台，恰好是半生操劳，尽瘁国事。前半生是他立志用世的预备阶段，结庐隆中，困志成学；后半生则是忠勤操劳，"两朝开济"的用世之期。唯因他前半生立志立得坚决，准备用世的才干又准备得充分，所以他在后半生才以其操守坚贞、才智过人，在当时的历史条件下，做出了一番轰轰烈烈的事业，赢得了"名垂宇宙"的崇高声誉。

在著名的《隆中对》中，诸葛亮向刘备提出进取荆、益，革新政治，积蓄力量，准备条件，统一全国的建议，表现了他对当时形势的清醒认识和深刻分析。他帮助刘备由无立锥之地到建立了蜀国，并两代任相，长期主持蜀汉的军政要务，推行法治路线，对于西南地区政治、经济的发展，作出了巨大的贡献。他重视"耕战"，大力发展农业生产；采取设立司盐校尉等一系列措施，做到了国盛民富；他审时度势，清醒地辨明敌人和盟友，还注意联合少数民族；他治军有方，使军队训练有素，作战时注重调查研究，因而经常取得胜利。他的智慧和谋略的运用，不但在当时的政治舞台上演出了威武雄壮、绘声绘色

的活剧，而且对后世的政治、经济、军事、外交、民族政策等也产生了深远的影响。

在中国古代，没有哪一位政治家或军事家能够像诸葛亮那样，获得了当时以及后世那么多的褒扬和赞誉。诸葛亮身后的蜀国，在他的继任者蒋琬相继去世后，也就一天天走向衰落了，的确使人感到"人亡政息"。人民关注国家的命运，怎能不怀念诸葛丞相呢？连魏国征西将军钟会统兵征蜀到汉中时，也亲往诸葛亮庙中祭奠。蜀亡之后，诸葛亮的声望更大，身价更高。晋王司马昭在灭蜀以后，立即就叫陈勰学习诸葛亮兵法，其子晋武帝司马炎还亲自向蜀汉降臣樊建请教诸葛亮治国之方，而司马懿早就称赞诸葛亮为"天下奇才"了。对诸葛亮的倍加推崇，晋代开国的司马祖孙三代算是给后世开了先河。

从晋代开始，历代王朝都在给诸葛亮升官晋爵，赐庙加号。晋封武兴王；唐封武灵王，并赐庙；宋赐"英惠庙"，加号"仁济"；元代则更追封为"威烈忠武显灵仁济王"；明代朱元璋钦定"帝王高"，选从祀名臣 37 人，"忠武侯与焉"；清代不但把许多纪念诸葛亮的胜迹古祠加以修葺一新，供人膜拜，而且每年春秋祭孔庙时还以诸葛亮从祀。

历代统治集团都对诸葛亮倍加推崇。晋武帝对诸葛亮的治国之法甚是称道，感叹地说："我要是有诸葛亮辅佐，怎么会像今天这样劳累啊！"唐太宗李世民曾多次向臣下称道诸葛亮治国的忠勤，他认为诸葛亮治蜀"十年不赦，而蜀大化"的根本原因在于有"贤相"诸葛亮为政"至公"，并要房玄龄等大臣效法诸葛亮"公平"治国。宋代大学者朱熹认为："论三代而下，以义为之，只有一个诸葛孔明。"简直把诸葛亮颂扬到无以复加的地步。清代康熙帝感叹说："诸葛亮云：鞠躬尽瘁，死而后已。为人臣者，惟诸葛亮能如此耳。"乾隆帝亲撰的《蜀汉兴亡论》，大发"用贤与不用贤，关系国家存亡"的议论，对诸葛亮推崇备至。各朝文人骚客，武将名流，争相为诸葛亮著书立说作传，歌功颂德。

历代封建统治阶级对诸葛亮的歌颂，自然有着他们本身的政治目

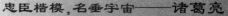
的。但是，诸葛亮作为中国封建社会人治较为完美的成功者，有两点是被后世公认的：一是他忠于信念，矢志不移；二是他谦虚谨慎、克己奉公。前者反映他积极进取的精神品格；后者表示他鞠躬尽瘁的思想作风。这或许永远为后人所缅怀和学习。

"纷纷世事无穷尽，无数茫茫不可逃；鼎足三分已成梦，后人凭吊空牢骚。"往事越千年，诸葛亮所处的三国动乱之世早已成为历史，但诸葛亮作为伟大的政治家、军事家、外交家却是流芳后世的，他运筹帷幄、决胜千里、神机妙算的谋略大家的形象永远活在人们心中。

第 五 章

政书双馨，忠心为国
——王导

　　王导（276—339），字茂弘，汉族，琅琊临沂（今山东临沂）人。琅琊王氏，从太保王祥以来，一直是名门望族，王祥族孙王衍累任至司空、司徒、太尉，是朝中数一数二的人物。王导是王衍的族弟。王导的祖父王览，官光禄大夫；父亲王裁，任镇军司马。王导是东晋初年的大臣，晋元帝、晋明帝和晋成帝三代都身居相位，在朝中威望很高，是东晋政权的奠基者之一。王导不仅在政坛有威望，而且书法造诣也很高。咸康五年七月庚申（十八）日（339年9月7日）病逝，终年64岁，谥文献。有6子。

深谋远虑，开国功臣

王导，字茂弘，出身门阀士族，其家族为西晋时期琅琊（今山东诸城）地区一大望族。祖父王览官任光禄大夫，父亲王裁位居镇军司马，皆为权倾朝野的知名人物。

王导少年时便风流倜傥，识量清远，素有雅名。14 岁时，他去见堂兄王敦，正巧王敦的好朋友陈留郡（今河南开封陈留）张公在座，他素以清高识人闻名。张公见王导相貌清秀，举止不凡，奇怪他小小年纪竟会有如此风度，便对王敦说："这个年轻人容貌志气，将相之器也。"王敦听后，连连点头，以后对他更加看重。

王敦，字仲仁，汝南相王俊之子，王导堂兄。王敦为人强勇，聪慧捷达，成年的时候便踏入仕途，初任职司空府，后迁太子舍人、尚书郎，朝中大臣都称赞他年少有为。王导对他十分尊崇，二人关系亲密，经常在一起，相互鼓励。

王导成年后，袭祖爵即丘子。后来又在司空刘寔的荐引下，历任东阁祭酒、秘书郎、太子舍人、尚书郎等职。在此期间，他结识了琅琊王司马睿，二人志同道合，关系日密。王导辞去官职，随司马睿出镇下邳（今江苏睢宁西北下邳），并应司马睿之请官任安东司马，在司马睿帐下出谋划策，深得宠信。这一切都为王导日后能够飞黄腾达奠定了坚实基础。

此时，正值西晋末年，中原混战，北方百姓纷纷南渡，到长江以南地区谋求生路；北方的士族门阀势力也相继南迁，出现了"中州士女（士族地主）避乱江左者十六七"的局面，即中原地区十分之六七的人口都逃往江南。司马睿向来有大志，见天下大乱，西晋颓势已成

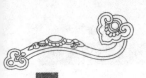

定局，便决定南迁，重兴大业。

司马睿南迁之后，出镇建康（今南京），随他而来的北方士族大户约有百家，称为侨姓士族，构成了一股强大的地方势力。但是，当地土著的南方士族，又称吴姓士族，势力也很强大。他们家世殷富，家学渊远，自视清高，傲睨一切。尤其是其中的佼佼者，誉满大江南北的纪瞻、顾荣等人，更是狂傲不羁，在他们的影响下，当地的土著士族和平民百姓，根本不把威震江北的琅琊王放在眼中，更谈不上听命于他了。对此状况，司马睿十分恼火，一时又想不出好的办法，初来江南，根基未稳，不能施以武力镇压，况且以后还需要这些人的帮助才能建立新的政权。琅琊王无奈，只有求教王导，最后决定依靠王氏家族的威势压倒南方士族的嚣张气焰。

王导正在策划如何行动时，恰逢王敦过江朝拜琅琊王，王导便对他说："琅琊王虽然品德高尚，为人宽厚，但威望却不高。兄长你的威名已经播扬四海，震荡江南，如果有你的拥戴，江南士族一定会望风顺服。"于是，王敦留下来和王导共辅司马睿。

初春三月，桃红柳绿，鸟雀啁鸣，建康城内一片春意融融的景象。纪瞻、顾荣等好友相约，夹杂在踏青游春的人流中，信步慢行。一路之上，吟诗弄文，饮酒畅谈，悠然得意，胜似闲庭信步。一行人，个个俊逸潇洒，尽显风流体态，引得行人频频回首。

突然，笔直的官路上一顶大轿缓缓而行，迎面走来，轿子装饰得十分华丽，轿中端坐一人，气派非凡。纪瞻、顾荣尽管早已认出轿中之人便是琅琊王司马睿，却丝毫不在意，脚步不停，仍然自行其乐。他们根本瞧不起这位司马睿，认定后面跟着的许多人，也不外乎跟班杂役而已。谁知，当他们漫不经心地抬头望去时，却惊呆地立在路旁了。只见第一匹马上之人，长身玉立，威风凛凛，足下一双马靴，腰间一柄战刀，满面肃然，对着众人拱手作揖，他就是出身显赫、威震朝野的武将王敦；第二匹马上之人，相貌清奇，亲切蔼然，高冠峨带，衣袖飘飘，满眼睿智，对着众人含笑不语，他就是出身世家大族、名扬大江南北的名流雅士王导。后面数人亦鱼贯而行，皆为当世名人，或权高位重，或儒雅风流。

纪瞻、顾荣等人呆怔之余，警惧之下，急忙拜于道边，低首屈身。

示威成功。一行人回到王府后，司马睿十分高兴，格外感激王家兄弟。王导乘机进一步劝说："自古以来，无论哪一位皇帝，要想坐稳江山，都必须礼遇有名望的老者，熟悉民风习俗，虚己倾心，招贤纳俊。何况现在天下丧乱，九州分裂，大业草创，更是急需天下人才。顾荣、纪瞻、贺循等人都是江南望族，人心所望，如果能将他们招来为官，定会安顿人心。"司马睿接受了王导的建议，将顾荣等人招为己用。至此，江南百姓渐渐归顺。

由此，司马睿在江南站稳了脚跟。他继续依靠王敦、王导兄弟出谋划策、鼎力相助，除多方搜罗南迁的士族外，还极力拉拢南方土著士族，引用顾荣、贺循等人为幕僚，共同支持司马睿在江南建立偏安政府。公元317年，愍帝被俘的第二年，司马睿在建康称晋王。第二年，即皇帝位，是为晋元帝，史称东晋。

东晋政权建立之后，晋元帝为奖赏琅琊王氏的拥戴之功，封王导为丞相，专管朝廷内政；王敦为大将军，总督江、扬、荆、湘、交、广六州军事。他曾对王导说过："卿，吾之萧何。"把王导比喻成汉代良相萧何。王导为人谦逊平和，对此赞誉深感不安，他对晋元帝说："臣学识疏浅，哪里敢与萧何相比拟。就是本朝的顾荣、纪瞻、周玘等人，亦皆为江南俊秀，胜臣一筹，陛下如果能对他们善加优待，他们一定会为国尽力。"

司马睿初即帝位时，王导和文武官员跪列两旁。想起当年与王导原为朋友，随意落座、倾心交谈的情景，司马睿不禁一时兴起，高声呼叫，令王导上来共坐龙床，百官愕然。王导推辞再三，司马睿仍不罢休。王导无奈，说："如果天上的太阳和万物一样落在地上，那么芸芸众生还靠什么来仰照呢？"司马睿听后，悻悻然不再坚持。所以，王导认为整顿学校教育，树立严格的秩序是非常必要的。

经过一番努力，不仅使东晋王朝趋于稳定，同时也以自身的才华和能力征服了民心。东晋王朝刚刚建立时，偏安江南一隅，国弱势微，

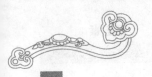
许多南迁的士族名士对王导在这一特殊时期能否担当起兴国大任表示怀疑。其中有一个名叫桓彝的人，也是江北的世家大族，他刚渡过长江，见朝廷微弱，便对另一位大臣周𫖮说："因为中原地区发生变故，战乱频繁，我才渡江南迁，以求生存。哪里想到朝廷会寡弱如此，前途渺茫，该怎么办才好？"于是，整天忧郁不乐。

过了几天，桓彝到王导家里，二人经过一番交谈，尤其是王导给他分析局势，恢复了他北伐中原的信心。桓彝再见周𫖮时，则心境顿变，说："我见过王导，就好像见过管仲一样，没有什么可忧虑了。"

王导不仅消除了桓彝的忧虑，同时也鼓励各位大臣恢复重振山河的勇气。

一次，渡江南迁的大臣名士，相邀到新亭宴饮。席间，众人遥望江北，心情郁闷，十分伤感。周𫖮不觉慨然长叹："风景不殊，举目有江河之异。"意思是说，长江两岸风光依旧，没有任何不同之处，只是国家却被异族所占而已。

众人闻言相对流涕。只有王导愀然变色，说："在座各位本当尽力辅佐王室，力图有朝一日克复中原，怎么像楚囚一样对泣，有什么益处？"众人听罢，停止哭泣，对王导肃然起敬。

王导尽心辅政，深受晋元帝宠信，朝中大臣也很倾心，朝内几乎所有政事都由王导参与决定。再加上王敦在外督军重镇，这样，东晋军政大权都掌握在王家兄弟手中，致使琅琊王氏的权力越来越大，大有功高震主之嫌。所以，当时朝野内外流传着这样一句话："王与马（司马）共天下。"

随着王家兄弟权势的增大，司马氏和王氏之间便渐渐产生了矛盾，并且越来越深。司马睿刚刚在建康即位时，彼此关系还很密切，互相支持，互相利用，矛盾并不突出。王导和王敦，一文一武，全力辅佐司马睿稳定局势。王导被封为宰相后，王敦被任命为统帅，督军六州，兼"江州刺史"，镇守武昌。这样，王敦便完全掌握了长江上游地区，声威极盛，对于地处长江下游的都城建康，构成很大威胁。司马睿早已觉察到这一危险的形势，便设法削减王敦的权力，分别派刘隗和戴渊为"镇北大将军"，各拨 1 万人，严加防范。名义上是防范北方各国的南侵，实际上是用来对付王敦，以防不测。

但是刘隗是个善于钻营私利的邪恶小人，他嫉恨王家兄弟权力过高，便迎合司马睿，对王导进谗言，使司马睿渐渐疏远了王导。他又进一步劝谏司马睿，诛杀王导，削减王家势力。司马睿一方面忌怕王敦兵变，另一方面王导毕竟是开国功臣，为东晋王朝立下汗马功劳，不忍骤然下手迫害，所以没有接受他的建议。

王导很清楚自己所处的危险境况，便忍声吞气，不与刘隗争锋。王敦却不然，他与王导的性格截然不同。王导平和冲淡，王敦强毅残忍。

一次，王导和王敦同到豪富石崇家做客。石崇家有一个规矩，令绝色女子给客人斟酒劝酒，如果客人不将杯中酒饮尽，就把女子拉到门外杀掉。王导本不会饮酒，但为了不伤女子性命，杯满必饮，喝得大醉。王敦却端坐不饮，一连杀了 3 个女子，他仍然面不改色，不肯喝下一杯酒。王导劝他，他却说："杀他自家人，与我有什么关系。"

王敦明白司马睿封刘隗、戴渊做"镇北将军"的真正意图，便积极准备发动兵变。可是如果贸然发兵，进攻都城，是明显的反叛行为，会招致天

王导画像

下人的反对，不能随意妄动。因此，王敦找了一个借口，说是"刘隗奸邪，危害国家，必须清除他这个君侧之奸！"王敦的这个借口，是从汉初的吴王刘濞那里学来的，刘濞当初谋反，就是声称要除晁错，"以清君侧"。

当时，谢鲲在王敦部下担任长史，他劝王敦要谨慎从事，说：

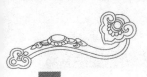

"刘隗固然奸邪，可是，他是城狐社鼠啊！"

可是，王敦并不听从，因为他的本意不在城狐社鼠，而在城墙神庙本身。他早有篡位之心，此次借口诛杀刘隗，实际意在司马睿之位。

晋元帝永昌元年（322），王敦终于在荆州起兵，大军一路冲杀，很快占据了石头城（属现在的南京，在当时建康的西边），元帝派刘隗迎战，战败后，退居金屯。消息传来，王导十分惊惧，唯恐遭致灭族之灾，便每天从早晨到夜晚率领全族老小，跪在畜台边等待元帝降罪。

一天，周玘进宫，从王导身边走过，王导连呼"周兄相救"，周玘当时并未回头。王导便心怀恨意，恨他不顾旧日情谊，见死不救。

晋元帝调兵遣将，仍无法阻挡王敦的攻势，都城建康岌岌可危。元帝本想杀死王导，以图报复。周玘入宫求见，上表劝谏元帝不要妄开杀戒，一是王导不同于王敦，他一贯忠诚，此次叛乱与他无关；另一方面，杀掉王导，更加激怒王敦，大军冲杀过来，江山不保。不如放过王导，让他劝说王敦退兵；外放刘隗，平息此次叛乱。

元帝无奈，只好采纳周玘的意见，与王敦讲和。下诏归还王导朝服，官复原职，赦免全族罪过；并召见王敦，加封他为前锋大都督。王敦虽没有攻破都城，但也占尽上风，便借机罢休。刘隗失败后，曾从金屯入宫辞别元帝，君臣二人执手相看，洒泪而别。刘隗先逃奔淮阴，被刘遐攻袭，后带领妻子及 200 余名亲信投奔石勒，石勒委任他为从事中郎、太子太傅，一直到死。

王敦在元帝请和之后，大开杀戒，杀掉了一大批往日与自己相恶的大臣，并保举许多亲信之徒。当讨论怎样对待周玘时，王敦问王导："周玘名震大江南北，应当官任公卿？"王导默不作声。王敦又问："那么就把他录用为一般官员？"王导仍旧默不作声。王敦最后又问："要么就把他杀掉？"王导还是默不作声。于是，王敦便下令将周玘诛杀了。

事后，有一天，王导在整理大臣的奏疏时，突然发现了周玘替自己向元帝求情的那份上表，方知其中真情。王导不禁呆住了，双手执表，痛哭流涕："吾虽不杀伯仁（周玘字伯仁），伯仁由我而死。幽冥之中，负此良友。"意思是说，他虽然没有直接操刀杀周玘，但是，对于周玘的死，他应负有一定的责任。后世有句成语"伯仁由我"就是由此而来的。

王敦兵变虽然平息了，但晋元帝司马睿却因此事担惊受怕，心情郁闷，过了不长时间，就撒手人寰了。

位高权重，力辅明帝

晋元帝司马睿，字景文，15岁即嗣琅琊王。据史书记载，司马睿隆准龙额，目有精曜，顾眄炜如，为人沉敏有度量，不显灼然之迹。其性情简俭冲素，能够容纳直言，虚己待物。但是，他恭俭之性充备，威武之气不足。所以，他渡江南迁，依靠王导兄弟建立东晋政权，即帝位后，便处处受其制约，不得尽力施展。司马睿在位5年，曾大力发展农业经济，劝民农桑，但收效甚微。最后落得王敦恃权兵变，刘隗洒泪逃奔，自己孤独一人忧愤积胸，终郁闷而亡，葬于建平陵。

司马睿死后，其长子司马绍即帝位，是为晋明帝。王导奉遗诏继续辅政。

司马绍即位时，不满23岁。他幼而聪哲，深为元帝所宠爱。一次，元帝将他抱置膝盖上，正好有前赵使者自长安来，元帝遂问司马绍："你说太阳和长安哪个更远？"司马绍不加任何思索便回答说："长安近。因为从没听说有人从太阳旁边来。"第二天，元帝宴请百官，又以此问司马绍，司马绍则回答："太阳近。"元帝失色说："为什么和昨天回答得不一样？"司马绍满不在乎地说："举目就能够看见太阳，却看不见长安。"自此元帝更加喜欢他，认为他聪慧敏捷，不同常人。

司马绍性情至孝，有文才武略，钦贤爱客，雅好文辞。同时，又习武艺，善抚将士。为太子时，就与王导、庾亮、温峤、桓彝等大臣关系密切。只有王敦因其神武明略，在朝野上下颇有威望，便对其十分忌恨，想以不孝之名图谋废掉其太子之位。

一次，大会百官，王敦厉声问温峤："太子以什么德称？"温峤回答："钩深致远，盖非浅局所量。以礼观之，可称为孝矣。"意思是说，司马绍性格沉稳，具有远见卓识，并且遵守礼仪规范，可称为孝顺。百官都赞同温峤的评价，王敦无奈，遂放弃了这一念头，但他始终怀恨在心。

太宁元年（323），即司马绍即位的第二年，封王导为大司徒，官居要位，一切政事均由他执掌。王敦自上次兵变之后，仍退据武昌，遥制朝政。但他始终野心不死，一直图谋篡位夺权。这次，王导重掌大权，他认为有机可乘，便自武昌移镇姑熟（今安徽当涂），自领扬州牧，再一次起兵谋反。

王导奉元帝遗诏重新执政后，十分感激晋元帝的宠信之恩，现在又深得明帝的倚重和善待，决心不负皇恩。辅佐明帝重振国威。王导一方面下令继续加强农业生产，发展经济，安顿民心；另一方面，集中力量，准备北伐，收复国土。王导很有雄才胆略，并非平庸之辈。他虽然南迁，帮助司马睿建立了东晋政权，偏安江左，但北伐复国却是他一生为之奋斗的目标。早在东晋政权建立不久，他就积极支持祖逖进行了第一次北伐。

祖逖，东晋初期官任豫州刺史。在当时东晋偏安政权中，祖逖是一个有志恢复中原的士族官僚。他向晋元帝司马睿请求出兵北伐，但没有得到有力的支持。后经王导多次上疏劝谏，司马睿允许祖逖自己募兵，自行解决军队的装备给养问题。公元313年，祖逖率领宗族部曲百家渡江北上，进驻淮阴（今江苏淮阴），一面招募军队，一面制造兵器，募得2000余人，然后北进。经过几年的努力，祖逖所部兵力逐渐壮大起来，控制了豫州各地豪强大族的坞堡壁垒，在豫州百姓的支持下，屡次打败后赵石勒的军队，收复了黄河以南各州郡。正当祖逖在河南屯田储备粮饷、准备渡河北伐之际，晋元帝惟恐祖逖势大难制，对他北伐中原，不但不予以支援，反而派戴渊任六州都督去牵制他。

王导本来对祖逖北伐之举鼎力相助，全力支持，但此时晋元帝宠信刘隗，已逐渐疏远了王导。王导自身难保，祖逖失去了后盾，更是举步维艰。另外，王敦权势益重，积极准备举兵谋反，北伐之事越发无人敢过问。祖逖深感大功难成，忧愤成疾而卒，第一次北伐就此失败。

祖逖死后，王导十分遗憾北伐之举半途而废。这一次，他又在明帝的支持下，运用手中权力任用荆州刺史庾亮、庾翼，准备第二次北伐。但是，还没等到出征，便发生了王敦再次谋反之事。王导对王敦不顾国家利益，只为满足自己私欲的行为非常痛恨。为了申明大义，维护东晋政权，表明自己的心迹。王导毅然决然，大义灭亲，向明帝请命亲自率军前去平定王敦叛乱。

王敦以其兄王含为元帅，与部将钱凤、周抚、邓岳等率5万大军进攻建康。明帝亲率六军和王导一起迎战，两军对峙，多次交战，各有胜负。王敦因军旅征战，且久攻建康不下，积劳成疾，卧床休养。王导利用这个时机，率领宗族子弟身穿孝服为王敦发丧，假传王敦已死。王敦部下闻讯，以为王敦真的死了，群龙无首，立刻丧失了斗志。王导随之发起进攻，一举打败了王敦的军队，杀死了王含、钱凤等将领。消息传出，王敦忧愤至极，真的盛怒而亡。至此，才彻底平定了王敦叛乱。

平定了王敦之乱，东晋局势渐渐趋于平稳。晋明帝以王导平叛有功，对其更加倚重。仍复太保、司徒官位，并晋加始兴郡公，允其剑履上殿，入朝不趋，赞拜不名，以示宠信。同时，又诏令朝臣参议政事，政革弊政，以图革新，并准备力量再次北伐，完成中兴大业。正值司马绍信心十足，重振朝纲，想有所作为时，却突然发病。一切希望和努力顿时化为乌有，真是天不遂人愿，年轻的晋明帝司马绍带着无限遗憾离开了人世。

三朝贤相，乱世善终

晋明帝在位仅仅 3 年，于公元 325 年病逝。死后葬于武平陵。遗诏王导辅政。这时的王导已年过半百，接连送走了两代皇帝，自己也踏入了人生旅程的最后一个阶段。

晋明帝死后，太子司马衍即位，年仅 5 岁，是为晋成帝。因成帝年幼，其母庾太后临朝摄政，王导以司徒身份录尚书事，与中书令庾亮等人共同辅政。由此，在王、庾两大族之间展开了一场激烈的权力角逐。

庾亮，字元规，是成帝的母亲明穆太后的哥哥，国戚庾琛之子。庾氏亦是当年随晋元帝渡江南迁的北方名门望族之一。庾亮相貌俊美，举止飘逸大方，并且十分善谈，喜欢老庄之道，崇尚韩非子的刑名之学。他性格沉稳，不严自威。晋明帝初为皇太子时，就闻其盛名，辟为西曹掾。后经人引荐，明帝见他风度优雅，远过所望，因此十分器重，并聘庾亮的妹妹为皇太子妃，即后来成帝的母亲明穆太后。中兴初年，拜中书郎，领著作，侍讲东宫。后累迁至给事中、黄门侍郎、散骑常侍等职，权力越来越大。

当初王敦出镇芜湖时，元帝派庾亮到王敦处筹策议事。第一次相见，二人就交谈得十分投机，致使王敦移席靠前。庾亮告辞后，王敦对左右人夸奖说："庾元规贤于裴顾远矣！"即庾亮比裴顾更贤明，裴顾是当时一位很有名的风流人士，以才华胜人著称。于是，王敦留庾亮在军中任中领军。后来，王敦图谋反叛时，表面上对庾亮很尊崇，内心却十分忌惮。庾亮觉察后，恐怕牵累自己，便借口有病辞官而去。不久，王敦兵变，庾亮奉命代替王导为中书监，加左卫将军，与众将一起征讨王敦部将钱凤等。后因平叛有功，封永昌县开国公，固让不受，转护军将军。

明帝病重，内心焦躁，不想见人，下令群臣不得入内。时抚军将军、南顿王司马宗，右卫将军虞胤等，平日深受明帝宠信，见帝病重，便与西阳王司马羕图谋废帝自立。庾亮感觉情势危机，便不顾一切，闯入明帝卧室内，只见明帝气息奄奄，不觉泪流满面，并向明帝叙述了司马羕等人不轨之意，说："规共辅政，社稷安否，将在今日。"即国家兴亡的关键就在今天，让明帝速立遗诏确定辅政大臣。

庾亮言辞恳切，明帝颇有感悟。于是，引庾亮同升御座，下诏庾亮与司徒王导受遗诏辅幼主，并加庾亮给事中，徙中书令，太后临朝，一切政事全由庾亮决断。由此，王导权力日减，大权尽落庾氏手中。

南顿王司马宗再次图谋，欲废除成帝自立。庾亮诛杀司马宗，并废司马宗之兄西阳王司马羕。司马宗为皇室近戚，司马羕为国族元老，明帝在世时，对二人格外宠信。因此，朝野上下都认为庾亮诛废二人，是为了剪除异己，削弱宗室力量，以图独霸政权。

当时，有个琅琊人，名叫卞咸，是司马宗的死党，与司马宗一起被诛杀。卞咸的哥哥卞阐逃奔历阳太守苏峻，苏峻将其收留。庾亮派人下书让苏峻交还卞阐，苏峻不肯，并将其藏匿起来。

苏峻，字子高，少年时为有名书生，18岁举孝廉。后遇永嘉丧乱，弃文从武，泛海南渡。因讨伐王敦有功，进封冠军将军、历阳太守，加散骑常侍，掌江外军事，威高权重。苏峻平素就对庾亮专权十分不满，于是收留了大量逃亡之徒，专用威刑。庾亮担心苏峻在外兵强难制，一旦谋反，鞭长莫及。为了稳住苏峻，庾亮便征其为大司农，调入京师，以便控制。苏峻十分清楚庾亮的用意，恐其害己，不肯受诏。

当时，有个朝中大臣讽喻苏峻不敢进朝为官，苏峻反驳说："庾亮怀疑我图谋造反，我入朝为官哪里还能活命？我宁肯山头望廷尉，不能廷尉望山头。"于是，联合祖约以讨伐庾亮为名举兵反叛，一路逼进京师。

起初，温峤得知苏峻不肯受诏入京为官，便产生疑虑，恐其不利

于朝廷，请求庾亮让自己回师京城护卫成帝。而庾亮怀疑镇守西部边境的征西大将军陶侃也会乘机叛乱，就急报温峤书信："吾忧西陲过于历阳，足下勿越雷池一步也。"

历阳，即历阳郡，在今安徽省和县一带，是当时苏峻的驻军所在地。雷池，即雷水，源出湖北省黄梅县界，流经安徽省宿松县至望江县而汇积成池，所以叫做雷池，雷池更向东流而入长江。温峤驻军江州，即今江西全省和湖北省武昌一带，均属江州。如果离开江州回京城建康，必须越过雷水。所以，庾亮叫他"勿越雷池一步"，实际意思就是叫他不要回京，一步也别动。庾亮嘱咐温峤："我担心西部边境，万一出事，要比历阳的苏峻更加麻烦，所以您一定要坐镇原防，按兵不动，千万不可跨越雷水，哪怕是一步也不行啊。"

同时，王导也奉庾太后的诏令，集结三吴义兵，即吴兴（今浙江湖州）、吴国（今江苏苏州）、义兴（今江苏宜兴）的官吏自募士兵，进京护卫朝廷。但是，庾亮担心王导借此机会扩大自己的势力，便不准义军进护京师。由于庾亮的阻拦，京师兵力匮乏，力量薄弱，无可据守。

苏峻部将韩晃率军入寇宣城（今安徽宣州市），庾亮派军抵抗，大败。苏峻乘胜进逼建康，庾亮亲自率领六军迎战苏峻于建阳门外。尚未排好阵势，苏峻大军便冲杀过来，庾亮一败涂地。庾亮带着三个弟弟庾怿、庾条、庾翼，乘坐小船慌忙西逃，苏峻部将全力追赶庾部。庾亮左右有人放箭射敌，慌乱之中却射中自己船上舵工，致使庾亮大惊失

晋持刀力士俑

色，十分狼狈。

庾亮弃城逃走之前，无颜面见王导，只好对侍中钟雅说："这里

的后事就委托您了。"钟雅长叹一口气说："现在栋梁折断，房屋倾颓，是谁的责任啊！"庾亮面红而惭："今日之事，不复再言，只望您能保护幼主平安。"钟雅无奈，只好和王导一起护拥成帝于太极殿上，可怜幼主司马衍，小小年纪却遭此大劫。文武百官不知去向，只剩下老臣王导率领钟雅、褚翼、荀崧数人围护在身边。

苏峻攻入大殿，士兵挥动戈矛冲向帝座，威逼左右侍从离开成帝，王导大声怒骂："冠军将军苏峻尚未觐见皇帝，尔等小人竟敢肆意侵逼！"遂以身护卫成帝。王导素以勋德辅政，待人和霭平易，且善于因事成就。现在虽已年过半百，手无寸铁处于危境，但威势依旧慑人，苏峻以前对王导颇有好感，此时见王导挺身而立，面无惧色，仍不失往日宰臣之风度，便下令士兵下殿，不再过分威胁。

苏峻带兵下殿后，却突入皇太后内宫，逼辱太后，剥裸左右侍女为戏。一时间，乱军四处抢掠，并驱役群臣四处奔窜，百姓号泣，震响整个京师。太后被辱，惊愤而死。

皇太后庾氏，性情仁惠，姿仪端庄大方，容貌清逸秀美。元帝初时闻之，聘为太子妃，以德见重内庭。明帝即位，封为皇后；成帝即位，尊其为明穆太后。当时群臣上表疏："天子年幼，恳请太后应该像汉代和熹皇后一样临朝听政。"太后再三辞让，不得已才受命摄政，却将大权交与兄长庾亮。万万没有想到，一切皆因庾亮恃傲专权，连累自己惨遭杀身之祸。

苏峻攻进都城，逼死太后，又下令士兵放火烧毁皇宫大殿，挟持成帝移驾石头城。庾亮当初为防备陶侃而修筑的石头城，却成了苏峻的坚固堡垒，也算是作茧自缚。可怜成帝哀泣上车，王导等人护拥步行。京都倾覆，主上蒙尘，灭顶之灾，全由庾亮妒忌疑人而造成。

庾亮逃奔温峤处，拥立陶侃为盟主，讨伐苏峻，恢复帝位。陶侃驻镇浔阳，平日怨恨庾亮，这次庾亮又弃帝而逃，众人都认为他会诛杀庾亮以谢天下。不料，陶侃素有大将风度，以国事为重，只对庾亮说："君侯以前修筑石头城用来防备老子，为什么现在反来求我？"庾亮听后更为惭愧。

陶侃、温峤纠集兵力，攻破石头城，诛杀苏峻，平定了叛乱。迎成帝重返建康。

王导随成帝回宫，因护驾有功，改司徒为丞相，使持节、侍中、领扬州刺史，封始兴公，重掌辅政大权。此时，建康城中大部分宫殿已成灰烬，众臣建议迁都，意见不一。温峤想要迁都豫章（今江西南昌），三吴豪族主张迁都会稽（今浙江绍兴）……众说纷纭，各出己欲。王导分析局势，从实际出发，对群臣说："孙仲谋和刘玄德都认为建康是帝王之宅，并且古代圣明的君主不因为宫殿不够华丽，些微受损就迁移都城。如果努力发展农业生产，节约有度，就不必担心一时的凋敝；如果不事农桑，乐土也会变成废墟。况且北方游寇时时窥伺我们，欲趁我们混乱之机，发起攻击，我们应该以静镇之，安定民心。"从此，群臣不再提迁都之事。

平定苏峻后，王导继续以丞相辅政，庾亮则出镇武昌。二人之间权力之争仍未停息。庾亮虽然出镇在外，但因为是皇帝的亲舅舅，所以，许多人趋赴、巴结于他，尽管对其曾弃城逃奔颇有微议，但他的势力仍旧很强大。对此，王导很不服。一天，与人外出游历，遇西风刮起一阵尘土，王导举起扇子连连遮挡，慢慢说："元规尘污人。"

王导执政善于因势利导，虽然无日用之益，而岁计有余。苏峻叛乱之后，朝廷因连年用兵，国库空竭，仓库中只剩有数千匹布。卖出去又不值钱，不卖又无法补贴国用。王导左思右想，想出了一个好办法，让群臣每人做一件布单衣穿上，于是全国官吏百姓竞相仿效，布的价格骤然上涨，一端（古代布匹单位，2丈为一端）高达一金。

王导为国朝元老，成帝年幼，每次见到王导都行拜手礼，以示尊重，给王导下诏书时，手诏则写"惶恐言"，中书则写"敬问"。成帝每次到王导府邸，见到王导的妻子曹氏也行拜见之礼。侍中孔恒暗中上表成帝不宜行拜见之礼，王导得知后，说："还是我王导软弱无能，如果我像卞望之、刁玄亮、戴若思那样跋扈无忌，孔恒怎敢言语？"

王导为人十分圆滑练达，所以几经波折，仍能保住丞相高位。庾亮因王导势重，多次图谋欲废其丞相之职。平定苏峻叛乱，庾亮出镇武昌，政事全由王导操控，庾亮欲再次举兵废除王导，有人密告王导早做防备。王导内心惊惧，表面却不以为然，平心静气地说："我与元规同辅朝政，休戚相关，悠悠之谈，绝非元规之意。如果真如君言，不必元规费事，吾自辞官，告老还乡，毫无怨恨。"庾亮听后，略感惭愧，谗言不再流传。王、庾之争告一段落，转为平缓，东晋政权亦渐趋稳定。

王导简素寡欲，辅相三世，家里仓无储谷，衣无锦缎绫罗。他性情冲淡平和，却不喜随意玩笑。据传，王导的妻子曹氏嫉妒成性。王导派人修筑别馆安置美姜，不敢与曹氏居住一起。不料被曹氏得知，将要前往别馆寻事。王导怕美姜受辱，急忙令下人驾车，因恐怕赶不到曹氏前头，便用手里的尘柄击牛快走。

第二天上朝，司徒蔡谟听说此事后，便与王导开玩笑说："今日朝廷将赐您贵物。"王导不知他在开玩笑，便谦逊一番，内心却很得意。不料蔡谟接着说："听说主上并不赏你其他东西，只有一辆短辕犊车，一把长柄尘尾。"王导方知蔡谟戏弄于他，大怒不已。

生逢乱世，并且整天都在权力角逐中度日的王导，于咸康五年（339）病逝，享年64岁，谥文献。成帝为他举行了隆重的葬礼，朝堂举哀3日，可谓善始善终。

王导有6个儿子，当初渡江南迁时，王导曾请郭璞替他卜筮，卦成，郭璞说："大吉大利。淮水断绝，王氏家族才能灭亡。"果如其言，王导的6个儿子除老二早亡之外，其他都高居官职，为东晋政权建功立业，使王氏家族兴旺发达，始终为一大望族。

王导自西晋建兴三年（315），随琅琊王渡江南迁，到东晋咸康五年（339）病逝，前后共24年。在这24年中，王导帮助晋元帝建立了东晋王朝，辅佐明帝、成帝两朝君主；经历了王敦、苏峻两次叛乱；并与庾亮等皇亲国戚争权夺利，竟日角逐；同时，又施以国政，极力发展农业生产，安顿民心。可谓竭尽全力，鞠躬尽瘁，为在风雨飘摇中的东晋政权得以偏安江左，苟延一时，立下了汗马功劳。乱世宰臣，功不可没！

第 六 章

精忠谋国，荣称国老
——狄仁杰

　　狄仁杰（630—700），武则天当政时期宰相，以不畏权贵、廉洁勤政著称。狄仁杰的一生，历经宦海浮沉，但他每任一职，都心系民生，政绩卓著。在他身居宰相之位后，辅国安邦，对武则天弊政多所匡正，可谓推动唐朝走向繁荣的重要功臣之一。

公正宽大，断案传奇

狄仁杰，并州太原（今山西太原西南）人，出身于普通的官僚地主家庭。少年时代，他一心刻苦读书，深入钻研儒家经典和百家之言，"日数千言不肯休"，常常夜以继日，焚膏继晷。

一次，一位门人被人杀死，县上派官吏前来调查案情。众人都争着向官吏表白，说自己是大好人，从来没有杀过人。只有狄仁杰仍在一旁认真读书，根本就没有理会这件事情。县吏非常生气，责问狄仁杰。狄仁杰回答说："我正在书中与圣贤对话，探讨问题，哪里有闲功夫与俗吏说话啊！"说得县吏面红耳赤，无言以对，灰溜溜地到一旁去了。

后来，狄仁杰以明经举，步入仕途。明经是唐朝初期科举制度中最重要的科目之一，与进士科并列，考试内容主要是经义。

狄仁杰从政后，最初担任汴州参军（王府或将军府的重要幕僚）。因为狄仁杰办事公正廉洁，认真负责，不觉中得罪了一些人，他们罗织罪名，诬告狄仁杰。当时担任黜陟使（官名，职责是巡察全国各地，调查官吏的行为以施赏罚，并巡访地方情况）的阎立本招狄仁杰询问。谈话当中，阎立本发现狄仁杰是一位很有才干的青年，举荐他担任了并州法曹参军。

一次，与狄仁杰在一起共事的参军郑崇质要出使到很远的边疆，而郑崇质的母亲又年老多病，这使郑崇质非常为难。狄仁杰知道此事后，对他说："难道能让你的母亲在万里之外为你担心吗？你在万里之外能安心做事吗？"说完，狄仁杰求见了长史蔺仁基，自告奋勇要求代替郑崇质出使边疆。当时，长史蔺仁基与司马李孝廉不和，听说这

件事后，为狄仁杰对朋友的情谊所感动，对李孝廉说："看看狄公对朋友的情谊，我们还有什么矛盾不能解决呢？我们真是无地自容啊！"从此，两人和好如初。他们常常对人说："狄公之贤，北斗以南，只有他一人。"

唐高宗仪凤年间（676—679），狄仁杰上调中央，担任掌管刑狱的大理寺丞。在短短的几年中，他认真负责地处理了前任遗留下来的17000多件案子，而且没有一人再上诉伸冤，人们都称赞其公正宽大。后人据此编出了许多精彩绝伦的传奇故事，一个荷兰人甚至还以此为题材，编了一本《大唐狄仁杰断案传奇》。

公元 676 年，左卫大将军权善才、右监门中郎将范怀义误砍了唐太宗李世民昭陵上的一棵柏树，若按当时的法律论罪，最多是将两人免官，但唐高宗却降旨要将他们处死。大理寺丞狄仁杰据理力争，认为权善才、范怀义罪不应死。唐高宗一听，十分恼怒，对狄仁杰说："他们两人砍伐了昭陵上的柏树，让朕落了个不孝的罪名，必须杀了他们才足以解恨！"朝廷大臣都向狄仁杰暗示别再为这两个人而冲撞皇上了，狄仁杰却毫不在意，坦然对高宗晓之以理说："皇上，有人说，自古以来顶撞君主的人都没有好下场，但臣并不以为然。在夏桀商纣时代也许是这样，而在尧舜时期则不然。臣庆幸自己生在尧舜一样的时代，不怕皇上听不进我的好言规劝。汉朝时期，有一盗贼窃取了高祖庙堂前的玉环，文帝大怒，将盗贼交付廷尉张释之惩治。张释之按盗宗庙御物判处弃市（杀头）罪，上奏文帝。文帝怒不可遏，斥责说：'人无道以至于此，竟敢盗取先帝明器！我交付廷尉，竟欲判他灭族之罪，而你却拘守成法，这有违我尊崇宗庙的原意。'张释之免冠叩头说：'法令该如此判处。今以盗宗庙器而灭族，假使万一有个无知愚民挖取长陵上的一锹土，皇上将以怎样的法惩治呢？'文帝终于认识到廷尉的判处是恰如其分的。今依照大唐法律，权善才、范怀义并没有犯下死罪，陛下却下旨要将二人处死，法令如此反复无常，以后还怎样依法治理国家呢？你现在为了昭陵上的一棵柏树而处死二位大臣，后世之人将怎样评价陛下呢？"高宗觉得狄仁杰说得在理，免了权善才、范怀义的死罪。没过多久，朝廷授狄仁杰为侍御史，举劾非法，督察郡县。

公元681年，司农卿韦弘机在洛阳修建了华美的宫殿，唐高宗移住东都洛阳。狄仁杰上奏折弹劾韦弘机，指斥韦弘机的错误在于使皇帝生活腐化，会把皇帝引入歧途。唐高宗遂免了韦弘机的官职。

左司郎中王本立是朝廷的一位秘书，他凭恃皇帝的宠爱，在朝廷霸道横行，仗势欺人，大臣们都不敢得罪他，只有狄仁杰上奏弹劾王本立的罪行，但唐高宗却下旨宽恕了王本立。狄仁杰再次上奏说："朝廷虽然缺乏人才，但并不缺少像王本立这样的人，陛下为什么要宽恕他而违反国家的法律呢？如果陛下一定要宽恕王本立，那么就先把臣流放到荒野之地，以警告朝廷的忠贞之士。"唐高宗同意狄仁杰的看法，王本立得以依法治罪，满朝文武都钦佩狄仁杰的胆识和勇气，对他肃然起敬。

唐·白胸舞马

还有一次，狄仁杰奉命巡视岐州，在路上遇到数百逃亡的兵士抢劫老百姓的财物，人们非常恐慌，四处逃逸。地方官府拘捕了一部分兵士，并严刑拷打，有的甚至被折磨致死。狄仁杰看到这情况，对地方官吏说："这种办法不对，要是把他们逼得走投无路，就要发生灾祸。因此，最好的做法就是对他们进行宽大处理。"因此，岐州官府张贴了告示，声称抢劫财物的兵士只要主动投案自首，官府可以宽大，已被抓获的兵士只要说明了情况，当场释放。抢劫财物的兵士听到这个消息后，奔走相告，兴奋不已。很快，这些兵士都主动前来官府自首，一次大的灾祸得以避免。这件事传到朝廷，唐高宗非常高兴，连声称道狄仁杰办事得体，为政宽厚。

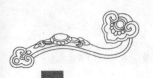

刚直不阿，宦海沉浮

武则天垂拱二年（686），狄仁杰调任宁州刺史。他爱民如子，关心民间的疾苦，并为他们排忧解难，深得人们的拥戴，后来百姓立碑石歌颂狄仁杰的功德。当时，御史郭翰奉旨巡察陇东各地，一路所到之处，弹劾了不少贪官污吏。当他进入宁州境内时，发现百姓安居乐业，人们纷纷称颂刺史狄仁杰的美德。郭御史回朝之后，向武则天奏明狄仁杰施政有方，颇得民心的事迹，因此狄仁杰被提升为朝廷掌管工程建设的冬官侍郎。一次，狄仁杰以江南巡抚使奉旨持节出巡江南。吴楚一带俗多祭祀，狄仁杰对这种迷信做法非常反对，下令关闭、拆毁了1700所祠堂庙宇，只保留了夏禹、吴太伯、季札、伍员四祠。

武则天当政初期，为了巩固自己的地位，依靠庶族官僚李义府、许敬宗等，贬杀了长孙无忌、褚遂良等元老重臣，诛杀了许多唐宗室皇戚，以至于谋害、幽禁自己的亲生儿子，重用武氏家族武承嗣、武三思等人，引起了李唐宗室的强烈不满。唐嗣圣元年（684），柳州司马徐敬业以匡复唐室、拥立庐陵王为号召，在扬州起兵反武则天，人数曾发展到十余万，后遭败绩。垂拱四年（688），琅琊王李冲在博州、越王李贞在豫州又起兵反武则天，但因力量悬殊而遭败绩。为了尽快恢复豫州的秩序，武则天对狄仁杰委以重任，派他任豫州刺史。当时豫州很多官吏都被卷入这一反叛武则天的事件中，因此获罪的达六七百家，有数千人将被抄家灭族。狄仁杰到任后，司刑屡次派人催促他尽快将这些人处置。狄仁杰看到这么多的人将要被杀死，心中非常难过。他向武则天密奏说："这些人大都是黎民百姓，他们并不是想要反叛朝廷，只是受到胁迫而在诸王军中服役的。我说的这些话，似乎是在为叛乱者讲情，但我如果知道实情而不说，又违背了陛下体恤百姓的本意，我请求陛下为他们减刑，将他们从轻发落。"武则天看过奏章后，认为他的话很有道理，同意赦免这些犯人的死罪，将他们发配到丰州。当这些衣衫褴褛、疲惫不堪的囚犯经过宁州时，许多父老乡亲都出来迎接："是我们的狄公救了你们的性命。"囚犯们于是拜伏在狄仁杰的德政碑前，感动得痛哭流涕，整整 3 日方才告别了狄公的德政碑，继续赶路。到了丰州，囚犯们又亲手为狄仁杰立德政碑，感谢他的宏恩。

镇压越王反叛武则天的战事结束后，身为朝廷军队统帅的宰相张光辅自恃劳苦功高，纵容部下将士向豫州老百姓勒索钱财，滥杀无辜。狄仁杰对此事大为愤怒，命令手下坚决制止官军的不法行为。张光辅对狄仁杰的做法大为不满，厉声责问狄仁杰："你一个小小的州官，竟然敢管到我元帅的头上了，真是活得不耐烦了。"狄仁杰回答说："元帅息怒，让我把话讲完。以前在河南起兵作乱的，只有一个越王李贞。公率领 30 万大军进兵河南，圆满完成了平乱任务，可喜可贺。但是公如果听任部下将士抢掠百姓，横行暴虐，使无辜的百姓受到损害，生灵涂炭，那岂不是灭了一个越王，又出现了成百个越王吗？你身为大军统帅，却看着手下的人屠杀已经投降的叛军，为邀功请赏而使豫州血流成河。我若手有尚方剑，先把你杀了，就是死了也没有什么可以遗憾的。难道你想驱民造反吗？"狄仁杰一腔正气，说得张光辅目瞪口呆，无言以对，但却耿耿于怀。回朝后，张光辅以狄仁杰出言不逊，奏与武后，狄仁杰被贬为复州刺史，很快又降为洛州司马。

公元 690 年，武则天改唐为周，以洛阳为神都，号"圣神皇帝"。在中国历史上，武则天是仅有的一个封建女皇帝。虽然她是一个封建女皇帝，但她又是一位唯才是举、任贤用能的政治家。在她当政期间，百姓们基本上安居乐业，丰衣足食，社会经济在进一步地向前发展，为后来唐玄宗时期出现的开元盛世打下了雄厚的基础。

武则天爱才、识才，因而狄仁杰的才能不会为武则天所遗忘。天

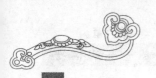

授二年（691），武则天重新起用狄仁杰，任命他为地官侍郎、同凤阁鸾台平章事（相当于宰相），参与国家政务管理。

一天，上朝时，武则天告诉狄仁杰说："你在豫州时有很好的政绩，老百姓都拥戴你，但也有人说你的坏话。你想知道他们是谁吗？"狄仁杰回奏说："陛下，臣不愿知道。陛下认为我有过失，我愿改正。陛下知道我没有过失，是我的幸运。至于说我坏话的人，请陛下不必相告，这样大家以后还能和睦相处。"对狄仁杰的机智幽默，武则天极为赞赏，叹说："狄仁杰真有长者风度啊！"

当时，太学生王循之上疏，请求给假回乡，武则天准奏。以后太学生中要求见武则天的人很多，武则天也都一一满足了他们的请求。对此，狄仁杰颇有微词。他上疏说："我听说过，最高君王除'赦免''诛杀'二大权柄不交给别人外，其他所有国家大事，都由有关机构分层处理；所以对左右丞相以上官员们的争执，不能解决的问题，天子才予以裁决。太学生即是上疏，是秘书们的分内事，如果天子竟为它发布旨令，则天下事情之多，旨令岂不是没有完结了。如果真的不想使他们失望，那么就请定立一套规章制度，公布天下，让人们知道就可以了。"武则天采纳了他的提议。

狄仁杰被擢升为宰相，说起来也多亏娄师德向武则天大力推荐。可是狄仁杰并不知道，而且在言谈之间，还对娄师德流露出相当的蔑视，好几次把娄师德挤兑出朝廷。武则天察觉到这种现象，对狄仁杰说："你看娄师德这个人怎么样？"狄仁杰回答说："他当将领，领兵打仗、守卫疆土还不错，至于其他方面有什么才能，我不知道。"武则天又问说："娄师德有没有知人之明？"狄仁杰回答说："我曾经跟他共事，没有听说也没有发现他有知人之明。"武则天笑说："其实，娄师德这个人很有鉴才的眼光，我之所以起用你、信任你，就是娄师德的举荐。他有这样的眼光，你居然还一无所知？"狄仁杰深感惭愧，准备与娄师德携手共事，同做一番事业，可惜娄师德不久便因病去世。狄仁杰也有看错人的时候，然而他知错必改，反倒更增加了他的声望。

武则天改唐为周后，为了巩固政权，防止反抗，她不仅对政敌进

行严厉打击，而且重用索元礼、周兴、来俊臣等酷吏，专办所谓谋反大案。酷吏们设计制作了许多可怕的刑具，对被告发的人进行骇人听闻的折磨和屠杀。他们在审案时，常常先把刑具罗列出来，使被审人胆战心惊，望风自诬，并广加牵连，构成大狱。据历史记载，索元礼、周兴所杀各数千人，来俊臣所破千余家，唐宗室贵族被杀的数百人，大臣被杀的达数百家，刺史、郎将以下被杀的无法计算。

当时，武氏家族倚仗武则天的权势，狐假虎威，不可一世。甚至有顺我者昌，逆我者亡之势。武则天的侄儿武承嗣权倾朝野，在朝中横行霸道。大臣们生怕因得罪他而获罪，所以在武承嗣面前低三下四，唯命是听。唯独狄仁杰、魏元忠等刚直不阿，不买武承嗣的账。狄仁杰还极力反对武则天将武承嗣册立为太子。

为了拔除狄仁杰这个眼中钉、肉中刺，公元692年，武承嗣与来俊臣密谋之后，诬陷同平章事任知古、地官侍郎狄仁杰、冬官侍郎裴行本、司礼卿崔宣礼、文昌左丞卢献、御史中丞魏元忠、潞州刺史李嗣真等7人阴谋叛乱。之前，来俊臣奏请武则天：第一次审问就自动招认的，得以免除死刑，而减轻一等处分。武则天批准，颁布实施。狄仁杰等下狱后，来俊臣拿出这套皇家训令，诱惑他们自动招认。狄仁杰回答说："现在是大周革命的时代，万物重生，我们是唐朝的旧臣，谋叛的确是实情。"另外几位被控谋反的大臣除魏元忠外，都与狄仁杰一样，全都立即服罪。来俊臣大喜，下令不用酷刑，只将被告等收监。一天，判官王德寿前来狱中探望狄仁杰，对他说："我受长官驱使，身不由己，打算靠着这个逆案，谋求小小升迁，请你在口供中顺便提一提平章事杨执柔为同谋，是不是可以？"狄仁杰听后十分愤怒，说："上有天，下有地，你居然让我狄仁杰干这种卑鄙无耻的事情！"说着便用力以头撞牢中柱子，血流满面，吓得王德寿连忙劝阻，不敢再说了。

狄仁杰承认谋反，来俊臣便放松了对他的监视。狄仁杰运用自己的聪明才智，从狱吏那里借来笔砚，偷偷撕碎被子，在碎布上写下申诉书，而后缝在棉衣里，说服一个狱吏将棉衣送回家去。棉衣送到狄

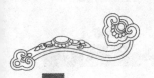

仁杰家中后，狄仁杰的儿子狄光远认为当时正在冬季，父亲把棉衣送回，其中必有蹊跷。于是他剪开棉衣的里子，发现了那封申诉书，立即想方设法送呈武则天。武则天看到狄仁杰写的申诉书后，大吃一惊，立刻召来俊臣进殿询问事情的真相，来俊臣进殿后毫无惊慌之色，他从容地对武则天说："陛下，臣并未对他们施以酷刑，是他们主动招认了犯罪的事实，虽然如此，臣仍旧把他们关在条件较好的牢房里。如果狄仁杰等人问心无愧，当初又怎么会自己招认谋反呢？臣估计是他们又反悔了。"对于来俊臣的这一番话，武则天将信将疑，便委派中书舍人周琳前去狱中调查。来俊臣知道事不宜迟，一定要先将狄仁杰等人置于死地，他一方面要狄仁杰穿好朝服会见中书舍人周琳，一方面又命令王德寿代狄仁杰写一份请求赐死的《谢死表》，交周琳上呈给武则天。周琳是个胆小怕事的人，他明明知道这份《谢死表》是来俊臣伪造的，但他生怕为此事而得罪了来俊臣，因而一回宫，就把《谢死表》呈报了武则天。

武则天看了狄仁杰等人的《谢死表》后十分痛心。狄仁杰是她最信任的人，如今也要反叛她，失去狄仁杰无异于砍了武则天政治上的左膀右臂。武则天爱才，有不同的见解可以争辩，但绝不可以让想推翻她的人在朝中为官。想来想去，武则天终于拿起笔准备批复来俊臣的奏文。

就在这关键时刻，一个9岁的孩子救了狄仁杰等人的性命。这个孩子是黄门侍郎乐思晦之子。乐思晦是三个月以前被处死的，其子已交工部为奴，极其聪慧，于是入宫告变。武则天一见他长得聪明伶俐，顿生爱心，问他是谁。孩子回答之后，说有话启奏。武则天问："你有什么事上奏，你父亲通过正当审判，确系犯罪，他死得并不冤枉。"孩子回答说："事实不是这样。谁都怕来俊臣的酷刑，谁在他的苦刑之下也会招供的。先父确是冤枉。如果陛下不信，可将您最信任的朝臣交给来俊臣审讯，在他们的逼供下所有的人都得承认有罪。"

孩子的话使武则天恍然大悟，她令人从狱中带来狄仁杰等人当面对质："你既然承认谋反，为什么又私自写申诉书，要你的家人代你诉冤呢?"狄仁杰回答说:"陛下,我如果不承认谋反,恐怕活不到现在,哪里还有机会来向陛下讲明实情呢?"武则天又问:"那么为什么你等都写了谢死表呢?"狄仁杰听了大吃一惊,他回奏说:"陛下,我根本没写过什么谢死表。"另外那几个大臣也否认曾经写过。武则天吩咐手下人把谢死表取出,递给狄仁杰等人观看。狄仁杰说:"这不是我的笔迹,是别有用心的人假冒我的名义伪造的。陛下如果不信,可以派人查实。"真相大白,武则天如释重负,她马上下令释放了狄仁杰、魏元忠等人。

但是,武则天的侄子武承嗣一伙却不肯罢休,他屡次对武则天说:"狄仁杰等人确有谋反的意图,陛下应该把他们处死,怎么能释放他们呢?"武则天说:"我不想滥杀大臣,更何况他们并没有明显的叛迹,赦免狄仁杰等人的诏书已经下达,不可收回,你不要再说了。"接着,来俊臣等人又联名上奏,请诛狄仁杰等7人,御史霍献甚至以头叩击宫殿石阶,苦苦哀求武则天处死狄仁杰等人,武则天都没有理睬。然而,武则天虽然释放了狄仁杰等7人,但并没有让他们恢复原职。狄仁杰被贬为彭泽县令,魏元忠、裴宣礼、任知古、卢献4人也被贬为各地县令,裴行本、李嗣真被放逐到了岭南。

抗敌保民，唯贤是举

周万岁通天元年(公元696),契丹部落孙万荣率军攻陷冀州,诛杀州长史陆宝积,屠戮官员及平民数千人;又进攻魏州,河北官民人心惊慌,纷纷逃亡。武则天下诏擢升彭泽县令狄仁杰为魏州(今河北省大名、魏县等地)刺史前去平息纷乱。狄仁杰上任后,发现前任刺史独孤思庄因害怕契丹军队入侵,把老百姓全部迁入城里,修葺城墙,

打铸兵器，被动固守，百姓不得不放弃农业生产，听任田地荒芜。看到这种情形，狄仁杰毅然打开城门，让百姓全部出城耕种田地。他说："契丹军离魏州还远得很，怎么能慌张到这个样子？万一契丹军来犯，我自会带兵抵抗的。这种打仗的事与老百姓没有关系。"孙万荣听说此事后，也被狄仁杰的胆识和魄力震慑住了，不战自退。魏州百姓高兴异常，立碑感谢狄仁杰的功德。随后，狄仁杰改任幽州都督，朝廷赐紫袍、龟带。武则天还在袍服上绣了十二个金字，以表扬狄仁杰的赤诚之心。

周神功元年（公元697），狄仁杰升任鸾台侍郎、复同凤阁鸾台平章事（与中书省同掌机要，共议国政）。当时，将军王孝杰率军大败吐蕃军队，重夺西域龟兹、疏勒、于阗、碎叶四郡，在龟兹设安西都护府，派军驻防。狄仁杰上疏说："先皇太宗李世民时，平定瀚海沙漠九姓部落，遴选阿史那思摩当大可汗，使他统御所有部落。原因是，蛮族叛乱就征讨，蛮族归降就抚慰，符合'铲除灭亡，支持兴盛'的古义，不必派军到很远的地区驻守防卫，这是受人赞美的法令和治理边疆的原则。所以，臣建议：应封阿史那斛瑟罗当大可汗，把西域四镇委托给他；物色高句丽国王的后裔，命他镇守安东。节省很远地区的军费，而把军力集中边塞，只要不再发生蛮族内侵的暴力事件，就足够了。何必非穷追到他们巢穴，跟蚂蚁较量胜败不可。我们只须训令边防驻军，加强防备，派兵深入敌境侦察，囤积粮食，严阵以待，等蛮族军发动进攻，然后反击。用安逸对付疲劳，士卒精力倍增；以主位对付客位，我军得到地利；再加固城墙防卫，把百姓全部集中于城池，盗寇来时，没有东西可以抢掠。于是，两股盗匪（指突厥汗国和吐蕃王国）如果深入我境，则有覆灭的危机；如果只在边界捣乱，则得不到什么利益。如此数年之后，可使两股盗匪不战而败。"虽然武则天并没有接受狄仁杰的建议，但狄仁杰事事为百姓着想是难能可贵的。

周圣历元年（公元698）八月，狄仁杰拜为纳言（相当于现在最高的监察长官），兼右肃政御史大夫。同年，东突厥可汗阿史那默啜率兵

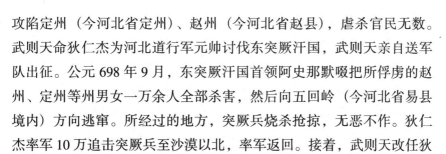

攻陷定州（今河北省定州）、赵州（今河北省赵县），虐杀官民无数。武则天命狄仁杰为河北道行军元帅讨伐东突厥汗国，武则天亲自送军队出征。公元698年9月，东突厥汗国首领阿史那默啜把所俘虏的赵州、定州等州男女一万余人全部杀害，然后向五回岭（今河北省易县境内）方向逃窜。所经过的地方，突厥兵烧杀抢掠，无恶不作。狄仁杰率军10万追击突厥兵至沙漠以北，率军返回。接着，武则天改任狄仁杰为河北道安抚大使。

当时，因为突厥军队的威胁，河北许多百姓身不由己，归顺了东突厥汗国。后来，眼看朝廷的军队把突厥兵赶走，百姓们怕受到惩罚，纷纷逃亡。狄仁杰得知后，向武则天上书，请求特赦河北（指黄河以北地区）各州，不做任何调查审问。武则天下诏批准了狄仁杰的奏章。狄仁杰于是安抚远近，查获被东突厥俘虏的人，一律送回本乡。并从各地不断征调粮食，救济穷苦人民。整修驿站道路，帮助军队顺利撤退。狄仁杰恐怕各将领及中央钦差大臣大肆索取供应品，自己带头吃粗米饭，禁止部属侵扰百姓，有违反的，定斩不赦。河北一带逐渐安定。狄仁杰回朝后，被授予内史。

狄仁杰不但是一位绝对称职的清官，而且是一位慧眼识人、知人善任的伯乐。

武则天称帝之后，觉得自己的地位尚不巩固，欲以官位收买天下人心，因而广泛招揽人才。一天，武则天对狄仁杰说："朕现在需要一奇才，卿能否举荐一个。"狄仁杰问："陛下需要怎样的人才？"武则天说："此人要有非常之才，有作为，能领导，要见识过人。""要他担当什么事？"狄仁杰问。武则天说："文要领袖群臣，武要统率三军。"狄仁杰回奏说："陛下如果只是需要能写文章的人，当今宰相苏味道、李峤就可以了，若陛下需要有才干、有作为，真能领导群雄的，则有荆州长史张柬之。他的年纪虽然大了些，但做宰相是绝对称职的。况且他多年来一直怀才未遇，陛下如果能够重用他，他一定会感恩戴德，全力辅佐陛下统治天下。"武则天便将张柬之提升为洛州司马。过了一段日子，武则天又问狄仁杰有没有人才可以举荐，狄仁杰说：

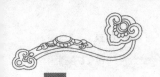

"我上次推荐的张柬之，陛下还没有用他！"武则天说："我已经任用了，将他提升为洛州司马。"狄仁杰说："我向陛下推荐的是宰相之才，陛下却只把他用作司马，这不是把人才浪费了吗？"武则天这才将张柬之提拔为秋官（刑部）侍郎，后又任命为宰相。

后来，狄仁杰又向武则天举荐了桓彦范、敬晖、姚崇、窦怀贞等几十人进朝廷任宰相、大臣。人们赞颂狄仁杰说："天下桃李，全都出自您的门下。"狄仁杰说："我推荐人才，是为国家，不为我自己。"

697年，契丹部落将领李楷固、骆务整在孙万荣被杀后，前来投降朝廷。由于他们两人曾数次击败朝廷军队，许多大臣都要求将他们处以极刑，诛灭九族。武则天犹豫不决，问狄仁杰如何处置为好。狄仁杰说："李楷固、骆务整骁勇过人，既能为他的旧主人尽力，同样也能为他的新主人尽力，如果用恩德感化，都是能够为我们所用的。"因而上疏请求赦免李楷固、骆务整。亲朋好友都劝他不要做这种傻事，然而狄仁杰说："只要对国家有利，哪里在乎对自己有害！"武则天接受了他的建议，下令赦免释放李楷固、骆务整。接着，狄仁杰再次奏请加授他们官职，武则天任命李楷固为左玉钤卫将军、骆务整为右武威卫将军，派他们率军攻击契丹残余部落。公元697年7月，李楷固等平定契凡残余部落，向武则天进献所生擒的契丹俘虏。武则天非常高兴，擢升李楷固为左玉钤卫大将军，封燕国公，赐姓"武"。为了庆贺平定契丹部落的胜利，武则天大宴文武百官，并亲自举起酒杯向狄仁杰致敬说："这都是你的功劳！"并打算给他赏赐。狄仁杰回答说："这是陛下的声威，是将士们的奋力拼杀换来的成果，我有什么功劳！"坚决不肯接受赏赐，武则天深为敬重。

周圣历元年（698），狄仁杰的长子狄光嗣担任司府丞。其时，武则天命令几位宰相每人举荐一位尚书郎官员。狄仁杰推荐的正是自己的长子狄光嗣。狄光嗣被任命为地方官员外郎，行事果然十分称职。武则天兴奋地说："狄仁杰真好比是春秋时的祁奚，内举不避亲，推荐的人才非常合适。"狄仁杰此举，更加显示出一代名相知人善任、公正无私、无所畏惧的精神风貌。

一代巨人，中兴唐室

　　狄仁杰忠于唐室，但在武则天势力强盛的时候，他只好三缄其口，暂时观望，就像武则天当年图谋大业时一样，狄仁杰也知道他需要忍耐、需要计划、需要时机。他知道，要重兴唐室，就需要一批胆大心细干练的有为之士，并且使他们官居要职，掌握实权。于是，他利用武则天对自己言听计从、颇为重用的机会，接连向武则天举荐贤才数十名，武则天全都委以重任，为恢复大唐江山准备了有生力量。同时，他又说服了武则天不立武姓子侄为太子而重立庐陵王李显为太子，把恢复大唐江山的目标向前推进了一大步。然而他深知，自己年纪大了，体弱多病，而武氏势力依然强大，唐李与武姓的争斗还会继续下去。他知道，要扭转乾坤，恢复唐室，还需要一个大智大勇干练果断之人，他想到了张柬之。狄仁杰了解，张柬之沉默寡言，老谋深算，精明干练又效忠唐室。张柬之当时官居荆州长史，狄仁杰向武则天推荐张柬之担任了宰相之职，参与朝政管理。狄仁杰认为，恢复唐室的力量已安排妥当，他可以毫无顾虑，而且他坚信计划一定能够实现。

　　狄仁杰的刚正不阿、爱护百姓、知人善任，使武则天对他非常信赖，更加器重，常常称呼他为"国老"，而不提及他的名字。

　　武则天外出游玩，必让狄仁杰伴随左右。有一次，狄仁杰陪武则天游逛，忽然一阵大风，把狄仁杰的帽子吹掉，坐骑受到惊吓，向前奔跑。武则天赶忙命太子李显追上去拉住马缰，等狄仁杰把帽子戴好。让皇太子协助臣下牵马，足见武则天对狄仁杰的厚爱。

　　很多时候，这位国老也不给武则天面子，当着满朝文武的面与武则天争辩。如果换了别人，武则天早就将他放逐岭南了，而对狄仁杰

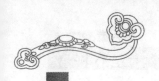

则每每宽让，往往违背自己的意愿而按照狄仁杰的意见做。

武则天时期，出于取代李唐的政治需要，武则天大兴佛教，全国各地修建了许多大大小小的佛寺，许多人出家为僧。僧人不服役纳税，建寺造像又是极大的浪费，所谓"夺百姓口中之食以养贪残，剥万人体上之衣以涂土木"，给人民造成深重灾难。面对佛教势力的不断发展，狄仁杰非常担心，主张限佛、抑佛。

一次，信奉佛教的武则天计划铸造一个大佛像，计划费用达数百万。狄仁杰上疏劝谏说："今天佛教寺庙，规模壮观，超过皇宫。庞大的工程，鬼神没有出半点力，出力的全是世人；建筑材料没有一件从天上掉下来，终究还要靠地上供应，如果不压榨人民，怎么能够到手！化缘游方的和尚，都假托佛法，连累贻害世人。大街小巷，都有读佛经的场所；市场闹区，更有烧香佛堂。捐献布施，比政府征收赋税还要急迫；做法事的需要，比皇上的诏书训令更为严厉。昔日南梁时，梁武帝大量施舍，毫无节制。可是，等到三淮（秦淮河）巨浪沸腾，五岭狼烟冲天时，虽满城都是寺庙，却不能拯救灭亡灾难，满路都是黄色袈裟，偏缺少勤王之军。如来佛祖创立佛教，以慈悲为主要教义，怎么肯驱使人民，装饰自己！如今，全国各地水灾旱灾，

武则天像

接踵而至，边境又不安宁，如果浪费政府公款，而又榨枯民力，万一有地方告警，用什么援救！臣请陛下停造大佛像。"武则天听罢，点头称是，停止铸像。

公元 700 年夏天，武则天前往三阳宫避暑，有西方僧侣敦请武则天参观埋葬舍利子双字杠佛骨（佛骨，梵语称"舍利子"。佛祖释迦牟

尼去世后，用香木焚烧尸体，骨骼粉碎，成为一块一块，坚硬如铁，击打不破，火烧不焦，信徒收藏，放到宝瓶里，建塔供奉）的活动，武则天答应，狄仁杰跪到马前说："佛，是蛮族的神灵，没有资格劳动天下之主。那个西方和尚神秘诡诈，不过利用陛下来诱惑这些愚民罢了。况且山路危险狭窄，容不下卫队，不是天子应该去的地方。"于是，武则天返回。

由于一生操劳，狄仁杰的身体变得非常孱弱，常常觉得力不从心，他多次向武则天提出辞职，请求退休，武则天都没答应。狄仁杰每次进宫朝见皇上，武则天总是阻止他叩头下跪，说："看见国老下跪，连我身上都感觉到痛苦。"她告诉大臣们，不是军机要事，切勿打扰国老。

周久视元年（700）九月二十六日，狄仁杰病逝，终年71岁。武则天听到这一消息后禁不住老泪纵横，哭泣着说："南宫（政府所在地）已成为空城了。"追赠狄仁杰文昌右相，谥文惠。以后，朝廷每遇到大事，大家不能做出决定的时候，武则天总是感叹说："上天为什么这么早就夺走我的'国老'！"

公元705年1月22日，在张柬之、敬晖、桓彦范、姚崇等人的周密部署下，一部分御林军包围了张昌宗的家丁，控制了其财产府第，一部分御林军包围了皇宫，胁迫武则天退位。接着，张柬之命御林军大将军李多祚去见太子李显，说明来意，请他一起参与。李显听说此事后，感到惊恐与不安，一时不知说什么好。李多祚见此，对李显说："今天是非常之日，殿下知道臣等要做什么吗？臣等要恢复唐室，要恢复太宗皇帝的天下！臣等为正义不惜抛头颅，洒热血，殿下只须出面领导臣等就行了。"李显仍然犹豫，他对李多祚等人说："我知道张氏兄弟罪有应得，可是母后重病在身……而且这也太出乎意料……"李多祚不等他说完，赶紧说："殿下只要出去告诉众大臣，殿下不反对就行了。如果大功不成，臣等就全家灭门了。"正当李显犹豫不决之时，李多祚马上令众人把李显扶上马，走出东宫。张柬之等人看见太子李显走出东宫，马上派兵士捉拿张易之、张昌宗兄弟，并将其杀死。

接着，张柬之、李多祚等人簇拥着李显，来到武则天的面前。武则天问："为什么这么吵闹？你们怎么这么大胆，胆敢进内宫来？"张柬之说："请陛下恕罪。张易之、张昌宗犯有叛国之罪，臣等已将他们杀死，未能事先奏明陛下，请见谅。"这时，武则天一眼看见了自己的儿子李显，大声斥责："也有你！赶快回去，他俩已死，你也该称心了。"桓彦范迈步前进："臣斗胆冲犯陛下，太子不能回去。先帝以太子托付陛下，陛下早应将皇位传与太子。今求陛下退位，太子登基。"听到这些话，武则天把站在面前的官员逐一看了一看，然后有气无力地说："朕知道了，你们都下去吧。"

公元 705 年正月二十三日，李显以皇太子监国，二十四日武则天正式退位，迁居洛阳宫城西南的上阳宫，名义上享有"则天大圣皇帝"的尊号。李显重新登基，是为唐中宗。二月一日，朝廷举行了唐朝光复的仪式。所有的旗帜、徽章、官衔、官衙名称，都恢复高宗初年的旧制，洛阳由神都改称东都。唐室王公子孙都被赦回朝，恢复原来爵位，由来俊臣、周兴流放的朝臣及家族都被赦回乡。由狄仁杰荐举的人如张柬之、桓彦范、敬晖、姚崇等，都成为唐朝的中兴名臣。狄仁杰也被追赠为司空，唐睿宗时又追封为梁国公。

第 七 章

论语治国，得失皆有
——赵普

赵普（922—992），字则平，祖籍幽州蓟县（今北京），北宋军事谋略家。后周时即为赵匡胤亲信幕僚，是帮助赵匡胤策划陈桥兵变的主要人物之一。赵普智谋多，读书少，有"半部《论语》治天下"之说。北宋建立后，历任枢密使、门下侍郎、同中书门下平章事。赵普为相，刚毅果断，然亦颇专权，太祖末，罢相。一生曾三度入相，淳化三年（992）三月，以太师、魏国公、给宰相俸禄的优厚待遇致仕。不久病死。终年71岁。

一见如故，志趣相投

公元 956 年，周世宗柴荣亲征淮南。

周将赵匡胤袭破清流关（今安徽滁县西北）。占领滁州（今安徽滁州）。世宗命翰林学士窦仪到滁州登记库藏，赵匡胤一一交付。继而赵匡胤又想取用库中绢匹。窦仪阻止说："公初入滁州，即便将库中宝藏一律取去，也属无妨，今已经登记为官物，理应等皇帝的诏书到后，才可以支付。"赵匡胤听闻，非但不怒，反而婉言谢过，说："学士说得对，我知错了！"

过了一天，又有军事判官赵普到来，与赵匡胤相见。两人谈论得十分投合。

这位赵普，便是后来宋王朝的开国元勋，历事太祖、太宗两朝，三度入相，晋爵太师魏国公。他生于后梁末帝龙德二年（922），字则平，原籍幽州蓟县（今北京西南）。父迥为避赵德钧兵乱，迁居洛阳。赵普读书不多，自幼学习吏事。成年后，被聘为永兴军节度使刘词的幕僚。这次，是因周相范质的推荐来到滁州。赵普同赵匡胤本就认识，这次相见，二人格外喜悦。

赵匡胤部下，受命清乡，抓捕到一百多名乡民，说他们都是盗匪，打算斩首。其他人对此无有异言，只有赵普出来反对。他对赵匡胤说："未曾审问明白，就将他们一律杀死，倘或诬良为盗，难道不会误伤了人命？"

"书生所见，未免太迂腐了。须知此地百姓，本是我们的俘虏，我将他们一律免罪，已经是法外施恩，现在又甘愿做盗匪，如果不立即将其正法，怎么警告众人呢？"赵匡胤笑着说。

"南唐虽然是我们的敌国，但百姓到底有什么罪过？况且明公素有大志，很想统一中原，怎能将它看作秦越一般，自己画出界线呢？王道不外乎行仁，还请明公三思！"赵普说。

赵匡胤见他这么执著，就说："你如果不怕劳苦，就烦请你去审讯吧！"

赵普便去一一讯问，多无证据。于是向赵匡胤禀告，除确有赃物可以定罪的外，其余全部释放。乡民们非常高兴，都称赞赵匡胤仁慈而明察。

赵普的细心、周到和先见之明给赵匡胤留下了深刻的印象，凡遇有疑难问题，赵匡胤都同他商量。赵普对这位志向不凡、威武英明的将军也格外器重，一心效忠，知无不言。

赵匡胤的父亲赵弘殷，这次也随周世宗出征。他奉命夺取了扬州，后留韩令坤据守，自己领兵来到滁州城里。不久以后，赵弘殷生起病来，赵匡胤早晚在侧侍奉。

忽由扬州传来警报，说唐军大至，要求救援。周主也有诏书到来，命赵匡胤速往六合，兼援扬州。赵匡胤内奉君命，外迫友情，不能坐视。但这个大孝子，见父亲病势日重，又不忍远离，公义私情，交织心头，使他进退两难，难以决断。当下找来赵普商议。赵普说："君命不可违，请公即日前往。如果考虑到尊翁，我赵普愿意代公尽一个儿子的责任。"

"这事怎么敢烦劳你呢？"赵匡胤有点过意不去。

"公姓赵，普也姓赵，彼此本属同宗。如果不嫌我的名位低下，公父就是我父，一切视寒问暖及进饭奉药等事，统由普一人负责，公尽请放心！"赵普说。

赵匡胤见他说得这么诚挚，非常感激，拜谢赵普，说："既蒙顾全同宗之谊，此后当视为手足，誓不相负。"

赵普连忙答礼："普是什么样的人呢？怎敢受此大礼？"

赵匡胤于是留赵普据守，把公私各事，都委托给他。随后，选了两千名精兵，当日出发。

唐军攻不下扬州，便移兵去打六合，赵匡胤力败唐军。周世宗班师回朝，因赵匡胤等在外久劳，也令还朝，另派别将驻守滁州和扬州。赵匡胤在六合接到命令马上领兵回滁州，入城探望父亲。父亲的病已经好了。他对儿子说："全靠赵判官一人日夜侍奉，病才慢慢好了。"赵匡胤再次向赵普拜谢，等到接守的将领一到，赵匡胤便与父亲、赵普一同回汴都（今河南开封）。

到汴都后，赵匡胤随父入朝，世宗大加犒赏。他向世宗引荐赵普，说："判官赵普，具有大材，可以重用，希望陛下明察！"世宗点头。

退朝后，封赵弘殷为检校司徒，兼天水县男；封立有大功的赵匡胤为定国节度使，兼殿前都指挥使；赵普为节度推官。三人上表谢恩。

这样一来，禁兵便由赵匡胤父子分管。赵普也开始成了赵匡胤的幕僚。

不久，赵弘殷旧病复发，医治无效而死。

周王西去，拥立新主

公元595年四月，周世宗从沧州（治所在今河北沧县东南）进兵攻辽，益津关（在今河北霸县）、瓦桥关（在今雄县西南）、鄚州（治所在今河北任丘北）均降。五月，瀛州（今河北河间）又降。

周世宗非常欣喜，便欲一鼓作气进攻幽州（今北京城西南）。谁知途中患上寒症，炎热的夏天，偏冷得他不停地发抖，拥上棉被也不觉暖和，一连几天不见好转。他曾在商议进攻幽州的宴席上，对那些持不同意见的将领说："不捣辽都，决不返师！"将领们想请驾还都，又怕触怒他，不敢前去奏请。深受世宗信任和倚重的赵匡胤对大家说："主病未好，这样停留在此，倘若辽兵大至，反为不美。等我去奏请还都好了。"

赵匡胤来到御榻前，毕恭毕敬地问了安，然后谈到军事。世宗说："本想乘胜平辽，不料朕身体欠安，延误军机，怎么办才好呢？"

赵匡胤见世宗已有所动摇，便委婉地说："大概老天还不想绝灭辽国，所以圣躬不安，不能马上荡平它。如果陛下顺天行事，暂且搁置不问，臣以为老天一定会降福，圣躬自然会安康了。"

世宗犹豫了半晌才说："卿言也是。朕且暂时回都，卿可将各处兵马调回，明天就启銮吧！"

赵普像

赵匡胤退下后，世宗马上下旨，调回李重进、孙行友等，一面准备回都事宜。

赵普夜见赵匡胤，问了世宗病情，寻思了一会儿，然后对他说："主上的病看来是难好了。一旦辞世，七岁的孩子继位，明公的处境就吉凶难料了。"

"这话怎么说？"赵匡胤急切地问。

"明公为周拓疆略地立下大功，威名远扬，众将畏服；现又分掌禁军，权大威重。少主无恩于明公，诸将又无一人可与明公相媲美。自唐末以来，国家兴替，全因武将擅权。明公处此，能不为少主和群臣所疑吗？为人所疑，岂能不危？明公若能顺势而为，趁此开创基业，非但不危，而且会大富大贵。祸福吉凶，全由明公。"赵普说毕，两眼紧盯赵匡胤。

赵匡胤深思良久，抬头对赵普说："周主对我有大恩德，怎么可以背负他？"

"只要明公将来能妥善地安置周室，就可以了。有非常之人，才有非常之事。何必为此牵怀？不然，将会自陷窘境，不知明公大志什么时候可伸了。"赵普又进逼一步。

赵匡胤思考一下，口中说出"张永德"三字。

赵普马上接口说："普自有办法。"随即在赵匡胤耳边低语了几句，赵匡胤点头称是。二人又商讨了一阵，方各自歇息。

第二天，周主起床升座，命令将瓦桥关改为雄州，命韩令坤留守，将益津关改为霸州，命陈思让留守，然后乘舆启行，赵匡胤等均随驾南归。世宗在路上觉得稍微好了点，就从书囊中取出文书批阅。突然看到里面有一方木板，上写5个大字："点检做天子。"世宗非常惊异，细细看了一回，仍旧收藏在书囊中。等回到都中，便把殿前都点检张永德的官免了。张永德的妻子是周太祖郭威的女儿，他和世宗是郎舅关系。世宗担心他会像石敬瑭那样阴谋篡夺周室，所以将他免职，改任自己认为忠勇仁孝的赵匡胤为殿前都点检，兼检校太傅。赵匡胤的声威自此更盛。

宰相范质等人，因世宗病未痊愈，请立太子以正国本。世宗便立儿子宗训为梁王。宗训才7岁，不懂什么国事，只不过挂个虚名。这一年，皇后符氏去世，世宗又册立皇后的妹妹为继后，入宫不久，世宗的病情又加重了。没过几天，急召范质等人入受顾命，重言叮嘱，让他们好好地辅佐太子。当天晚上，世宗驾崩。范质等奉梁王宗训即位，尊符后为皇太后。一切典礼，皆遵旧制。

只有赵匡胤被改任归德军节度使，兼检校太尉，仍任殿前都点检，以慕容延钊为副都点检。延钊和匡胤交情笃厚，人称莫逆，这时又同在殿廷共事，格外亲切。所谈之事，别人是不能知道的。赵普对赵匡胤说："权柄已重，局势已成，勿失时机。"赵匡胤点头，两人密语了很长时间。

转眼之间，到了元旦，这是小皇帝宗训纪元的第一天，文武百官都去朝贺，气象很是宁静安康。过了几天，忽然有真（今江苏仪征）、定（今河北定州）二州的急报传至京都，称："北汉主刘钧，联络辽兵入寇，声势甚盛，请速发大兵防边！"

小皇帝宗训，只管嬉戏玩耍，哪管他什么军国大事！二十几岁的符太后得知后，急召范质等人商议。范质奏说："都点检赵匡胤忠勇绝伦，可任命他为统帅，副都点检慕容延钊，骁勇骠悍，可令做先锋；

再命各镇将领会集北征，全部由赵匡胤调遣，统一指挥，定会万无一失。"符太后紧悬的心才落了下来，连忙命赵匡胤会师北征；慕容延钊率领前军，先行出发。

慕容延钊领命，选好精兵，即日启程。赵匡胤调集各处镇帅，石守信、王审琦、高怀德、张令铎、张光翰、赵彦徽等，陆续到来，于是祭旗起兵，分队进发。

这时，都城谣言很盛。人们三三两两地在一处议论："世宗征辽回来，路上得到一面木牌，上说'点检做天子'，结果把张永德给免了，任了赵匡胤，怕这话要应在赵点检身上了。命里没有甭强求！天意难违！"

"赵点检声名显赫，方面大耳，怕是个真龙天子。"

"听说将要册立点检做天子。你看这队伍过来过去的，怕是有乱子了。"

传来传去，都城中人心惶惶，百姓竟成群结队地逃出城去躲避了。

宫廷里面却很安静，并不知道外面传出这种消息。

赵匡胤率领大军，按驿前进。兵到陈桥驿（今河南开封东北陈桥）已是傍晚时分，太阳将要下山。赵匡胤命各军扎营，住宿一晚，第二天再进。他同将领们一起用过饭，因多喝了些酒，便早早进寝室休息去了。

当晚，曾受赵普悄悄拜访过的都指挥江宁节度使高怀德站出来对众将说："主上新立，况且又很幼弱，我等身临大敌，虽出死力，何人知晓？不如顺天应人，先立点检为天子，然后北征，不知道公的意思怎么样？"

众将对幼主的确无信心，而对赵匡胤素来拜服，出城时又见百姓众说纷纭，以为民心所向，所以，一经高怀德挑头，便一同响应："高公说得很对，我们就依计速行。"

"这事须禀明点检，才可以照此施行。但恐点检不应允，好在点检亲弟赵匡义也在军中，暂且先同他说明白，叫他进去告诉点检，才有望成功。"都押衙李处耘说。

大家一致赞同，便邀来赵匡义商议。

"这事非同小可，先同赵书记计议一下，再来决定。"赵匡义说。

这里的赵书记说的是赵普。他已不是节度推官了，而是以归德掌书记的职务，随同赵点检出征。赵匡义将此事通知赵普，赵普说："主少国疑，怎能定众？点检素有威望，中外人心所归，一入汴京，就可以正帝位。今晚安排妥当，明天早晨便可以行事。"

赵匡义同赵普一起升帐，赵普调遣诸将，说如何如何，可使点检不得不为天子。

第二天，天近拂晓，将领们一齐逼近赵匡胤寝室，争呼"万岁"。

"点检还没有起床，诸公请不要高声！"寝室侍卫摇手打断说。

"今天拥立点检为天子，难道你还不知道吗？"大众说。

话音甫定，赵匡义便分开众人进去，正好赶上多喝了点酒的赵匡胤惊醒过来。

"室外什么事？"

赵匡义将外面情形大略说了一下。

"这、这事可行得吗！"赵匡胤看上去有些张皇地说。

"众将拥戴，兄长不妨就为天子。"赵匡义劝说。

"且等我出去看看情况，再作计较。"赵匡胤说。

赵匡胤走出门来，众将宝剑露刃环列在外，一齐高呼："诸军无主，愿奉点检为皇帝。"

赵匡胤还未来得及回答，高怀德已捧进黄袍，披在赵匡胤身上。擅披黄袍已是死罪，众将校又一律下拜，三呼万岁，不由生米不成熟饭。

赵点检骑虎难下，显得有点无奈。他对众人说："事关重大，怎么可以仓猝举行？况且我曾世受国恩，怎么可以妄自尊大，擅行此不义之事？"

赵普马上接口说："这是天命所归，人心所向，明公如果再推让，反会上违天命，下失人心。如果为周家考虑，但教礼遇幼主，优待故后，也就算是始终优待他们了。"

说到这里，将士们已将赵匡胤拥上马去。赵匡胤揽住缰绳，对众

将说："我有号令，你们能否听从我？"

"能！"众将齐声回应。

"太后和主上，我当北面侍奉他们，你们不得冒犯！京内大臣，与我是同僚，你们不得欺凌；朝廷府库，以及百姓之家，你们不得侵扰！如能听从我的命令，后当重赏。否则，将戮及妻子儿女，绝不宽贷！"赵匡胤严肃地说。

众将听令后又拜，无不赞同。赵匡胤这才整顿兵马，开回汴京。派楚昭辅和客省使潘美，加鞭先行。

潘美先去授意宰辅，楚昭辅去抚慰赵匡胤家人。两人驰马入都，都中才获知消息。

当时正是早朝时间，突闻此变，君臣都吓得不知所措。

"卿等保举赵匡胤，怎么生出这种变端？"符太后埋怨范质，说着呜咽地哭了起来。

"待臣出去劝谕他们。"范质嗫嗫嚅嚅地说。

符太后也不多说，洒泪还宫。

范质退出朝门，同右仆射王溥商讨对策，王溥也无言以对。正在彷徨，忽见家人来报："叛军前队已进城了，相爷快回家去！"二人闻言，一溜烟跑到家中去了。

赵匡胤前部都校王彦升果然带着铁骑驰入城中，正好碰上打算召集禁军守城的侍卫军副都指挥使韩通。韩通出言不逊，王彦升追至韩家门内将其劈死，并把他的妻子儿女全部斩尽杀绝，然后出城迎接赵匡胤。

赵匡胤领着大军从明德门入城，命令将士一律归营，自己退居公署。

过了一会儿，军校罗彦环等，将范质、王溥等人拥入署门。赵匡胤见了，呜咽哭着说："我受世宗厚恩，被六军逼迫至此，违负天地，怎能不汗颜呢？"

范质等人刚要开口，罗彦环严厉喝道："我们无主，大家商议立点检为天子，哪个再有异言，如或不肯从命，我的宝剑绝不容情！"说毕，拔剑出鞘，挺刃相向。

王溥面如土色,退下台阶向赵匡胤跪拜。范质不得已也拜。赵匡胤赶紧下阶扶起二人,让他俩坐下,然后商讨即位事宜。

"明公既为天子,怎么处置幼君呢?"范质试探地问。

"就请幼主效法尧禅舜的故事,他日将以虞宾相待。如此,便是不负周室。"赵普在旁回答说。

"太后和幼主,我曾北面臣事,早已下令军中,誓不相犯。"赵匡胤补充说。

"既然如此,应该召集文武百官,准备受禅。"范质说。

"请二公为我召集,我决不薄待旧臣。"赵匡胤说。

范质、王溥当即退出,入朝宣召百僚。日晡时分,百官才齐集朝门,分立左右。

这时,石守信、王审琦等拥着赵匡胤从容登殿。翰林承旨陶谷即从袖中掏出禅位诏书,递给兵部侍郎窦仪,由窦仪宣读诏书:

天生丞民,树之司牧。二帝推公而禅位,三王乘时而革命,其揆一也。惟予小子,遭家不造,人心已去,天命有归,咨尔归德军节度使殿前都点检,兼检校太尉赵匡胤禀天纵之姿,有神武之略,佐我高祖,格于皇天,逮事世宗,功存纳麓,东征西讨,厥绩隆焉。天地鬼神,享于有德,讴歌讼狱,归于至仁,应天顺人,法尧禅舜,如释重负,予其作宾。于戏钦哉,畏天之命!

窦仪读毕,宣徽使引赵匡胤退到北面,拜受制书;很快扶着赵匡胤登崇元殿,加上衮冕,即皇帝位,百官朝贺,"万岁"声响成一片。礼毕,即命范质等入内,将幼主和符太后胁迁到西宫。孤儿寡母呜咽哭着去了。

当下由群臣商议,称周王为郑王,符太后为周太后,下令周宗正郭祀周陵庙,仍令岁时祭享。一面改定国号,称为宋朝,纪元建隆,大赦天下。追赠韩通为中书令,加以厚葬。然后封赏佐命元勋:授石守信为归德军节度使,高怀德为义成军节度使,张令铎为镇安军节度使,王审琦为泰宁军节度使,张光翰为江宁军节度使,赵彦徽为武信军节度使,并皆掌侍卫亲军;提慕容延钊为殿前都点检,副点检一缺,

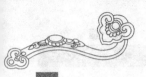

让高怀德兼任；赐皇弟赵匡义为殿前都虞候，改名为光义；赵普为枢密直学士。为安定政局，赵匡胤仍让周宰相范质依前任司徒兼侍中；王溥仍任司空兼门下侍郎；魏仁甫为尚书右仆射，兼中书侍郎，均为同平章事。

明里暗里出谋划策，使赵匡胤登上帝位的赵普，得到的只是一般的官职。作为政治家、作为同赵匡胤有着特殊关系的赵普，对赵匡胤的做法是理解的。因此，他没有发牢骚，一如既往地为巩固新皇朝出力。

出谋划策，辅主平叛

赵匡胤登基以后，经赵普、窦仪穿针引线，将韶年守寡的妹妹，嫁给正在悼亡的高怀德。这位曾将黄袍加在赵匡胤身上的高将军，便成为尊贵的皇亲国戚了。

李筠是太原人，历事唐、晋、汉三朝，战功赫赫。周时提为检校太尉，领昭义军节度使，驻节潞州（今山西长治）。

赵匡胤受禅，加封李筠为中书令，派使赐册。李筠在属下劝说下勉强接受，心中很是不服。北汉主得知，派人送来蜡书，约筠一同起兵。李筠便欲起事。长子守节劝谏不听，反惹动他一腔怒火。

"你晓得什么？赵匡胤欺侮孤儿寡母，诈称辽、汉犯边，出兵陈桥，收买将士拥立自己，回军逼宫，废少主，幽太后，大逆不道，我还好北面事他吗？"李筠斥责。

于是，在宋建隆元年（960）四月草定檄文，历数赵匡胤不忠不孝之罪，布告天下；一面请北汉发兵，一面派骁将儋伯往袭泽州（今山西晋城东北）。

北汉主刘钧率兵前往，李筠在太平驿迎接，拜伏道旁。刘钧面封李筠为平西王，赐马三百匹。相谈时，李筠略言："受周厚恩，不敢受死。"刘钧默然不语。原来周和汉是世仇，李筠提到周朝，反惹起刘钧猜疑。他让宣徽使卢赞监督李筠军。

李筠同卢赞一同返回潞州，心中很是不平，又见汉兵人少，越加后悔。无奈箭在弦上，不得不发，只好让守节留守，自己率军南来。

警报传到汴都，宋太祖赵匡胤即诏命石守信为统帅，高怀德为副帅，兴师北伐。

赵普入宫见赵匡胤，说："李筠如果西下太行，直抵怀孟，扎寨虎牢，据住洛阳，将会养成大势，难以应付。另外，禁卫军里有许多曾是李筠的旧部，难保不生变端。陛下初定大位，人心未稳，此次北征关系重大。须统率诸将亲征为是。"太祖颔首称是。

石守信、高怀德朝见赵匡胤，礼毕，赵匡胤宣谕说："二卿此行，慎勿纵李筠西下太行；必须迅速进兵，扼住要隘，自可以破敌。朕将亲为你们的接应。"

二人叩头领旨，退朝后即整军出发。路上，又听说太祖派慕容延钊、王全斌出兵东路，夹击李筠，便大胆前进。大军行至长平（今山西高平西北），同李筠军遭遇，两军鏖战一场，未见分晓，天晚各自收军。

第二天又战，正杀得难分难解，慕容延钊率军赶到，突入敌阵，敌人顿时大乱。石守信、高怀德乘势掩杀，敌军败逃。宋军追了一程，才退了回来。

石守信同慕容延钊、高怀德商量进兵。

"王全斌将军已绕道捣泽州，我们应去接应才是。"慕容延钊说。

石守信便传命三军并进。行数十里至大会砦。大会砦依山为固，易守难攻，李筠收集败兵在此把守。宋兵猛扑数次，都被矢石射回。后用延钊之计，准备埋伏，诱敌出砦，大胜李筠。李筠返奔至砦，砦外已竖起大宋军旗，一员金盔铁甲的宋将领着宋兵从砦内杀出，李筠莫名其妙，吓得向西北方向逃窜。

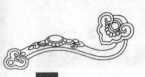

这位从砦内杀出的宋将就是王全斌。他原打算潜往泽州，因见路径复杂，恐怕孤军有失，中途返回，绕出大会砦，来会石守信和高怀德。不想正赶上敌军离砦出战，便趁机占据了它。入砦之后，王全斌说明一切，大家全都欢喜。忽有殿前侍卫来到，报称御驾将至，诸将离砦十里迎接。赵普也随同前来。

第二天，赵匡胤即下令亲征。大军陆续出发，将至泽州，敌人凭险据守，扎下数营。赵匡胤便命进攻，一一摧垮，李筠跑入泽州。宋军追至城下，四面围攻，破城而入，李筠自焚而死。

过了一天，宋军又进攻潞州。李守节向北汉主求援，北汉主刘钧早已逃跑，无奈，只好向兵临城下的宋军投降。宋太祖赵匡胤授以团练使之职。

平定潞州之后，淮南道节度使李重进便成了宋太祖的心腹大患。

李重进是周太祖郭威的外甥，生长在太原，历事晋、汉、周三朝。周末任为淮南节度使，镇守扬州。赵匡胤即位，加授中书令之职，命他移镇青州（今山东益都），以便就近压制。李重进本来同赵匡胤并肩事周，分握兵权。赵匡胤受禅后，恐为所忌，常不自安；等到移镇命下，心中更是不满。李筠攻宋的消息传到扬州，李重进派亲吏翟守巽到潞州联络，打算南北夹攻。

翟守巽未去潞州，反而悄悄来到汴都求见太祖赵匡胤，太祖问明虚实，便对翟守巽说："他无非防朕加罪，因而另做打算。朕今赐他铁券（免死牌），誓不相负，他能相信不？"

"臣观李重进终有异志，愿陛下事先预防！"翟守巽说。

"朕同你相识多年，所以你特来报朕，可以说是不负故交了。但朕想亲征潞州，恐李重进乘虚掩袭，多一掣肘，烦你规劝李重进，让他缓发，不要使二凶并发，分我兵力。侍朕平定潞州之后，再征李重进，就比较容易了。"太祖说。

太祖厚赐翟守巽，翟守巽遵旨返回扬州。见了李重进，说了一派谎话，止住李重进发兵。太祖北征时，特派方宅使陈思让奉着朝书，赐李重进铁券，以稳李重进之心。李重进留住陈思让，只说待太祖回汴，一同朝见。

太祖凯旋，李重进心中有些惊惧，准备整理行装，随陈思让入京朝见。后听部将谏阻，恐入京难返，便写了密书送往南唐，约它一起反宋。南唐竟将李重进密书派人呈入太祖手里。太祖勃然大怒，即命石守信、王审琦、李处耘、宋偓四将分领禁兵，讨伐李重进。四将即领兵南下。时为建隆元年（960）九月。

宋军迁延未克，赵普又劝太祖亲征。

"诸将统率大军，重权在握；加之他们曾是周室将士，以周之将士攻周之贵戚，没有人不顾虑这些。一旦有变，怎么办呢？以臣愚见，陛下还是亲征为好。"

"卿虑甚是，朕当亲征。"

十一月，赵普随太祖亲征扬州。李重进见太祖亲征，非常惶恐，眼看城池难保，便举家自焚。李重进死后，全城混乱，宋军一举攻克。翟守素向太祖请求，将李重进遗骨收拾装棺，予以埋葬。

赵普两次劝太祖亲征，无非防手握重兵的将帅兵变，危及初创的宋室基业。二李既灭，这位太祖倚重的臣子，便谋划起可以使宋王朝长治久安之策了。

智者千虑，必有一失

赵匡胤征灭二李，返回汴京，翟守素被提拔为供奉官。有时赵匡胤命翟守素随驾微服出游。

"陛下幸得天下，人心未安，今乘舆轻出，倘有不测，那该怎么办呢？"翟守素劝谏说。

"帝皇创业，自有天命，既不能强求，也不能强拒。从前周世宗在

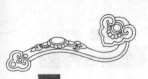
的时候，见到方面大耳的将士，时常杀死，朕整日侍侧，也未曾受害。可见，只要天命所归，是绝不会被人暗算的。"赵匡胤笑着说。

有一天，赵匡胤又微服来到赵普府第。赵普赶忙出迎，引入厅中。拜见完毕，也劝太祖要谨慎小心。

"如果有人应得天命，任他所为，朕也不去禁此也。"赵匡胤又笑着。

赵普也知赵匡胤即位，虽有天意，但"人谋"的成分有多少，他心里最明白。赵匡胤的辩解怎能消除这位忠臣的担忧呢？

"陛下原本圣明，但一定认为普天之下，人人心悦诚服，没有一个人同陛下为难，臣却不敢断言。就是执掌兵权的诸位将帅，难道也是个个都可靠吗？万一他们瞅准机会，暗中发动变乱，祸起萧墙，那时不知所措，后悔莫及。所以，为陛下考虑，总请自重才是！"赵普说。

"石守信、王审琦等人，全是朕的故交，想来一定不会发动叛乱。卿也有些过虑了。"赵匡胤不动声色地说。

"臣也不怀疑他们的忠心。但仔细观察这些人，都不是有很好的领导才能，恐怕他们不能压服部下。如果军营中部下们胁迫他们发动变乱，他们也不得不唯众是听了。"赵普明确地说出自己的担忧。

赵普的这种担心正是赵匡胤所担心的。面对赵普的坦率和忠心，他不想再隐瞒赵普。

"朕从未迷恋过花酒，何必要出外微行呢？正是因为国家初定，人心是否归朕，尚未可料，所以私行察访，不敢丝毫有所懈怠啊。"

赵普说："只要把一切大权集中到天子手里，他人不敢觊觎，自然就太平无事了。

君臣又谈了一会儿，太祖便回宫去了。

过了很长一段时间，直到建隆二年（961），内外各将帅仍然没有变动的消息。赵普心下着急，又不便经常进言，以免触怒一班武夫，不得已隐忍过去。到了闰三月，才见把慕容延钊调为山南东道节度使，撤消殿前都点检一职，不再任命。自后又过了三个月，不见动静。直到春夏之交，太祖将赵普召入便殿，旁无别人，君臣二人开阁乘凉，从容坐谈。

太祖感叹说："自唐末至今，数十年来，经历八姓十二君，篡窃之事相继发生，变乱不止。朕想息兵安民，定一个长久之策，卿认为怎么样才可以呢？"

"陛下提及此言，正是人民的幸福。依臣愚见，五代变乱，全是由于藩镇权势太重，君弱臣强，如果裁抑他们的兵权，控制他们的钱粮，接收他们的精兵，何愁天下不安？臣去年也曾启奏过。"赵普起身回答说。

"卿不要再说，朕自有处置的办法。"

赵普便退了出来。

与赵普谈后第二天，太祖晚朝，让有司在便殿设酒宴，然后召石守信、王审琦、张令铎、赵彦徽等人入宴。酒喝得正兴奋的时候，太祖屏退左右之人，对众将说："朕没有卿等，不会有今天。但身为天子的确太难了，还不如做节度使时逍遥自在。朕自受禅以来，已经一年多了，哪里睡过一晚稳当觉呢？"

"陛下还有什么担忧呢？"石守信等离座起身问。

"朕同卿等都是故交，不妨直告你们。这皇帝的宝位，哪个不想坐它呢？"太祖笑答。

众将闻言不对，伏地叩拜，说："陛下怎么说出这话。现在天下已定，有谁敢生异心？"

"卿等原本没有这种心思。如果属下贪图富贵，暗中活动，一旦生变，将黄袍加在你们身上，你们虽不想这么做，也要骑虎难下了。"

石守信等心里越加惊惧，哭着说："臣等愚陋，想不到这些。乞求陛下哀怜，指示一条生路！"

"卿等且起！朕有几句话，要同卿等商议。"

石守信等遵旨起来。

"人生如白驹过隙，一忽儿是壮年，一忽儿就到了老年，一忽儿便死了，总没有人能有几百年的寿数。追求富贵，无非是想多积累些金银，能很好地娱情悦性，使子孙们不至于穷苦罢了。朕为卿等着想，

不如释去兵权，出外镇守大藩，多买一些良田，给子孙置一些不动的产业，再给自己多买一些歌童舞女，饮酒作乐，以享天年；朕且要同卿等约为婚姻关系，世世为亲，代代和睦，上下相安，君臣无忌，难道不是一条上策吗？"

石守信等转悲为喜，拜谢说："陛下竟能这样体念臣等，真是'生死而肉骨'了。"

于是，大家又喝了一会儿酒，尽欢而散。过了一天，都上表称病，纷纷辞去军职，交出兵权，带上太祖特别赐给的财物，欢天喜地到地方做节度使去了。这就是历史上著名的"杯酒释兵权"的故事。

"杯酒释兵权"只是收揽兵权的第一步。中唐以来方镇弄权的隐患和新执掌禁军的弄权问题，仍是太祖面临的当务之急。解决这个问题的关键，是把赵普提出的方针精神渗透到朝廷和地方的职官建置中去。

在赵普的参赞下，一套改变了过去权力结构中的独立性，而使其能依附君权运转的相互制约的职权体制制定了出来。

中央设副相、枢密使副与三司计相以分宰相之权，使其互相制约。枢密使直属皇帝，掌指挥权，而禁军之侍卫马、步军都指挥和殿前都指挥负责训练与护卫。为防军队为将领所私有，实行"更戍法"，使得"兵无常帅，帅无常师"。

乾德元年（963），太祖用赵普谋，罢王彦超等地方节度使和渐削数十异姓王之权，委以他任，另以文臣取代武职，使武臣方镇失去弄权的根基。另一方面，收厢兵之骁勇和天下精壮充当禁军，使天下精兵皆归枢密院统率。

地方则以文人出任的知州和副职通判为行政官员，重要文件需会签才有效。通判是皇帝督察知州的耳目。此外，又在地方设转运使副，主管将地方钱粮的大部分输送中央，以限制地方的财政粮饷权限。

这样，就形成了干强枝弱并且内外上下相互制衡的体制。

赵普为使这个体制正常运转，以便巩固新王朝，是尽心尽力的。石守信等到地方就职过了几年，太祖想召天雄军节度使符彦卿入朝掌管禁兵。符彦卿是宛邱（今河南淮阳）人，父名存申，曾任后唐宣武军节度。符彦卿幼时就擅长骑射，壮年时更加骁勇，历晋、汉两朝，一直镇守外藩；周太祖郭威即位，授以天雄节度使之职，晋封为卫王。周世宗先后册立他的两个女儿为皇后。就连赵光义的继室，也是符彦卿的第六个女儿。所以，周世宗加封符彦卿为太傅，宋太祖又加封他为太师。这时，太祖因将帅多已去了地方，便想召符彦卿入值。

赵普得知此事，连忙入宫规劝。

"符彦卿位极人臣，怎么可以再给他兵权？"赵普直奔主题。

"朕一向厚待符彦卿，谅他不至于负朕。"太祖不以为然。

"陛下怎么负了周世宗？"赵普切中要害。

太祖无语，心中打消了召符彦卿的念头。

新体制的运行，使五代藩镇的弊病一扫而空。

智者千虑，必有一失。赵普参与制定的方针政策，只是以防兵变、防方镇跋扈、防官员损害君权为出发点，而不是增强国力，增强军力、政权、财政三方面的效力。所以，它虽然改变了五代武臣专权、政变频繁的局面，使宋王朝成为一个高度集权统一的国家，并对当时社会经济的发展起了重要作用，但种下了宋王朝以后走向"积贫积弱"的局面的祸根。

由于将帅无权，指挥效率低下，军队战斗力削弱，使百余万宋军竟难以抵挡辽和西夏的侵扰。又由于政府权力分散，形成了叠床架屋的官僚结构，官吏冗多，行政效率低。尽管北宋政府尽力搜刮人民的财物，仍难以应对庞大的财政开支。这使得宋王朝在三百年的统治时期，一直对外屈服于辽、夏、金民族政权，对内不能消除官乱和民变，处在深重的统治危机之中。

这种"积贫积弱"局面的形成，赵普和宋太祖是要负历史责任的。

多事之秋，因私罢相

太祖在平定南汉之后，又趁闲微服私访。

一天晚上，太祖来到赵普家，正赶上吴赵王钱俶送书信给赵普，并赠有海产十瓶，放在廊屋下。忽然听说太祖到来，赵普仓猝出迎，来不及将海产收藏起来。太祖进来瞧见，问是什么东西，赵普不敢谎报，据实奏对。

"海产一定不错，不妨一尝！"太祖说。

赵普不能违旨，便取过瓶子启封。打开一看，却非什么海产，而是十分贵重的黄灿灿的瓜子金。弄得赵普十分紧张。

"臣还没有打开书信，实不知情。"赵普解释。

太祖又想起李煜送银之事，心中很不高兴。他决不答应臣下玩弄他，或者暗中夺他的权。他明白自己是怎么当上皇帝的，明白赵普暗中出力之多。他感激赵普，又深忌赵普。当上皇帝之后，他不希望自己的臣下是个暗中运筹的高手，他需要他们的绝对效忠。他多次微服出行，驾临臣子之家，表面是一种亲密的表示，事实上是为了监视臣下。对赵普也不例外。

赵丞相这次碰上这么一个说不清的事情，算是触了霉运。

太祖听了他的解释，感叹地说："你不妨就收了它。看他的意思，大概以为国家大事，全由你书生做主，所以格外厚赠哩。"说完便走了。

赵普匆匆送出，懊悔了好几天。后来看到太祖仍像以前那样优待他，才放下心来。

谁知一波未平一波又起。

赵普准备修建住宅，派亲吏到秦陇一带采购大号木料。亲吏将这些木料连成大型排筏，放流至汴京。亲吏趁此机会多购了一些，在都中出售，牟取暴利。

了解情况的百姓，凑在一起议论纷纷。

"王法只给我们百姓实行，哪里管得了赵相国？"

"赵相国和皇上，亲兄弟似的，这点路还不让？"

"皇上对赵相国言听计从，哪里离得了他？"

"当大官，好赚钱呀！"

三司赵訚闻知，一查，方知秦陇一带的大号木料，已有诏书明令禁止私人贩运。赵普暗地派人前去采购，已是违旨；贩卖牟利，便属不法。当即将详情奏知太祖。

太祖上次见了瓜子金，已觉赵普玩弄了自己，现又见他违旨贩木，明明是不把自己放在眼里，不知他背地还干了些什么？不禁大怒，但口中只说："他还贪得无厌吗？"

于是，命翰林学士拟定草诏，即日罢免赵普。幸亏前丞相王溥竭力规劝，才留诏未发。

不久，又发现赵普的儿子丞宗娶枢密使李崇矩的女儿为妻，违背了朝廷为防止臣下架空皇权不准宰辅大臣间通婚的禁令，太祖立即下令将他们分开。

翰林学士卢多逊及雷有邻，又揭发赵普受贿，包庇抗拒皇命的外任官员。这更是欺君罔上。卢多逊在太祖召问时，又谈及赵普学问不足，嫉贤妒能，排挤窦仪之事。太祖更加不满，完全失去了对赵普的信任。但太祖此时已冷静下来，这位功臣终究不同别人，他不再想下诏罢免，而是疏远他，使他自省，自己找台阶下来，以免伤了和气。

事情到了这步田地，赵普只得请求罢免自己。当即便有诏书下来，调赵普外出为河阳三城节度使。卢多逊被擢升为参知政事。

卢多逊的父亲卢仁，曾任少尹之职，当时已离职在家，得知卢多

逊揭发赵普，不禁长叹："赵普是开国元勋，小子无知，轻易诋毁先辈，将来恐不能免祸。我能早死，不至于亲眼看见，还算是幸运哩！"

不久，卢仁病逝，卢多逊服丧离位。后奉诏任职，深得太祖信任。

太祖又封弟赵光义为晋王，赵光美兼侍中，儿子赵德昭同平章事。

心忧国事，三度入相

贺怀浦是太祖原配贺皇后的胞兄，曾充当指挥使，现同出任雄州（今河北雄县）知州的儿子令图共守朔方。他见契丹主年幼，太后萧氏执政，以为有机可乘，便奏请马上出师，北取幽蓟。

太宗准奏，命曹彬为幽州道行营都部署，崔彦进为副，米信为西北道都部署，杜彦圭为副，率军直奔雄州；田重进为定州都部署，出师飞孤（今河北涞源）；潘美为云（今山西大同）、应（今山西应县）、朔（今山西朔州）都部署，杨业为副，出师雁门（治所在今山西代县）。宋军浩浩荡荡，开进辽境。

自二月至四月，大军旗开得胜。潘美军攻克云、朔、寰（今山西朔州东北）、应等州；田重进军攻占飞孤、灵丘（今山西灵丘）；曹彬军攻克涿州（今河北涿州）。

捷报不断传至汴都，百官皆贺，唯独武胜军节度使赵普上书进谏说：

伏睹今春出师，将以收复关外，屡闻克捷，深快舆情。然晦朔屡更，荐臻炎夏，飞挽日繁，战斗未息，劳师费财，诚无益也。伏念陛下自翦平太原，怀徕闽浙，混一诸夏，大振英声，十年之间，遂臻广济。远人不服，自古圣王置之度外，何足介意窃念邪谄之辈，蒙蔽睿聪，致兴无名之师，深蹈不测之地。臣载披典籍，颇识前言，窃见汉武时主父偃、徐乐、严安所上书，及唐相姚元崇，献明皇十事，忠言至论，可举而行。伏望万机之暇，一赐观览。其失未远，虽悔可追。臣窃念大发骁雄，动摇百万之众，所得者少，所丧者多；又闻战者危事，难保其必胜，兵者凶器，深戒于不虞，所系甚大，不可不思。臣又闻上古圣人，心无固必，事不凝滞，理贵变通；前书有兵久生变之言，深为可虑；苟或更图稽缓，转失机宜，旬朔之间，时涉秋序，边庭早凉，弓劲马肥，我军久困，切虑此际或误指纵。臣方冒死以守藩，曷敢兴言而沮众，盖臣已日薄西山，余光无几，酬恩报国，正在斯时，伏望速诏班师，无容玩敌，臣复有全策，愿达圣聪，望陛下精调御膳，保养圣躬，挈彼疲氓，转之富庶，将见边烽不警，外户不扃，率士归仁，殊方异俗，相率向化，契丹独将焉往。陛下计不出此，乃信邪谄之徒，谓契丹主少事多，可以用武，以中陛下之意，陛下乐祸求功，以为万全，臣窃以为不可。伏愿陛下审其虚实，究其妄谬，正奸臣误国之罪，罢将士伐燕之师，非特多难兴王，抑亦从谏则圣也。古之人尚闻尸谏，老臣未死，岂敢而谀，为安身而不言哉？冒渎尊严，无任待命！

这篇奏章才上，又有捷报再次飞传：田重进再破敌兵，攻入蔚州（今河北蔚县）抓住契丹监城使耿绍忠，将要进逼幽州。

太宗屡接三军捷报，更加意气风发，要将那幽蓟之地收复过来，因此不听赵普之言。

不久，曹彬军粮尽，退回雄州。太宗怕其受袭，以致前功尽弃，当下飞使传诏，令他不得轻敌，先引军和米信会合，加强兵力。曹彬遵旨行事，当时，崔彦进等听说潘美同重进已东下，准备攻取幽州，便劝说曹彬急取幽蓟，以免让两路偏师建功立业。曹彬心动，就与米信联络一气，带上干粮，径趋涿州。

契丹大将耶律休哥，初因手下兵少，不敢轻敌，专令轻骑锐卒，截宋军粮道，一面报知辽廷，速发援兵。萧太后接得耶律休哥禀报，

自统雄师，带上幼主，出师南援。耶律休哥听说援兵将到，便先至涿州，一面命轻兵扰乱敌人，搅得宋兵昼不安食，夜不安眠。又时值五月，赤日炎炎，渴热难当，宋军又累又饥，走了四天多，才至涿州。

忽有侦骑来报：耶律休哥已统兵前来。曹彬急令列阵迎敌。立刻又有探马报说："契丹太后萧氏及少主隆绪，尽发国中精锐，前来接应了。"宋营将士无不失色。因见兵士已疲，粮又将尽，曹彬便下令撤退。将士听后，一哄儿向南飞奔，兵马大乱。耶律休哥得知，出兵追击，一路杀来，直追至沙河。萧太后母子随后便到。耶律休哥请乘胜南追，追到黄河以北再撤回大军。

萧太后说："盛夏不便行军。宋军正犯此忌，所以兵败，我军怎么可以蹈其覆辙？不如乘此兵胜回朝，等到秋高马肥，再行进兵。"

曹彬等逃至易州（今河北易县），计点兵士，伤亡大半，只好拜本上奏，自行请罪。太宗览奏，心中忧愁，便下诏召曹彬、米信及崔彦进等还京、令田重进屯定州，潘美还代州（今山西代县），迁云、应、朔、寰四州吏民，分守河东、京西，各路布置尚未妥帖，契丹将耶律斜轸已率兵十万来攻。七月潘美军南撤，太祖只能对有关将领分别治罪。

端拱元年（988），赵普自任所入朝，太宗抚背抚慰，让留住京都。

尽管这位老臣有不尽人意的地方，但太宗还是不得不佩服他的先见之明。姜还是老的辣啊！

当时，有位叫翟颖的平民同知制诰胡旦关系十分亲密。胡旦让他改名马周，以唐马周暗比，出头攻击李窗，说他"赋诗饮酒，不知备边，旷职素餐，有惭鼎辅"等语。宋军败归，太宗心情不好，见得这"赋诗饮酒，不知备边"二语，不觉厌恶起李窗。李窗察知，即自请解职，被降为右仆射。

这时，太宗的二儿子襄王赵元侃，表请再任职于元老赵普。随之便有诏授赵普为太保兼侍中，吕蒙正同平章事。赵普这已是第三次入相了。

襄王的表请虽和赵普劝太宗传子不传弟有直接关系，但太宗也有他的打算。他想重用吕蒙正，恐其资望尚浅，难令群臣信服和拥护，所以特地让赵普扶他一段。

吕蒙正秉正敢言，元老赵普也不禁佩服。

当时，枢密副使赵昌言与胡旦、翟颖等狼狈为奸，曾让翟颖诽谤时政，并且历举知交数十人，推为公辅。赵普察知赵、胡私情，同蒙正联名奏请将其依法处罚。太宗准奏。还有郑州团练使侯莫、陈利用幻术得到太宗的喜欢，二人骄恣不法，居处穿戴，竟仿皇帝。赵普列举其十条罪状，请求处斩。太宗将他们发配到商州（今陕西商县）。赵普上书，坚持应将其处死。

"朕为万乘之主，难道不能庇护一个人吗？"太宗说。

"陛下如果不诛灭奸恶之臣，便是乱法。法是值得珍惜的，一竖子有什么足惜呢？"赵普叩首回答说。

宋代用以破坏城防工事的鹅鹘车
（模型）

太宗不得已，命将其诛杀。

太宗淳化元年（990），赵普上表辞职，太宗不答应。到第三次上表时，才将其出为西京留守，仍授太保兼中书令。赵普得知太宗是为安置吕蒙正才让他入相，所以不愿久任。加之他曾劝太宗，让在太平兴国七年（982）献银（治今陕西榆林东南）、夏（治今内蒙古乌审旗南白城子）、绥（治今陕西绥德）、宥（治今内蒙古鄂托克旗东南城川古城）四州而居住在京师的李继捧，归镇夏州，招抚降辽的弟弟继迁；

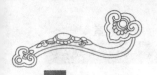
李继捧非但不能抚弟，反而与李继迁同谋，尝为后患。世人多说："纵出柙，由普主议。"赵普心中更加不安，于是称病辞职。

到西京留守的诏命下来，赵普还是再三上表辞让，太宗就赐给他一道手谕："开国旧臣，只卿一人，不同他等，无至固让，俟首途有日，当就第与卿为别。"

赵普捧着手谕痛哭起来，随即入朝对答，太宗赐座左侧。赵普多谈及国家之事，太宗连连点头。约过了一个时辰，赵普才退了出来。

将要出都，太宗亲至赵普府第，握手叙别。

功臣逝去，得失皆有

淳化二年（991），赵普因自己年迈多病，让留守通判刘昌言奉表到京，请求辞官。

太宗派中使前来抚问，授赵普太师之衔，封魏国公，给以宰相的俸禄，并让他病好之后，再来京朝拜。赵普感激涕零，支撑着又去办公，以图报效。

但病弱衰老的躯体，使这位功臣不得不考虑将要迈入的那个神秘世界。一想到这里，他便恐惧难安。并非他怕死，而是死后不知怎么样去面对早已在阴间看着他的杜太后和秦王廷美。这个难以抹去的想法困扰着他，使他每夜梦魇，口呼"太后娘娘""秦王殿下"，一时申辩，一时哀求，夜夜难安。从此以后，他精神恍惚，渐渐地形销食少，卧病不起。刚一合眼，就看见秦王廷美怒容满面，坐在床侧向他讨命。实在无法，只得请来道士，设醮诵经，上章襄谢。道士问为什么事他又不便说明，想了一会儿，就从床上坐起，要了纸笔，写着：

情关母子，弟及自出于人谋；计协臣民，子贤难违乎天意。乃凭幽祟，遽呈强阳，瞰臣血气之衰，肆彼魔呵之厉。信周祝霾魂于鸱，何普巫雪魄于雉经。倘合帝心，诛既不诬管蔡，幸原臣死，事堪永谢朱均。仰告穹苍，无任祈向！

写完后，末署自己姓名，亲自密封，令道士点火焚祷。

道士遵命持焚，火刚烧及信函，忽然一阵狂风吹入法坛将它刮去。

后来，有一人在朱雀门捡到一个信函，两边像是被火烧焦，中间却好好的。拆开一看，原来是赵普祷告上天的表章，字迹丝毫未曾毁坏。此事于是传遍京城。

赵普祷告之后，依然无验，病势一天天加剧。终于无力挣扎，在一天晚上，这位在政治舞台上屹立了 50 年的政治家，怀着恐惧和不安离开了人世，终年 71 岁。这一年已是淳化三年（992）了。

讣音传到朝廷，太宗大为伤心，对近臣说："赵普事奉先帝，并且与朕是故交，能断大事。曾经对我有不足的地方，你们应该也知道，但自从朕即位以来，他对朕很是忠心，可算是一个社稷之臣。今闻他溘然长逝，心中怎不悲痛！"

于是辍朝五日，为赵普发丧，赠尚书令，追封真定王，谥曰忠献。太宗亲自提笔撰写神道碑铭文，作八分书相赐，并派右谏议大夫范杲摄鸿胪卿前去治丧，赙赠绢布各五百匹，米面各五百石。

赵普少习吏事，缺少学问。太祖曾劝他钻研学问，此后才手不释卷。身居相位以后，吃饭一毕，常常闭门读书，第二天办公，取决如流。他晚年爱看《论语》。去世以后，家人整理他的遗书，书箱中只藏有两本，这便是《论语》二十篇。

赵普曾对太宗说过："臣有《论语》一部，半部佐太祖平定天下，半部佐陛下致太平。"

他又善于强谏。太祖曾怒扯他的奏章，掷之于地，赵普脸色不变，跪着一一将碎片拾起拿回，粘贴完整，第二天又上奏上去。最后太祖感悟，便按他说的去做。

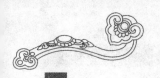

只是廷美的冤狱，确由他一人炮制，时人多有批评。

赵普的儿子赵承宗为羽林大将军，曾知潭、郓二州，颇有政声；赵承煦为成州团练使。他又有两个女儿，皆已成年，矢志不嫁，送父归葬之后，自请为尼。太宗再三劝阻，也不能使她俩改变主意，于是赐长女名为志愿，号智果大师；次女名为志英，号智圆大师。两女自建家庵，奉佛终身。

太宗死后，身为皇太子的元侃继位。念及赵普之功劳，又追封他为韩王。赵普是一个有一定功劳的历史人物，他所参与制定的方针政策，得失皆有，深深地影响着赵宋一代。作为一代名相，他胸中缺少学问，妨碍着他作出更多的贡献，不能不说是一个遗憾。

第 八 章

谋断有余，晚景凄凉
——寇准

寇准（961—1023）北宋政治家、诗人。字平仲，华州下邽（今陕西渭南）人。太平兴国五年进士，授大理评事，知归州巴东、大名府成安县。为人刚直，因多次直谏，善于谋断，逐渐被皇帝重用。太宗时官至参知政事。后因参与政治斗争，遭排挤被贬，晚年凄凉，1023年闰九月七日（10月24日）病死于雷州。皇祐四年，诏翰林学士孙抃撰神道碑，帝为篆其首曰"旌忠"。寇准善诗能文，七绝尤有韵味，今传《寇忠愍诗集》三卷，及《寇莱公集》。

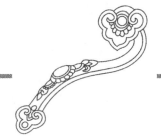

年少有成，颇有政绩

寇准（961—1023），字平仲，华州下邽（今陕西渭南）人。祖先曾居太原太谷（今山西太谷）昌平乡，后移居冯翊（今陕西大荔），最后迁至下邽。

寇准生于名门望族，其远祖苏忿生曾在西周武王时任司寇，因多次立下战功，遂以官职为姓。曾祖父寇斌，祖父寇延良，都饶有学识，因遭逢唐末乱世，均未出仕。父亲寇湘博古通今，擅长书法、绘画，在诗词文章方面也很有声望，曾于后晋开运年间（944—946）考中进士甲科，后应诏任魏王记室参军（王室秘书），因屡建奇功，被封为三国公（即燕国公、陈国公、晋国公），追赠官职至太师尚书令（即宰相）。

太平兴国五年（980），年仅19岁的寇准来到京都汴梁（今河南开封）应试，考中进士甲科，并取得参加宋太宗殿试的资格。当时，因宋太宗多喜录用中年人，有人便劝寇准多报几岁年龄。寇准却严肃地说："我正思进取，岂可欺蒙国君！"结果，寇准凭借满腹经纶，一试得中，授任为大理寺评事（虚衔），实任大名府成安县（今河北成安）知县。

同年（即同榜中甲科进士者）有李沆、王旦和张咏。这四人后来皆成为北宋名臣。李、王、寇三人官至辅相，而张咏则做了封疆重吏。

寇准任成安知县期间，严格按照国家规定征收赋税和徭役，禁止巧立名目加额摊派，大大减轻了人民的负担。每当收税和征役时，他都不许衙役横行乡里，欺压百姓，而在县衙前张贴布告，上边写清应征对象的姓名、住址。百姓见此，便主动前来缴税和服役。

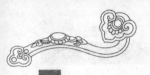

寇准还奖掖耕织，鼓励垦荒，致使成安县境田野悉辟，百姓安居，受到人民的交口称颂。由于他政绩卓越，数年间屡屡升迁。

刚直谏言，有如魏征

宋太宗在位之际，时常诏命群臣直言进谏。一次，寇准上朝，恰逢众官都言与契丹议和。他听过之后，当即提出异议：契丹屡屡犯我边疆，只应加派劲兵驻守，不可与之议和。他亟陈利害，说得十分在理。因此，寇准受到太宗赏识，很快被擢升为枢密院直学士（掌最高军事机关中的机密文书）。

宋太宗在处理重大问题时，常常征求寇准的意见，他也常能直言陈述。一次，寇准奏事，因言语不合，惹得太宗发怒，起身就要退朝；寇准却上前挽（扯）住衣角，让太宗坐下，继续劝谏，直至事决之后才罢。太宗息怒后，细思寇准忠直举止，甚是嘉许。说："朕得寇准，犹如唐太宗得魏征。"

淳化二年（991）春，天大旱，又闹蝗灾。宋太宗召集大臣，议论施政得失。大臣多推说"天意"，虚辞搪塞。寇准却借题发挥说："《尚书·洪范》有言，天与人之间的关系，犹如形与影、音与响一样。大旱的征兆，似是谴责刑罚不当。"太宗一听，满脸怒气，起身退朝。

过了一会儿，宋太宗稍稍心平气和，又传命召见寇准，问："卿言刑罚不当，究竟有什么根据？"寇准说："愿把中书省、枢密院二府长官召来，我当面评议得失。"

宋太宗立即宣召二府长官王沔等人。寇准面对机要大臣，严辞斥责说："此前不久，祖吉、王淮枉法受贿。祖吉赃少，竟被判处死刑；王淮监守自盗，侵吞国家资财多至千万，却因是参知政事（副宰相）

王沔之弟，只受杖刑，事后照样为官。这不是执法不公吗？"太宗当即质问王沔有无其事，王沔连连叩头谢罪。太宗喝斥，大煞了二府的邪气。

从此，宋太宗更认为寇准忠正廉直，可委以大任，先后授任为左谏议大夫（谏院最高长官）枢密副使（枢密院副长官）等职。不久，又把用通天犀制作的两条珍贵玉带赐给寇准一条。

奸臣当道，屡遭谗言

淳化二年（991）九月，寇准任同知枢密院事。其间他与知院（枢密院最高长官）张逊不和。

淳化三年（992）夏末，寇准与同僚温仲舒并马出郊，行到途中，一个疯子突然来到二人马前，倒头便拜，口中狂呼"万岁"。寇准对细枝末节一向粗疏，未曾把乡野偶遇放在心上。

不料，此事被张逊得知，他便唆使心腹王宾向宋太宗告发，并借机添油加醋，肆意攻击寇准心存非分之想。

宋太宗一看奏章，龙颜大怒，立即传讯寇准，斥责他居心叵测。

面对飞来的横祸，寇准挺身直辩。说："这是有人故意陷害。试想，狂徒跪在臣与温大人两者之前，为什么张逊却指令王宾独奏寇准有罪？"张逊让王宾详析其罪；寇准便让温仲舒作证洗冤。双方在朝廷上互揭阴私，相持不下，真如唇枪舌剑，辞色甚厉。

太宗心恨双方有失大臣体统，一怒之下，把张逊贬为右领军卫将军，而贬寇准为青州（今山东益州）知州。

此后，宋太宗每每想起寇准的逆耳忠言，常追忆不已。但出于皇帝至尊至上的虚荣心，又不便承认先前错贬大臣。一次，太宗语出双

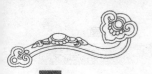

关地问："寇准在青州过得快乐吗？"君侧小人明白这是有意召回寇准，便不怀好意地说："青州是个富庶地方，寇准为一州之长，生活怎能不快乐呢？"过了几天，太宗再次这样询问左右。有人乘机进谗："听说寇准天天喝得大醉。陛下如此想念寇准，不知寇准是否也想念陛下！"

太宗逐渐对寇准心灰意冷，默默不语。

既直有谋，拥立太子

寇准奉诏从青州回到京师，立即觐见太宗。

当时，太宗已近风烛之年，为立太子的事情，他心烦意乱，焦虑不安。此前有冯拯等人上疏，请早立太子，太宗迁怒，把他们都贬到岭南去了。此后朝廷内外，无人再敢提起立太子这件事。此时太宗又患脚病，疼痛难耐，真是身心交瘁，苦不堪言。在这种情况下，太宗急需一个情投意合的知心者来与他做伴，并向他倾吐自己的苦衷，以求得心理的平衡。况且立太子的事情，尚未确定，也需要有人帮助谋划决断。

一天，太宗闻报寇准上殿进见，便急令宣入。待寇准参拜完毕，太宗先让他看看自己的脚病。随后赐座，并问寇准："爱卿为什么来得这样迟缓？"只这一句似嗔若怪的问话，已足见太宗急切盼望寇准还朝相见的急切心情。此时寇准也思绪纷繁：尽管无过遭贬青州，太宗有负于他，但见太宗对他如此挂念，也不便多言，只是尊中带讽地说了一句："臣不见您的诏书召还，是不敢擅回京师的。"

太宗对寇准的回答，毫无介意，只想尽早听到寇准关于确立太子的意见，便马上转换话题。他问寇准说："爱卿看我这些儿子当中，谁可以继承皇位呢？"

寇准此时虽然心中已有人选，但不知太宗心中倾向于哪一个，因此不便直截了当回答太宗的问题。于是他只给太宗提出一个选立太子的原则。寇准回答说："陛下为天下人选择君主，与妇人、宦官商量，是不行的；与近臣商量，也不行；只要陛下您能选择符合天下人所期望的人，就可以了。"

太宗听罢，低头沉思良久，然后屏退左右，对寇准说："你看襄王元侃可以吗？"

实际上寇准心中所想的也正是襄王元侃，于是赶紧说："知子莫若父。陛下既然认为可以，愿您当即决定。"

立太子的事，君臣二人就这样议定了。

寇准因协助太宗确立了太子的人选，使太宗了却了一桩心事，于淳化五年（994）九月，拜寇准为参政知事（副宰相）。

至道元年（995）八月，宋太宗任襄王元侃为开封尹，改封寿王，立为皇太子。

太子到太庙参拜行礼归来，京城百姓都夹道观望，欢呼跳跃，说："真是个少年天子！"太宗得知后，心中不高兴，说："人心一下子都归了太子，那将把我摆在什么地位呢？"

太宗老皇帝此时有如此心境，真是出人意料。寇准担忧太宗出尔反尔，把事情弄糟，便急中生智，立刻再拜并祝贺说："太子众望所归，是陛下的决策英明，是国家百姓的洪福。"太宗听寇准如此一说，觉得自己在臣民心中的地位，仍在太子之上，便马上兴奋起来。又入后宫，把此事说与皇后、嫔妃知晓。后宫的人又都出来庆贺。太宗乘兴命人摆宴，与寇准共饮，待醉方休。不久，寇准又加官给事中。

寇准直则直矣，但鉴于以前的教训，这次在确立太子的问题上，则采取巧言顺君、抛砖引玉的方法和原则，劝诱太宗立襄王元侃为太子，并巩固了元侃的太子地位。

寇准既直且谋，被后人传为美谈。

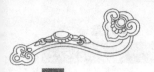

怀柔施政，安定边民

至道年间（995—997），寇准还曾安抚秦州（今甘肃天水一带）的番民动乱。

从唐末直至宋初，渭水南北住着一批少数民族，古称"番民"。宋太宗晚年，番民时常骚乱。为经略此地，太宗委派大臣温仲舒做秦州知府。温仲舒莅任后，采取驱逐政策，把渭南的番民一律逐到渭北，还修筑栅栏、堡垒，用以阻绝番民的来往。番民对此非常不满，时常暗思寻隙滋事。温仲舒却自以为得计，还撰写奏章向朝廷邀功。

宋太宗阅罢温仲舒的奏章，不禁忧心忡忡，赶忙召来寇准，说："古代羌戎尚杂处于伊水、洛水之间。这些番民易动而难安，一旦驱动，或将重启骚乱，危害关中安宁。"

寇准熟谙古今之变，遂旁征博引地说："唐朝的帝王注重汉、番各民族之间的友好交往，大臣宋璟等也主张不赏边疆，终于形成边疆的安定局面，也出现了开元年间的太平盛世。而今，封疆大吏贪赏邀功，以致轻启边衅，怎能不招致祸患呢？此事大可警惕！"

太宗听罢，忙把温仲舒调往凤翔府（今陕西宝鸡中部），改派寇准前往渭北安抚番民。

寇准到了秦州，把当地番民首领聚集到一起，经过多次协商，议定迅速拆除渭水南岸的栅栏、堡垒，恢复了番民的帐篷庐舍，缓解了当地各族人民之间的关系。从此，秦州境内出现安定、和平的局面，各族人民得以和睦相处。

遭劾力辩，再次被贬

至道二年（996），宋太宗在京师南郊兴行祭祀天地的大礼。事后，中外官员皆得加官晋爵。寇准身为副宰相，其所举荐的官员多得到重用，其中也难免有偏私之处。比如，彭惟节位次一向在冯拯之下。此后却晋升至冯拯之上。冯拯不服，仍列衔在彭惟节之上。寇准很是愤恨，指斥冯拯扰乱朝制。事关名利，冯拯怒不可遏，竟也弹劾寇准擅权，且列举出岭南任官不平的几件事。

宋太宗对此大为不满。参知政事张洎原与寇准交好，如今揣度太宗迁怒寇准，害怕受他牵连，因而落井下石，检举寇准诽谤朝政。

就在这时，广东转运使康戬又上言：宰相吕端、参知政事张洎、李昌令皆由寇准引荐升官，吕端与寇准结为至交好友，张洎一向曲意奉迎寇准，李昌令软弱不堪，因而寇准得以随心所欲，变乱经制。

宋太宗不禁龙颜大怒，回头责备宰相吕端。吕端见情势紧迫，便委婉地说："寇准刚烈任性，臣等不欲反复争辩，只怕有伤国体。"说完，一再叩拜谢罪。

及至寇准上朝，太宗问及冯拯所举之弊端。寇准毫不相让，在朝堂上奋力自辩。太宗喝斥："你在朝堂上强辩，有失执政体面。"寇准仍力争不已，并抱来中书省授官的卷宗，在太宗面前大论是非曲直。太宗见此光景，觉得无法忍耐，叹息说："鼠雀尚知人主之意，何况大臣呢？"

那年七月，宋太宗贬寇准为邓州知州；第二年，迁官工部侍郎；后又历任河阳、同州、凤翔、开封等知州、知府。

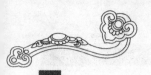

名利所困，违心奉迎

天禧元年（1017），宰相王旦病笃。宋真宗将王旦抬入宫中，征询日后的施政纲领，真宗问："爱卿病情万一不测，朕将天下委托于谁呢？"王旦费力地举起笏板，奏说："以臣之见，皆不如寇准贤能。"宋真宗说："寇准性刚褊，请再思其余。"王旦摇头说："他人可否，臣实不知。"这实则是说，宰相一任，非寇准莫属。

当年七月，王旦因病辞世；八月，进王钦若为相。

天禧三年（1019）三月，巡检朱能与内侍周怀政通谋，伪造"天书"，置于长安西南的乾佑山。当时，寇准已调往此地，任永兴军长官。宋真宗欲得"天书"，可又受到孙奭等人的谏阻，极言其虚诞无稽。当时，有人主计说："开始最不信天书的是寇准，如果让寇准进献天书，官民才能信服。"于是，真宗命周怀政晓谕寇准。

起初，寇准实不愿做这荒诞不经的事情，后经其婿王曙从中怂恿，方才勉为其难。当时，有个门生鉴于朝中群小盘结，人情险恶，况且寇准又过于刚正不阿，日后终难自脱官场横祸，遂向前献策说："寇公行至中途，假托有病，上书坚决请求补为外官，此为上策；倘若入见，立即揭穿天书之诈，尚可保全平生正直之名，此为中策；如果再进中书省为相，是为最下策。"寇准身处名利之间，也难以自拔。何况，作为一个政治家，当政弄权，犹如将军驰马挥戈，雄鹰在空中展翅翱翔，乐在其中。但寇准最终谋错一筹，违心地到朝中从事奉承之能事。

宋真宗见寇准入献"天书"，自然大喜过望，亲自将他迎入禁中。六月，王钦若有罪，免相，遂以寇准为宰相，兼任吏部尚书。

进献"天书"是寇准一生最大的失策。此事大大降低了他的声望，使他从此陷入难以自明的是非旋涡之中。当时，陕州有个著名隐士、诗人魏野，曾就进呈天书一事，写诗讽刺寇准。寇准对此追悔莫及，曾写律诗《赠魏野处士》，表达了自己复杂的感触。其诗说：

> 人闻名利走尘埃，惟子高闲晦盛才。
>
> 欹枕夜风喧薜荔；闭门春雨长莓苔。
>
> 诗题远岫经年得，僧恋幽轩继日来。
>
> 却恐明君征隐逸，溪云难得共徘徊。

诗中，寇准敢以"名利"二字自责，足见其坦荡的胸怀。

身处一隅，忧国忧民

天禧四年（1020）八月，寇准启程去道州贬所。路途虽是风险不断，因赖其贤相英名，终能遇难呈祥，平安到达道州。

自从莅任视事，寇准每天清晨早起，身着朝服升堂理政。公务之余，他特地起造了一座藏书楼，置放经、史、佛、道等书，每遇闲暇，便手不释卷，习诵不已。每逢宾客到来，便与之谈笑风生。观其作为，似无当初庙堂显贵的际遇，也无那些迁客骚人的感叹。

实际上，寇准的心潮无时不在汹涌回荡。范仲淹所谓"居庙堂之高，则忧其民；处江湖之远，则忧其君"，正是此时寇准心声的真实写照。忧国忧民的政治情怀，常常驱使他翘首北望，向往日后再次秉政，施展自己的才学和抱负。他在道州时所写的《春陵闻雁》，就倾注了他难以名状的惆怅心情，其诗云：

> 萧萧疏叶下长亭，云澹秋空一雁经。
>
> 唯有北人偏怅望，孤城独上倚楼听。

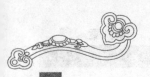

　　然而"怅望"总归"怅望"，在云淡秋高时节，萧萧疏叶只有簌簌落地一片，北归宏愿充其量只能成为憧憬和梦想，挥斥朝堂也只能是对往事的回味而已。

　　乾兴元年（1022）二月，宋真宗病危。起初，寇准罢相之后，目昏耳聩的真宗并不知道他月内三黜，居然还问："我为什么久久不见寇准？"群臣畏惧丁谓权势，无人敢如实陈奏。及至临死，真宗又想起当年贤相的谆谆叮咛："唯独寇准、李迪可托大事。"

　　丁谓见李迪现为首辅，与寇准心心相印，恐怕日后大局陡变，李迪仍将寇准荐举于新皇，与之共掌朝政。于是，丁谓便勾结刘皇后，在当年四月，再贬寇准为雷州司户参军。与此同时，又凭空诬陷李迪私结朋党，将他贬为衡州（今湖南衡阳）团练使。

　　丁谓时刻想着要将寇、李二人置于死地而后快，便处心积虑想出一条毒计：在传达刘皇后懿旨时，故意在中使（太监）马前悬一锦囊，内插一宝剑，并有意使剑穗飘在外，以示将行诛戮。李迪刚直，一见这般场面，误以为降旨赐死，便主动要自戮。幸亏其子及宾客悉心救护，才没有枉送性命。

　　中使来到道州，也想如法炮制，加害寇准。此时，寇准正与郡中僚属在府内聚饮。众人一见中使杀气腾腾的样子，十分惊惶，无不手足失措。寇准却泰然自若地对中使说："朝廷若赐寇准死，我须亲看圣旨。"中使窘态百出，只得如实宣读：敕贬寇准为雷州司户参军。寇准异常镇定地叩拜于庭，然后升阶继续宴饮，直至日暮才罢。

　　第二天，寇准打点行装，再赴雷州贬所。

晚景凄凉，逝后加荣

乾兴元年（1022），寇准左迁到雷州（今广东海康）。年逾花甲的寇准，身处偏僻荒远的异乡，一旦回首往昔，身世之感，忧愤之情，不时地撞击着他的心扉。他曾赋《感兴》诗一首，道出了自己的心绪：

> 忆昔金门初射策，一日声华喧九陌。
>
> 少年得志出风尘，自为青云无所隔。
>
> 主上抡才登桂堂，神京进秩奔殊方。
>
> 墨绶铜章竟何用，巴云瘴雨徒荒凉。
>
> 有时扼腕生忧端，儒书读尽犹饥寒。
>
> 丈夫意气到如此，搔首空歌行路难。

回想昔日金榜题名、踌躇满志，更加重了如今满目苍凉和忧思满怀的悲凉。此情此景，怎不令他扼腕生愤，大声疾呼地控诉宦途的艰难及险恶！

自古庙堂之上虽然不辨忠奸，而江湖人间却能公正评判是非曲直。

丁谓自从排挤走李迪一班清廉大臣，又将寇准远流于绝地，之后更是横行无忌，为所欲为。于是，京师官民憎恶丁谓，怀念寇准，编了几句顺口歌谣："欲得天下宁，当拔眼中钉；欲得天下好，莫如召寇老。""钉"丁谓之姓的谐音，寇老即是对寇准的敬称。

千夫所指，无疾而死。寇准再贬雷州不到半载，身为万众眼中之钉的丁谓也获罪被贬。

乾兴元年六月，丁谓因伙同内侍雷允恭擅自改动建造皇帝陵墓的计划，获罪免官。不久，又查出他勾结女道士刘德妙欺君罔上，语涉妖诞。两罪并罚，遂贬他为崖州（今海南岛）司户参军。

丁谓到崖州贬所，中途必经雷州。寇准闻讯，于是遣人携带一只蒸羊，送到雷州边境，交与丁谓，一则表达自己的胸怀，另外也有拒之于门外的意思。丁谓远窜南国，举目无亲。值此长途跋涉、心力交瘁之际，原想在雷州小憩几日。寇准的家僮获悉此意，争欲杀死此贼。寇准不愿以私仇坏国法，便将家僮、衙役全部关在府内，使之尽情饮宴、赌博。

丁谓察知这般情况，只得惊惶而过。

宋仁宗天圣元年（1023），寇准贫病交加，卧倒在病榻之上。此时，他曾以《病中书》为题，再写一首描写志行和遭遇的律诗：

> 多病将经年，逢迎故不能。
>
> 书惟看药录，客只待医僧。
>
> 壮志销如雪，幽怀冷似冰。
>
> 郡斋风雨后，无睡对寒灯。

他的品操和情怀如旧，可是心已经冷了！

该年九月，享年63岁的寇准，终于走完荆棘丛生、蜿蜒坎坷的人生之路，与世长辞了！

寇准死后，才接到宋仁宗任命寇准为衡州司马的诏书。其妻宋氏请求归葬西京洛阳，仁宗准奏。

寇准的灵柩北归，取道公安（今湖北公安）等县。沿途官民设祭哭拜，路旁遍插竹枝，其上悬挂纸钱等祭品。一月之后，枯竹生笋。人们议论纷纷，这是寇公的高风亮节感化所至。因此，路人争为修祠立庙，年年岁岁，按时祭奠。雷州所修庙宇称"竹林寇公祠"，道州还建起寇公楼。

寇准谢世11年，即明道二年（1033），宋仁宗恢复寇准"太子太傅""莱国公"官爵，赠官中书令，谥号"忠愍"。

皇祐四年（1049），宋仁宗又令翰林学士为寇准撰《莱国寇忠愍公旌忠之碑》的碑文，宋仁宗御笔为碑首篆书"旌忠"二字，以示嘉奖。

第 九 章

元初良相，遗恨长逝
——耶律楚材

耶律楚材（1190—1244），蒙古帝国大臣。字晋卿，号玉泉老人，法号湛然居士。出身于契丹贵族家庭，生长于燕京（今北京），世居金中都（今北京），是辽太祖耶律阿保机的九世孙。自幼学习汉籍，精通汉文，博及群书，旁通天文、地理、律历、术数及释老医卜之说。初仕金，成吉思汗十年（1215），蒙古军攻占燕京后为其所用。窝阔台去世之后，耶律楚材就不再被重用了。耶律楚材辅佐成吉思汗和窝阔台治理国家将近30年，他谋略过人，胸怀远大，为元朝政权的建立和巩固作出了巨大贡献。后来看到国乱政颓，于1244年抱恨离世。耶律楚材生前有很多诗文写作，后人结集为《湛然居士集》。

生逢乱世，博学多才

耶律楚材（1190—1244），契丹族，字晋卿，生于金朝中都燕京（今北京），为辽东丹王突欲的八世孙。其父耶律履，本是金代的学者，因其品学兼优，曾仕金世宗，官至尚书右丞。耶律楚材3岁时，父亲去世，这对他的成长有很大影响。幸得其母杨氏对他进行良好的书礼教育，加上他天资聪颖，自幼勤学苦读，博览群书，待至青年时期，就已在天文、地理、律历、术数等方面有很深造诣。他深谙儒学，修以佛道，精于医卜之说。他还多才多艺，善抚琴，好吟咏。由于很早就接受"汉化"，工于汉文，所以，用汉文写作挥洒自如，而且才思敏捷，下笔成文，出口成章，极其自然纯熟。

耶律楚材成长在乱世之中。当时，整个中国正处在元朝大一统之前的列国纷争阶段，大金国最为强盛，占据中原，统治着北中国。但时过境迁，它的全盛时期已过，国势一年不如一年。南宋王朝虽然偏安江左，但一刻也没忘记北上收复失地，不时地向北方挑战。立国甘宁陕的西夏，也对称霸中国怀有野心，乘机与南宋结交，在西北方向侵扰，真是诸强对峙，战事频生。此时，金国西北部的附庸蒙古族也乘机崛起，铁木真自被本部族推举为首领后，经过连年的征战，统一了蒙古，于金章宗太和六年（1206）成为全蒙古的"汗"（皇帝），尊称成吉思汗，是为元太祖。这个新起的蒙古，更是野心勃勃，在北方不断地向金国发动进攻。金国对其咄咄逼人之势难于应付。

就在这一年，耶律楚材17岁，他可以出仕了。按照当时金国的规矩，他这个宰相之子享有赐补省掾（协助政府部门长官掌管文书、处理日常事务）官职的特权。可是他本人希冀参加正规的进士科考试。

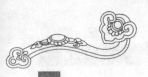

章宗认为旧的制度虽然不可更改，但考试更可以发现人才，于是敕令他应期当面考试。在应试的 17 人中，耶律楚材独领风骚，掾史之职自如探囊取物。从此，他便步入政界，他还曾任职开州同知。

成吉思汗的蒙古军事政权确立后，靠着他强大的军事实力，开始向四邻征讨。为了免于受到西夏的牵制，成吉思汗决定在攻金之前，先用兵西夏。1205—1209 年，成吉思汗对西夏攻伐三次，大大地削弱了西夏的力量，使之没有出外征战的能力了。接着，经过周密部署后，从 1211 年起，成吉思汗便大举进兵金国。已走下坡路却一意图谋压服南宋的金国，哪里是成吉思汗的对手，蒙军"所至都邑，皆一鼓而下"；"凡破九十余郡"，直到兵临金国中都燕京城下。

成吉思汗十年（1215）五月，围攻燕京年余的蒙军，一举攻克燕京，右丞相完颜承晖自尽殉国，耶律楚材眼看金朝的大势已去，于是在城陷之后，便"将功名之心束之高阁"，空怀经天纬地的才识绝迹于世，弃俗投佛，在万松老人（行秀）门下钻研佛理，一去三年。艰难的时世，磨砺了耶律楚材，他等待着时局的发展，等待着实现壮志的机会。

成吉思汗十三年（1218），机会终于来了。成吉思汗既定燕地，逐渐感到人才的重要，这时他听说耶律楚材是位难得的人才，而且又是被金国所灭、与金国有仇的原辽国宗室后裔，便遣人求之，问询治国大计。耶律楚材虽然修身养性，过着隐居的生活，然而他一刻也没忘掉干戈扰攘、生灵涂炭的神州大地，极想依凭靠山，伸出双手去拯救水火中的苍生。得知有雄才大略的成吉思汗要召见他，感到是一个图谋进取的好机缘。他二话没说，即刻应召前往，以便使自己的盖世才华得以施展。有一首自咏诗可以表明他此时的心迹：

> 圣主得中原，明诏求王佐。
>
> 胡然北海游，不得南阳卧。

耶律楚材身材魁梧，髯长鬓美，极其勇武。回答成吉思汗的询问，更是声音洪亮而流畅。成吉思汗说道："辽金世仇，我要为你洗雪国仇家恨。"耶律楚材的回答十分得体："那是以前的事了。我的祖父已经入侍金朝，既然做了臣下，怎敢和君主为仇？"成吉思汗对他的回答非常满意，认为这个人重君臣之情，又遵守道义，是值得信任的。便把他留在身边，以备顾问。耶律楚材才学渊博，受到成吉思汗的宠信，并亲切地称他"长胡子"。耶律楚材此时想的是，历史上董仲舒辅佐汉武帝以"文治"，使得汉家气势恢宏。如今，他也找到了这样的机会。

远涉随征，暂不得志

成吉思汗十四年（1219），蒙古军队在对自己的宗主国金国实施了一系列痛击之后，在军事上完全取得了主动，于是，除仅用小股兵勇继续对中原金地蚕食鲸吞外，还集中精锐之师，进行了有名的西征，攻打花剌子模国。

成吉思汗对西方的征讨，早在1204年就开始了。那时主要是征服西辽国。1218年，成吉思汗最终灭掉西辽，使之领地尽归了蒙古。在征西过程中，中亚大国花剌子模国，曾与西辽结过盟，使蒙古与花剌子模两国结下仇恨。近来，花剌子模国王摩诃末又背信弃义，杀死了蒙古派出的使者和骆驼商队，两国又生新恨。这旧恨新仇加在一起，使成吉思汗发誓，非灭掉花剌子模国不可。

在西征开始的前一年春天，成吉思汗专程派人到燕京，召请耶律楚材随军西征。耶律楚材十分激动，认为这是锻炼自己的一个机会。因此，他即刻收拾好琴剑书籍，慨然上路。燕京到成吉思汗的军营相距甚远，且路势险要，但所有这些，都未能阻止耶律楚材决心报答亲顾之恩、践平生壮志的宏心伟愿。他出居庸关，过雁北，穿阴山，越沙漠，经过一百余天的长途跋涉，最终如期到达了目的地。

成吉思汗西征出师的这一天，虽时值夏六月，却忽然狂风骤起，

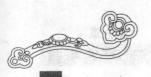

阴云密布，转瞬间大雪飘飘。成吉思汗有些疑惧，不知此为何兆。于是立即把耶律楚材召至帐前，卜问吉凶。耶律楚材绝非庸俗的阴阳先生，他具有相当高的科学知识，他了解日月星辰运行规律，可以测知月蚀之期，可以修订历法。此刻，他没有简单地按大自然的规律去解释天象，而是以一位精明的政治策略家的思维，把对这种天象的解释添加上政治内容。他巧妙地利用包括成吉思汗在内的蒙古将士对天文、星象知识了解得很肤浅，又非常迷信的心理，以及蒙古军人对花剌子模国的行为义愤填膺、誓死雪耻的决心，毅然断言："隆冬肃杀之气见于盛夏，这正是我主奉天申讨，克敌制胜的好兆头。"成吉思汗希望的就是这种吉相。于是发10万大军，离开也儿的失河（今额尔齐斯河），奔西南越过天山，向花剌子模国杀去。1222年，蒙古军占领了整个花剌子模和中亚。可谓兵锋西指，所向无敌。

耶律楚材像

成吉思汗这个十分骁勇的"一代天骄"，面对西征的赫赫战果，自然是崇武轻文。耶律楚材也明白这一点，意欲以文治国，那就应该不失时机地利用每一个"舞文弄墨"的机会，向君主灌输文治天下，绝不可轻视文士作用的道理。西夏人常八斤因善造弓弩而受成吉思汗的重用，这更加重了这位武夫的自恃。他不把文臣放在眼里，常常当着耶律楚材的面嘲讽说："国家正是用武之际，像你这样的儒者，到底有什么用处？"耶律楚材当仁不让，针锋相对地回敬他："制弓须用弓匠，制天下者难道不用制天下匠？"这机智的词锋、巧妙的辩难，引起了成吉思汗内心的深思，是啊，靠武士虽然可以夺得天下，然而"制天下"时还真得"制天下匠"不可，成吉思汗内心折服。此后，他便常对其子窝阔台说："此人（指楚材）是天赐我家，以后军国庶政，当悉委他处置。"

在进军花剌子模国过程中，耶律楚材曾力主并负责在塔剌思城

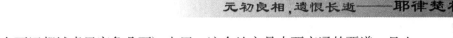

（在西辽都城虎思窝鲁朵西）屯田。这个地方是中西交通的要道，且土地肥饶，经济昌盛。这种从军事活动转变到恢复发展社会经济，这一恢复发展后的社会经济之举，对于只知道打仗、掠夺财富的蒙古军事贵族来说，意义重大。蒙古军也正是以此为基础继续西进的。

1223 年夏天，成吉思汗回师驻军铁门关。据说当地人送来一只怪兽，独角，身形似鹿，尾巴同马，身深绿色，嘶鸣声咿唔又似人言。成吉思汗感到惊奇，询问耶律楚材。耶律楚材便从此次西征军事、政治目的均已达到，应尽快结束战事的大前提出发，依据古书上的介绍，借题发挥说："这种兽名叫角端，它的出现表示吉祥。它能作人言，厌恶生杀害命。刚才的叫意是大汗你应该早点回国了。皇帝是上天的长子，天下的老百姓都是皇帝的儿子，愿大汗秉承上天的旨意，保全天下老百姓。"成吉思汗听罢，立刻决定结束此次西征，班师回国。

1224 年，成吉思汗仍取道原来的路线返回。在成吉思汗西征之前，曾向西夏征发军队帮助西征，西夏拒不出兵，成吉思汗当时无暇征伐西夏，发誓日后一定要给予惩戒。当西征归途中，又获悉西夏与金国缔结和约，无疑等于火上浇油，成吉思汗立即决定征讨西夏。1226 年秋，成吉思汗开始了对西夏的征讨。蒙古军很快就攻克了甘州（张掖）、凉州（武威）、肃州（酒泉），当年冬天，攻克灵州（今宁夏灵武县）。灵州之战，西夏主力消耗殆尽，城陷后，西夏的首都中兴府已成了空架子。1227 年 6 月，西夏主请降，西夏至此灭亡。在攻打灵州这个西夏的军事重镇时，破城之后，蒙古军众将士，无不抢掠女子、财物，独有耶律楚材却取书数部，大黄药材数担。同僚们对他的行为非常不解。不久，兵士们因历夏经冬，风餐露宿，多得疫病，幸得耶律楚材用大黄配制的药丸救命，所活至万人。这件事再一次证明耶律楚材慧眼独具，见识广远。

耶律楚材随成吉思汗 9 年，其间战争时间达 7 年之久。戎马倥偬，驰骋异域的环境，使得耶律楚材难以展尽自己的全部才华，英雄无用武之地的冷落感，萌生在他的思想深处。然而，他坚信，实现美好的愿望，以儒术佐政兴国的一天，终会来到的。

力拥新帝，渐显贤才

成吉思汗二十二年（1227）的冬天，耶律楚材终于回到了燕京。在此前，蒙古军事帝国效力于西土战事，对那些业已归顺蒙古的州郡缺乏完善的社会组织和法律制度，所以，派往各州郡的长官，常常是任情掠夺，兼并土地，有的竟随意杀人。其中，燕京留守长官石抹咸得卜尤为贪暴，所杀示众之人头，挂满了市场。面对如此混乱的国情，耶律楚材非常焦急。他从巩固蒙古帝国长期统治的大计着手，立即奏请成吉思汗下诏颁律，控制社会的混乱局面。禁令颁出，即：各州郡如果没有奉到盖有皇帝玉玺的文书，不得随便向人民征收财物；死罪必须上呈国家批准。凡违背此项命令的，其罪当死，决不轻饶。由于此法得体，切中时弊，且惩治条文分明，使贪婪暴虐之风有所收敛，社会秩序初步稳定下来。

这一年，成吉思汗病逝。按照蒙古的惯例，成吉思汗的四子拖雷获得其父的直接领地，即斡难河及客鲁连河流域一带蒙古本部地方，并且代理国政，是为元睿宗。

在睿宗监国期间，燕京城中社会秩序一度动荡，有一大批凶恶的强徒，恃强暴夺，每天傍晚尚未天黑，这些盗贼竟拉上牛车径往富户人家，去掠取财物。若尽其恶求，便掠财就走，如若稍有不从，就会惨遭杀戮，闹得人心惶惶，国无宁日。睿宗对此有所闻，认为只有耶律楚材可以处理好这件事。于是，特遣耶律楚材和中使塔察儿前往究治。耶律楚材清楚，这些杀人越货之徒，如此猖狂，但谁也不敢阻拦追究，一定是大有来头的，因而处理起来会有很多麻烦。但他仍毅然前去查办。耶律楚材经过仔细调查，很快便弄清了这些强徒都是燕京留后的亲属及一些豪强子弟。耶律楚材在掌握大量证据的基础上，果断地将涉案者一一缉拿归案，然后拟出法办意见。此刻，这些恶徒的亲族都傻了眼，他们清楚耶律楚材执法不避权贵，又不屑钱财，要想减免刑罚，只有把希望寄托在暗中贿赂中使塔察儿上，以从轻发落。很快，耶律楚材便得知这一情况，他找到塔察儿，向其晓以大义，指陈利害。他指出此事并非个人恩怨，而是关系到社会的安定、国家的前途，若出以私心，处理得不妥，于君主于平民都无法交代。塔察儿听罢惊惧，深知有错，并情愿悉听楚材发落。耶律楚材见他知错能改，便继续同他一起对罪犯逐一审查，依法各有处置。其中16个罪恶昭彰、民愤最大的首犯，绑赴刑场，枭首于市。从此，巨盗绝迹，燕京秩序得以控制。

这两件事，在一定程度上，表现了耶律楚材治国的才干，因而高层统治集团更加增强了对他的信任。

1229年，睿宗拖雷已监国两年，依照成吉思汗的遗命，帝位应传予太祖三子窝阔台，但此时没有任何迹象表明拖雷将移权。作为一个有智谋的辅弼，耶律楚材清醒地认识到，汗位虚悬或错置，于国于民都不利。在最高权柄面前，古往今来，骨肉之间箕豆相煎之事并非罕见。除拖雷外，窝阔台还有个兄长察合台。此人向来性情缜密，为众人畏惧，也是汗位的有力竞争者。假若三人真的计较起来，彼此不让，结党营私，岂不是要断送了国运？所以，耶律楚材与窝阔台面议，商议尽快召开"库里尔泰会"，决议汗位。窝阔台嗣位，早经成吉思汗亲口布告，为什么还要召开大会，经过公认呢？这是因为，成吉思汗曾有一条制立的法制：凡蒙古大汗，如当新旧交续之时，必须经王族诸将，及所属各部酋长，召开公会，议定之后，方可继登汗位。

这一年秋天，成吉思汗本支亲王、亲族聚集克鲁伦河畔议定汗位的承继人。会议开了40天，仍是议而未决。耶律楚材认为此事不可久拖了，便亲身力谏拖雷："推举大汗，这是宗庙社稷的大计，应该早日确定。"拖雷仍说："意见不统一，是否再等几天？"耶律楚材听罢，十分坚定地说："此期不可变，一过此日，再也没有吉祥的日子了。"

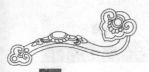

拖雷不好再拖下去，这样，窝阔台就即了汗位。元朝进入了太宗时代。

登基朝仪，是耶律楚材精心拟制的。在此之前，蒙古族部落乃至蒙古国是没有朝拜仪式的。旧制简单，不足以表示尊贵。为了确保朝仪的顺利进行，事先，耶律楚材选中了察合台亲王作为带头执行者。耶律楚材对他说："亲王虽是皇帝的哥哥，但也是个臣子，理应对皇帝以礼下拜。若你下拜，做了一个臣子应该做的事，那么就没有人会有异议了。"察合台觉得此话有理，在正式的登基大典上，便率领众皇族和臣僚跪拜廷下。这样，耶律楚材一举除掉了蒙古国众首领不相统属的陋习，制定了尊卑礼节，严肃了皇帝的威仪。盛典进行得非常顺利。会后，察合台颇有感触，对耶律楚材称赞说："你真是国家的贤臣呵！"

对于这些粗犷成性、散漫惯了的蒙古君臣，尽管有了讲究礼仪的好开端，但在日常的执行过程中，有许多人仍难以适应，就连朝会有些人也误期甚至乱来。为此，窝阔台打算惩治那些违制的臣子。耶律楚材认为时机尚未成熟，过于严厉，贸然从事，会引起动乱。他巧妙地进奏说："陛下刚刚即位，宜暂示宽宥。"窝阔台采纳了他的意见，从轻发落了违制者，果然效果很好。这样恩威并用，反复整顿，是耶律楚材维护并逐渐健全朝廷礼制颇为英明的做法。

顾全大局，健全法制

蒙古帝国在成吉思汗时代，才进入奴隶制社会，窝阔台即位以后，其管理的领域，多数是已经进入封建社会的北中国。所以，这位少主在治理国家上显得力不从心，加上应兴应革的事太多，真是让他一时摸不到头脑。在这种情况下，全靠耶律楚材竭尽全力，定国策，立制度,出台了一系列当务之急的法令,加速了这一民族的封建化进程。

在颁发法令之前,首先规定了既往不咎的政策。对那些因法律不明,而误触禁网,按当时的老规矩必杀无疑的百姓们,不追究。颁发政策前的法律责任,或给予从轻处置。这是抑制蒙古一向滥杀无辜,因获某种罪过而死者不计其数的行之有效的办法。内阁的一些臣僚嘲讽他,说此举实过迂腐。耶律楚材不为所动,力排众议,反复而耐心地把得民心者得天下的道理讲给太宗听,终得圣准。此项政策的实施,安定了人心。

接着,耶律楚材便制定颁发了 18 项法令,成为官民遵守执行的准绳。包括官吏设置、军民分治、赋役征收、财政管理、刑法执行等。这些采摭自中原的先进制度,列为蒙古国策的法令,可以说是历史性的决策,为后来正式确立的元代政治制度奠定了基础。这样,不仅遏制了军官的骄横不法,同时也打击了分裂割据的势力,保证了国家政治上的巩固和统一。此项法令,一直作为元朝的一项基本国策沿袭。

蒙古贵族崇尚武力,根本没有税制观念,他们看不到这样下去会兵强而国蹙。以近臣别迭为代表的人主张,以牧业为主来保证国用,认为"汉人无补于国,可悉空其人以为牧地"。耶律楚材极力反对这种将燕京农业地区变成牧场的倒行逆施。他深知如今的蒙古国已是一个多民族的国家,应行汉法,大力发展农业,如果保守地强调畜牧,是狭隘的,不合国情的落后政策。他干脆地给太宗算了一笔账:"陛下马上要南征金国,军需从哪里而来?仅靠畜牧是远远不够的。假使发展燕赵的生产,以地税、商税,及盐、酒、冶铁税,外加山泽之利,可以获利五十万两银,八万匹帛,四十万石粮食,供给南征绰绰有余。这不远胜于变成畜牧吗?"窝阔台经过认真思考,认为不无道理,便命耶律楚材全权筹划,立行征税制度。耶律楚材领旨后,即刻在河北一带建立十路征收税使,遴选汉族或女真族中德才兼备的士人,如陈时可、赵瑨等名儒充任。1231 年秋天,窝阔台在云中行宫中,面对十路课税使陈列在朝廷之上的金、银、帛、粟等税物,十分高兴,这时他才真正懂得了耶律楚材力求行汉法的好处。他激动地对耶律楚材说:

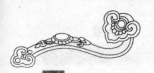

"你虽然没离开我左右，却能使国用充足。南国的臣僚中，有谁能比得上你吗？"耶律楚材谦虚地回答说："南国的臣僚比我强的人很多。"窝阔台嘉其功劳，赐以美酒。当即下令任命他为中书令（宰相），把典颁、庶务的大权委托给他，且吩咐朝臣，政事不分大小，都要禀报他。他自己也是有事必与耶律楚材商议，以进一步权衡得失。

随着法制的健全和实施，国家日益兴旺发达起来。但那些自身权益受到侵害的豪强贵族们，到处散布流言诽谤耶律楚材。有人说："耶律楚材中书令援用亲旧，必有二心，应奏知大汗，斩杀此人。"耶律楚材听了并不与之斤斤计较，他坚信自己的言行是出以公心的。好在窝阔台自有明察，深责其诬。对于谣言传播最恶毒者原燕蓟留后长官石抹咸得卜，太宗命耶律楚材鞫审之。耶律楚材以国事为重，不把个人的恩怨放在心上，宽宏大度地奏请太宗日后再行处置。这种高尚的品德很受太宗的赞赏，私下对侍臣说："耶律楚材不计私仇，真是宽厚的长者。你们应当效法他的为人。"正是耶律楚材精忠为国，处处从大局出发，时时以社稷为重，殚思竭虑，而且长于韬略，才使得蒙古帝国迅速强大起来，政权也得以日益稳固。

文有武略，助蒙灭金

窝阔台三年（1231），蒙古国经过休养生息，国力日渐强盛，所以，窝阔台又把南征灭金的行动提上了议事日程。其实，南征这一思想，早在成吉思汗时就已确立。蒙古灭掉西夏，就是为吞并金朝扫清外围。西夏已亡，既解除了蒙古的西顾之忧，又使金朝丧失了犄角之助。窝阔台认为时机业已成熟，便大举南进。

耶律楚材了解蒙军以往作战的陋习，凡攻城邑，拒守者城陷之时，

不分军民，掠杀殆尽。随着南征日期的临近他深感不安，认为滥杀无辜，不但使黎民百姓罹难，而且只能促其军队拒降。临战前，他进谏太宗：为确保人民的生命安全，将河南一带的当地民众迁往山后，采金植田，让其远离战火。紧接着，又诏令金国逃难之民，降者免死。有人曾认为降者是危急则降，缓和便逃，还能补充敌人的兵源，实难赦免。耶律楚材以为不然，建议窝阔台制造白旗若干，发给降民使归本土，蒙古兵士不得侵害之。此举，不仅救活了无数的百姓，更重要的是消除了中原人民对蒙军的畏惧和敌视心理，为其顺利进军扫清了障碍。

窝阔台汗四年（1232）十二月，蒙军思得良谋，遂派遣亲王赴南宋商议夹击金国。当时，南宋虽然朝有忠直之臣，野有效死之士，但最高决策者畏葸厌兵，甘心日夜苟安，执行着北宋以来"内紧外松"的旧章法，致使朝政极度腐败，国势日渐衰颓，上下难为一体，竟如一盘散沙。蒙古对南宋政权的昏暗、衰败心明如镜，早有蓄谋。只是出于灭金需要，暂行笼络利用。南宋却对蒙古估计不足，况且也无应对时局的良策，只是面对残局，胡乱应酬。当久专朝政的南宋丞相史弥远之侄史嵩之披露蒙军遣使消息时，朝臣多以为正可借机报复金国宿仇。头脑清醒的大臣如赵范等人却不无忧虑，说："宣和年间，宋金海上订盟，其约甚坚，终究取祸，不可不鉴。"

所谓"宣和之盟"，是指北宋徽宗宣和二年（1120），宋命大臣赵良嗣北行，约会方兴未艾的金国，夹攻辽国，口头约定功成之后，宋朝收复燕蓟失地。结果，五年之后辽亡；当年十月，金军背盟，南下侵宋，宋徽宗诚惶诚恐退位，其子钦宗即位；这一年，金人掳走徽、钦二帝，北宋灭亡。这可谓宋朝历史上的奇耻大辱。

时过仅百余年，应是殷鉴不远。连金哀宗完颜守绪也已洞察出蒙古野心，说："蒙古灭国四十，遂及西夏；夏亡遂及于我；我亡，必及于宋。唇亡齿寒，自然之理。"可是，南宋君臣多已忘记前车之鉴，再次重蹈覆辙。当年十二月，宋理宗遣人报使订盟。蒙古许诺成功之后，可将黄河以南土地归宋。

蒙古得到南宋应援，当即再遣大将速不台围攻汴京。

第二年（1233）正月，金国将领崔立发动汴京政变。这又是来自敌人营垒内部的响应，城陷指日可待。值此时节，速不台奏请窝阔台："金人抗拒持久，我军将士多有伤亡，待城陷之日，宜尽行屠戮。"耶律楚材听到屠城计划，急忙驰骑赶来入奏："将士暴露于野数十年，所欲得者无非是土地、人民。得地而无民，又有何用？"这已点到关键之处，可窝阔台仍然犹疑不决。谋臣的智慧是多方面的，耶律楚材见以公论尚不足使窝阔台速下决断，便施了个假私济公的手段，巧借私欲来打动大汗，说："奇巧工匠、厚藏人家皆会萃于此地。一旦斩尽杀绝，大汗将一无所获。"窝阔台听了这一席话，被打动了，立刻准其所奏，下令只把金国皇族完颜氏杀掉，其余一律赦免。自此以后援为定例，遂废屠城之法。

四月，蒙军入汴京。当时为躲避战乱留居汴京者凡 147 万人，皆得保全性命。

六月，蒙军攻取洛阳，金哀宗完颜守绪走归蔡州（今河南汝南）。

窝阔台汗六年（1234）正月，金哀宗传位于宗室完颜承麟，是为金末帝。登基典礼刚刚完结，蒙、宋合兵攻入蔡州，完颜守绪自尽，完颜承麟为乱兵所杀，金国遂告灭亡。

河南初平，蒙军俘获非常多。蒙军还师之日，逃亡之人十有七八。窝阔台汗立下禁令：凡逃亡之民以及收留资助者，灭其全家，乡社连坐。于是，逃者不敢求舍，沿途不敢留宿，以致饿殍遍野。耶律楚材念及民情，又从容进谏："河南既平，民皆大汗赤子，又能逃到哪里？为什么因一俘囚，连坐而死数十百人？"窝阔台幡然醒悟，遂撤销此禁令。

金亡之后，西部秦、巩等 20 余州久未能克。耶律楚材献计说："往年蒙军获罪，多有逃往此地者。因恐新旧二罪并罚，故以死拒战。倘若许以不杀，将会不攻自灭。"窝阔台下诏赦免逃亡旧罪，又宣布废弃杀降之法，诸城接连请降。这可谓善战者以攻心为上。

施政受阻，喟然长叹

耶律楚材经常重复他的一句名言："兴一利不如除一害，生一事不如省一事。"他也是遵照这一原则从政的。

自窝阔台汗二年初定征税之制，至窝阔台汗六年灭金，四年之间，税收逐年增加。及窝阔台汗十年（1238），每年课银多达110万两。

到了窝阔台汗十一年（1239），译史安天合为谄媚右丞相、回鹘人镇海，引荐回鹘商人奥都剌合蛮"扑买"天下课税，数额增至220万两。窝阔台终于利欲熏心，将一国课税，转手出卖给巨商。为此，耶律楚材再次直言极谏，以至声泪俱下，辞色甚厉。窝阔台难以忍受耶律楚材的激烈言辞，竟扼腕攘臂，气极败坏地说："你难道要搏斗不成？"楚材见大汗失态，才不便强争。稍停之后，窝阔台语带讥讽地说："你要为百姓一哭，我却要试行此法。"耶律楚材已知无能为力，喟然长叹说："民之困穷，将自此治！"耶律楚材深知，把国家财政命脉拱手交给回鹘商人，他们必将以成倍的数额压榨百姓，人民怎能不陷入穷困境地？

眼光长远，南下伐宋

窝阔台汗六年（1234）正月蒙古灭金之后，长城内外结束了三权鼎立局面，形成了大江南北的蒙、宋对峙，势态更见明朗，而斗争日趋激烈。在这个政治棋盘上，谁主浮沉，要看双方执政者的眼光和韬略。

同年六月，宋将赵范、赵葵建议收复三京（东京汴梁、西京洛阳、南京商丘），倚黄河天险和各处关隘抵御蒙军。因有右丞相郑清之附议，当月宋兵入汴京；七月入洛阳。

赵、郑诸人意在收复国土，其志可嘉，可惜不得其时。一则蒙、宋军力、财力过于悬殊，二则南宋君臣无心作战。当时，参议官邱岳就曾劝阻赵范，说："方兴之敌，新盟而退，正值气盛锋锐，岂肯捐弃所得以予他人！我师若往，彼必突至，非但进退失据，开衅致兵，必自此始。况且千里长驱以争空城，既得之后当勤馈饷，否则，后患无穷。"乔行简等大臣也担忧"机会"不合，岁饥民穷，国力不堪，外患未必除，内忧或从起。乔行简说："规恢进取，必须选将练兵，物用丰足；而今将乏卒寡，财匮食竭，臣恐北方未可图，而南方已先骚动。"

这些朝议虽表现出南宋君臣向来存在的畏敌心理，却也反映了一定的客观事实。南宋到了这般地步，已是进退两难，和战无门。即使有一二个出类拔萃的栋梁之材，值此大厦将倾的时刻，也无回天之力。如无十数年甚至几十年恢复、振兴，是无济于事的。

果然不出邱、乔等人所料，蒙古得知汴京、洛阳军报，立即为其蓄谋已久的对宋战争找到借口，遂命塔思率军南下。同年八月，宋军终因粮草不济，兵溃两京，所复州郡皆为空城，再次落入蒙军手中。

窝阔台汗七年（1235），南宋派遣程芾交通蒙古，欲约和好。但是，战场上失去的东西，绝难在谈判桌上找回来。蒙古正在利用时机，加紧制订灭亡南宋的计划。

蒙古君臣朝议征服四方之策，有人提议，遣西域的族人征江南，遣汉人征西域，利用民族间的矛盾心理，使之两相屠杀，交互制御。耶律楚材权衡利弊，提出自己的见解："中原、西域相去辽远，未至敌境，人马疲乏；兼之水土失宜，将生疾疫。宜各从其便。"结果采纳耶律楚材之议，遣阔端、曲出等攻南宋；命拔都、速不台、蒙哥等征西域；命唐古鲁火赤伐高丽。

蒙古以其巨大的兵力和高昂的士气，征伐孱弱、松散的周边诸国，犹如摧枯拉朽，几十年间，南宋便倾败于蒙军铁骑之下。

国乱政颓，抱恨长眠

窝阔台汗十三年（1241）。在蒙军南进节节胜利的时刻，蒙古历史上的一代杰出帝王窝阔台突然卧病不起。

皇后精神恍惚，召问耶律楚材。耶律楚材趁此机会，再次借天命以尽人事，抒发自己的政见，力促说："如今任使非人，卖官鬻狱，囚系无辜甚多。古人一言而善，荧惑退舍。请赦天下囚徒。"皇后一心要救治窝阔台，来不及再说什么。耶律楚材却怕窝阔台日后后悔，又说："非君命不可。"一会儿，窝阔台稍稍苏醒，耶律楚材同皇后一起入奏，请求赦免无辜罪人。事关为己祈福，窝阔台当即准奏。其时，他已口不能言，只得连连点头，表示首肯。耶律楚材得时不怠，连夜去宣读赦书。

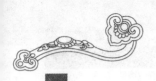
不久，窝阔台渐渐痊愈。这年冬天十一月四日，性喜田猎的窝阔台又要骑马负弓，架鹰牵犬，出郊竞射。耶律楚材念及大汗年事已高，身体尚未恢复，更担心游猎无度会妨害政事，便借演论术多次极言谏阻。左右侍臣却怂恿说："不骑射，无以为乐。"终于窝阔台连续疯狂驰骋五日，死于外地行宫。

当初，窝阔台留有遗诏，待他过世之后，以其孙失烈门（养子曲出之子）为嗣。如今窝阔台一死，第六后乃马真氏立召耶律楚材，征询汗位承继之事。耶律楚材知有先帝遗命，说："此非外姓之臣所应过问，自有先帝遗诏，望能遵嘱而行。"乃马真氏不从，竟然自己临朝称制。耶律楚材一时难以阻止，只得徐图良策。

蒙古骑兵用的箭袋

乃马真后崇信奸邪，作威作福。回鹘巨商奥都剌合蛮用重贿买通乃马真后，得以专政用事，权倾朝野，廷臣畏惮此人，或缄默不语，或附炎趋势。

乃马真后二年（1243），又有所谓"天变告警"，出现了"荧惑犯病"的星宿运行现象。时当忌辰，耶律楚材先行稳定众心，免致扰攘。不久，朝廷有兵事。因变起仓猝，乃马真后下令分授兵甲，挑选心腹，甚至要西迁而避祸乱。耶律楚材进谏："朝廷为天下根本，根本摇，天下将乱。臣观天道，必无大患。"有了这个定心丸，数日之后，上下安然如旧。

之后，朝政紊乱，国事日非。乃马真后竟将国家御宝大印交予奥都剌合蛮，并给他朝廷空白信笺，使他随意填写，擅发政令。耶律楚材抗争说："天下本是先帝的天下，朝廷自有宪章，今欲紊乱制度，臣不敢奉诏。"经他强争，此事遂告中止。

不久，乃马真后降旨："凡奥都剌合蛮所建，令使倘若不书，斩断其手。"耶律楚材又站出来,凛然谏诤说:"国家典律,先帝悉委老臣,令使又有什么责任。事若合理,自当奉行;如不可行,死且不避,何况断手!"乃马真后不高兴,耶律楚材辩论不已,竟大声陈词:"老臣事太祖(成吉思汗)、太宗(窝阔台)三十余年,无负于国,皇后怎么能无罪杀臣?"乃马真后虽然怀恨在心,却因他是先朝勋旧,孚望朝野,不能不敬畏三分。

作为一个忠正老臣,久见朝纲难申,未免忧思伤神。积年累月。耶律楚材终于忧愤成疾,于乃马真后三年(1244)抱恨长逝,年55岁。

耶律楚材当政之年,一向廉洁自律,所得俸禄时常分与亲族,以表资助,却不肯私授亲旧官职。他说:"睦亲之义,但当资以金帛。若使从政而违法,我不能徇私恩。"

耶律楚材去世后,有人诬陷说:"耶律楚材在相位日久,天下贡赋,半入其家。"乃马真后命近臣检视其家,仅见十几把琴阮(阮为古琵琶中的一种,形似月琴),另有古今书画、金石、遗文数千卷。至此,人们更赞叹其廉洁。

耶律楚材生前多有诗文写作,后人代他结集为《湛然居士集》。

元文宗至顺元年(1330),因耶律楚材有佐运经国立制之功,元代立国规模多由他奠定,追赠他为太师、上柱国,追封广宁王(一说懿宁王),谥号"文王"。

耶律楚材对蒙古立国中原有卓越贡献,为缔造中华民族建立了不朽功业。因此,他死时,蒙汉人民举国震动,以致哀恸不止。后人对他的评价也极高,甚至以周朝的周公、召公作喻。清朝乾隆年间,为"褒贤劝忠",在今北京颐和园为他建祠塑像。

第十章

救时宰相，身后蒙冤
——张居正

　　张居正（1525—1582），汉族人，祖籍湖广江陵（今属湖北）。字叔大，少名张白圭，又称张江陵，号太岳，谥号"文忠"。明代政治家、改革家。掌权期间，一方面辅佐幼主，一方面大行改革，整饬军备，巩固边防，改革整顿冗繁的制度，裁撤课税，颇有成效。后遭弹劾罢相。万历十年（1582）六月二十日病逝，年五十八。死后赠上柱国，谥文忠。死后不久即被宦官张诚及守旧官僚所攻讦，抄没家产，至天启二年方沉冤昭雪。著有《张太岳集》《书经直解》等。

天资聪慧，早年得志

张居正的祖先是安徽凤阳定远人，是朱元璋部下的兵士，曾随大将军徐达平定江南，立功浙江、福建、广东，授归州长宁所世袭千户。其后，张居正的曾祖父张诚由归州迁到江陵，张居正的祖父张镇为江陵辽王府护卫。张居正的父亲张文明曾先后7次参加乡试，但均落榜。

嘉靖四年（1525）五月初三，张居正降生在江陵。其时，曾祖、祖父、父亲均健在。刚一出世的张居正，即被全家视为掌上明珠，爱护备至。无论是生活和启蒙学习方面，张居正都得到特殊的关照。他5岁时，即被送到学校念书。由于张居正天资聪慧，学习用功，因此不到10岁就懂得经书的大义，诗词歌赋是出口成章。

嘉靖十五年（1536），12岁的张居正，乡试以才华出众考中头名秀才，成为名震荆州的小秀才。

嘉靖十六年（1537）中秋八月，恰逢三年一度的科考。正是鹅黄绿肥、黄花满地的日子，天高气爽，万里无云，武昌城内，来自府县的学子云集一起，一派车水马龙的景象。

此次秋闱这样隆重，与湖广巡抚顾瞞的重视分不开。这位当朝有名才子，3年前赴任湖广，恰逢他在任的第一次秋闱，心情自然格外激动。他真希望全省莘莘学子各怀绝学，奋力考出优秀成绩，也不枉他勤勉为政的心血。倘能出一两个经天纬地之才，国家幸甚，桑梓生辉，也是给他脸上生辉！

这天早上，考场考官们开始阅卷。顾瞞闭门谢客，独坐花厅，等候结果。忽然他脑子里猛想起一件事来，那是一年前，本省学政曾告诉他说，荆州有一少年才子，名叫张居正，12岁应考便以头名得中秀

才。顾璘独自揣摩，心想这位少年张居正会不会来应试呢？

这时，监试御史兴奋地跨进门来，急忙向顾璘汇报："此次秋闱可谓硕果累累，人才了得！"随手将一摞试卷递了过来。

顾璘急忙问："御史大人，将要录取的头名是谁？"

"想你巡抚大人绝料不到，竟是一个13岁的少年秀才，名叫……"

"名叫张居正！对吗？"顾璘忙抢着说。

监试御史很是惊讶，只见顾巡抚放声大笑："我已有先见之明！"他随即抽出张居正的试卷仔细品阅，横挑竖查，见其文果然气度恢宏，辩析严谨，<u>丝丝入扣</u>，一股凛然才气跃然纸上。

顾璘不禁拍案叫绝，立即派人召来了张居正。

只见张居正唇红齿白，眉清目秀，方巾儒服，气度不俗。顾璘打量很久，顿生爱怜之意。

"张居正，你年未弱冠，我且问你，长大以后有什么志向？"顾璘问。

张居正忽闪着机敏清亮的目光，略加思忖，亮开稚音回答说："学生常听父母言及，昔行曾祖平生急难赈乏，常愿以其身为褥荐，而使人寝处其上，使其有知，绝不忍困其乡中父老。学生当以曾祖为榜样，宏愿济世，不仅以身为褥荐，即有欲割取吾耳鼻，当亦乐意施与！"

顾璘大为惊异，想不到13岁少年竟有如此大论，心中暗暗叹服。他又手指厅外院墙边一丛翠竹说："你可否以竹为题，即刻作一首五言绝句？"

张居正凝神视竹，略加思忖，未等顾璘一口茶呷完，他已念出来：

绿遍潇湘地，疏林玉露含。

凤毛丛劲节，只上尽头竿。

顾璘一时呆愣在那儿，好半天才回过神来。他坚信张居正乃将相之才，将来必能成大器，因此不住地连连点头。不过他又觉得张居正年纪太小，如果此次让他中举，他能否会骄傲自大而误了前程呢？倒不如先不录取他，再刺激他一下，使其能更加奋发读书，才具老练，今后必将前途无量。

　　于是，尽管考试成绩名列前茅，张居正却在他13岁这年的科举考试中未能如愿以偿。

　　3年后，16岁的张居正英姿勃发，又参加了乡试，欣然中举。16岁中举，在当时也是少有的，许多人都很欣羡他、夸奖他。张居正并没有自满，他特地去晋见顾璘。

　　顾璘非常高兴，解下自己身上的犀带，送与张居正，感慨地说："古人云，大器晚成，此为中才说法罢了。而你并非中才，乃大才。是我延误了你三年功名，直到今天才中举。你千万不能自满，再不求进取了。"

　　张居正谦恭地作揖说："感激您的教导。大人实乃学生的再生父母，指点之恩没齿不忘！"

　　顾璘见张居正很理解自己，非常欣慰，不由得谆谆嘱咐说："我希望你抱负远大，志向高洁，要做伊尹、颜渊，万不可只做一个少年英名的秀才，一个仅会舞文弄墨，歌风吟月的腐儒！要记住你的济世宏愿！"

　　张居正万分感激，眼中闪着激动的目光，再次向顾璘深深拜谢……

初入仕途，坎坷升迁

　　嘉靖二十六年（1547），张居正23岁中二甲进士，授庶吉士（见习官员，三年期满，例赐编修），步入官场，开始登上政治舞台。

　　这时的朝廷，内阁大学士是夏言、严嵩二人。严嵩并无特殊才能，只会诌谀媚上，以图高官厚禄。为了夺取首辅的职务，严嵩和夏言发生了尖锐的斗争。严嵩表面上对夏言谦让有礼，暗中却伺机陷害报复

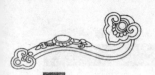

他。夏言是个很有抱负的首辅，他任用曾铣总督陕西三边军务。当时，蒙古鞑靼部盘踞河套地区，时常南下进犯，烧杀抢掠，为非作歹。曾铣在夏言的支持下，提出了收复被蒙古人占领的河套地区的计划。河套地区东西北三面濒河，南面临近榆林、银川、山西的偏头关等边镇，土地肥沃，灌溉便利，适宜农桑。控制河套地区，对于明朝北面的边防有着重要的意义。曾铣率兵屡败敌军，得到明世宗的赞赏和支持。可是，严嵩为了报复夏言，利用明世宗恐惧蒙古鞑靼军的心理，攻击夏言、曾铣等收复河套地区的计划是"好大喜功""穷兵黩武"。这时，恰巧宫内失火，皇后去世，世宗皇上崇奉道教，认定这是不祥之兆。严嵩趁机进谗言说："灾异就是夏言、曾铣等要收复河套地区、混淆国事造成的。"昏聩无能的明世宗信以为真，立即下令将夏言罢职，曾铣入狱。内阁中凡支持收复河套地区计划的官员分别给予贬谪、罚俸和廷杖的处分。之后，鞑靼军进犯延安、延川等地，严嵩又抓住这一机会，向世宗进言说，鞑靼军是因为曾铣要收复河套地区而发的兵。世宗又按开边事之衅罪把曾铣处死。害死了曾铣，夏言还在，严嵩不把他置于死地是无法安心的。数月后，鞑靼军接连进攻大同、永宁、怀来等地，京师告急，世宗急得团团乱转。这时严嵩又进诬告说，这完全是夏言支持曾铣收复河套引来的祸患，又捏造了夏言曾经受贿的罪行。结果，夏言也被世宗处死。夏言一死，严嵩便爬上了首辅的职位，完全掌握了内阁大权。

嘉靖二十九年（1550）六月，鞑靼军进犯大同。宣大总兵仇鸾是个草包，他的总兵官职是用重金向严嵩买来的。所以，面对敌人的进攻，他心惊胆寒，没有良策，只好向敌方送去重金，乞求人家不要进攻自己的防区。鞑靼收受重礼后，挥兵东进，相继攻占古北口、蓟州，直逼通州，京师告急。明世宗吓得胆战心惊，遂下诏勤王。仇鸾为了邀功，赢得世宗欢心，主动增援。世宗命其为平虏大将军，节制各路兵马。由于各地军队日夜兼程，直奔京师，所以粮食无法自带，负责筹备粮饷的户部不能及时拿出钱粮。明世宗异常愤怒，一气之下，罢免了户部尚书李上翱的官职。

　　敌人直逼城下，明军被围在城中无计可施，只能眼睁睁地看着敌人在城下烧杀抢掠胡作非为。兵部尚书丁汝夔迫于手下将士要出城杀敌的压力，连忙向严嵩请示。严嵩对他说："不能出城和敌人交战。我们在边塞上打了败仗还可以向皇上隐瞒实情，可是眼下在皇上的鼻子底下，万一吃了败仗，皇上怪罪下来，你我如何交代呀？"因此，尽管有许多大将要求和敌人作战，但都被一一驳回，丁汝夔哪敢违背严嵩的意旨！鞑靼兵在城郊掠夺了大批财物，又见京城久攻不下，遂回师西去。平虏大将军仇鸾这时又耍起了他的小聪明，他命手下杀了几十个老百姓，把他们的头割下来向皇上请赏，被封为太保。

　　尽管敌人退去，但生性多虑、心胸狭隘的明世宗仍觉得很不是滋味。想自己堂堂大明皇上，竟被小小的鞑靼人囚困于京城，简直是天下奇辱。由于这一年是庚戌年，所以历史上把这一事件定为"庚戌之变"。明世宗怒气难消，把这一切全怪罪于兵部尚书丁汝夔的身上，斥责他治军无方，退敌无策，坐以待毙，贻误战机，并下令将他逮捕归案。丁汝夔预感事态严重，遂想起向严嵩求救，严嵩对他说："你不用担心，只要有我在，保证你不会死的。"谁知过了

张居正为皇帝编著的《帝鉴图说》

不长时间，丁汝夔即被杀害。当面向丁汝夔许下诺言的严嵩为了迎合皇上，保全自己的地位，哪里还顾及别人的性命呢？

　　庚戌之变时，张居正就在京城里。他亲见了所发生的这一切事件及其内幕，对严嵩的误国卖友行径深恶痛绝，对仇鸾之流弄虚作假、欺上瞒下的丑恶表现极为愤怒，张居正深深地感受到奸臣当道，政治黑暗，官吏腐败，自己的政治抱负和远大理想在如此环境下难以实现。对此，他已心灰意懒，无意再留在京师。嘉靖三十三年（1554），张居

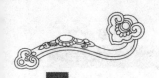

正借口请假养病，毅然离开北京回到故乡江陵。

嘉靖三十六年（1557），张居正怀着革新政治的理想，由江陵再次回到北京，再次投入激烈争斗的政治旋涡中，他决心为实现自己的改革目标，在这政治旋涡中乘风破浪、披荆斩棘地大干一番。

嘉靖三十八年（1559）五月，徐阶晋升为吏部尚书，第二年又由少傅晋升为太子太师。张居正亦由翰林院编修（正七品）晋升为右春坊右中允（正六品），兼国子监（相当于国立大学）司业（相当于副校长），高拱为国子监祭酒（相当于校长）。这时严嵩与徐阶的矛盾日益激化。由于严嵩年事渐高，处理事务常常出现漏洞，世宗皇帝颇为不满，严嵩遂渐渐失去宠信。一次，世宗问方士蓝道行："谁是朝中的奸臣？"蓝道行说："严嵩是最大的奸臣，留待皇上正法。"之后当御史邹应龙上疏揭发严嵩父子罪行时，世宗帝便毫不留情地把严嵩罢职。

严嵩垮台后，徐阶继任为内阁首辅，张居正欣喜若狂，笑逐颜开，为一个新时代的到来而激动不已。因为徐阶是张居正任庶吉士时翰林院掌院学士，在翰林院的名分上，徐阶是张居正的老师。徐阶对张居正的为人处事和聪明才智也很赞赏，他对张居正寄予很大的期望，把其视为国家的栋梁之才。张居正也竭尽全力辅助徐阶工作，二人真是相得益彰。嘉靖四十五年（1566），明世宗逝世后，徐阶和张居正又以世宗遗诏的名义，革除弊政，平反冤狱，颇得人心。

明世宗逝世后，隆庆帝即位。第二年二月，张居正晋升为吏部左侍郎兼东阁大学士，入阁参与机要政务。这时高拱因为与徐阶不和而离开内阁，所以朝廷大事总体上均由徐阶和张居正管理。张居正如鱼得水，自己的聪明才智得以尽情发挥，令朝中官员另眼相看。

这是一个烦闷的仲夏之夜，入阁之后满怀鸿鹄之志的张居正坐在书案前，沉思默想，不时汗流如注。蚊虫噬咬，他却全然不顾，一心只想着要将自己的肺腑之言敬献给皇上。直到子夜时分，他才考虑成熟，便欣然下笔。先写《省议论》，他痛切地指出："朝廷之间，议论太多，或一事而甲可乙否，或一人而朝由暮跖，或前后不觉背驰，或毁誉自为矛盾，是非淆于唇吻，用舍决于爱憎，政多纷更，事无统

218

纪。"接着又写《核名实》，他厌恶那些自己不做事，唱高调"世上无人才"的人，认为之所以有此现象，是因为对文武群臣"惟名实之不核，拣择之不精，所用非其所急，所取非其所求"，所以才造成了是非混淆、赏罚不明的状况。他恳切要求皇上无论对任何官员，都要"以功实为准"，在使用上不能"眩于声名、抱于资格、摇之以毁誉，杂之以爱憎"，更不能"以一事概其平生，以一错掩其大节"……他一写而不可收，洋洋洒洒，又一口气写出了《振纪纲》《重诏令》《固邦本》《饬武备》，共计6件大事，遂题名为《上陈六事疏》。直写到东方泛起鱼肚白，他却毫无倦意。

张居正一心想为国家社稷贡献自己的才智，谁知他那肺腑之言，换来的只是昏聩无能的隆庆皇上几句不冷不热的话："览卿奏，俱深切时务，责部、院议行。"一切再无下文了。

隆庆二年（1568）七月，徐阶在举筹失措中被迫归田，高拱再次入阁兼掌吏部事，执掌了内阁大权。高拱这个人是非兼半，他有值得称赞的一面，也有令人憎恶的一面。高拱最大的优点是非常重视发现和培养启用人才，尤其是善用德才兼备的年轻人。他考核官员，唯以政绩为准，从不问出身和资历，而且在选派官员时特别注意年龄和健康状况。他规定凡50岁以上者，均不得为州县之长，不称职者立即除去。他当政时启用了一批优秀人才，张居正就是其中之一。尽管张居正和徐阶关系暧昧，而徐阶又是高拱的对头。

但是，高拱为人傲慢，刚愎自用，又很不善于听取下级的意见。因此，张居正虽然有幸在内阁任职，但有高拱在他之上，他想施展才华，大干一场，又是一件非常困难的事情。

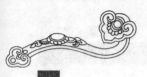

权力争斗，坐收渔利

月隐星稀，全城万籁俱寂。钟鼓楼上刚敲过四更椎鼓，位于西城的大学士张居正的寓所前，就已开始忙起来，家人们里外忙活，为张居正上朝做准备。

年近五旬的张居正精力充沛地走了出来，匆匆钻进轿子，在轿夫的一声吆喝下，轿子载着他，朝长安门而去。

他前脚刚踏进朝房，身后即传来一声雷鸣似的声音：

"张阁老，今日早哇！"

张居正回头一看，竟是首辅大学士高拱。

"啊，高阁老，您早……"张居正恭敬地向他拱拱手。看到这时已来了不少大臣，张居正又不住地和他们打招呼。

日复一日的上朝，张居正面对这些各具形态的同僚，总不免有些感叹。光阴荏苒，岁月催人。回想他20多岁入京为官，辗转43岁得以进入文渊阁，他已记不清到底上了多少次朝。他只记得，每次上朝，他都满怀一腔抱负进入皇极门，到散朝时，却总是带回去一肚子失望。他悲哀，他叹息，满朝之内，忧国之士凤毛麟角！

凤楼上第三通鼓响了，文武百官鱼贯进入皇极门，文东武西站立殿下，静静地恭候皇上上殿。

等了好长时间，没有一丝动静。张居正心中不觉一怔：皇上今日恐怕又要大驾临迟了。真是没有办法，隆庆帝登基不过6年，竟足足有3年之久上朝时一言不发，宛如一尊木雕傀偶，令人哭笑不得。偶尔说上几句，也是无关痛痒。上朝时，不是姗姗来迟，就是无故取消。这样的皇上怎么能辅佐得起来呢？

太阳已慢慢升了起来，仍不见皇上的面。百官们站得两腿发麻，头晕目眩，纷纷交头接耳窃窃私语起来。高拱和张居正面面相觑，不知如何是好。

张居正抬头望了望大殿之上那空空的御座，真想仰天长叹：唉，中原民不聊生，国库一贫如洗，边关狼烟不断，可皇上……唉！

足足半个时辰后，方听宫内高声传呼："皇上驾到——"只见隆庆帝头戴金丝皇冠，身穿绣龙黄罗袍，在一群太监的簇拥下萎靡地进入大殿。

原来，隆庆帝荒淫无度，自昨天下午就泡于慈宁宫中，与李贵妃颠鸾倒凤，直至精疲力竭。今早起来后，便觉头重脚轻，呼吸急促，在宫中延误了好长时间才强撑着上朝。

谁知刚一入座，隆庆便觉一阵虚火攻上心来，立即感到头要迸裂，五脏六腑仿佛被什么东西搅乱了。他霍地站起来，嘴角不住地抽搐。一旁的掌印太监孟冲、秉笔太监冯保一看大惊失色，忙上前将他扶住，搀入乾清宫。下跪的文武百官一个个目瞪口呆。

一会儿工夫，一太监气喘吁吁跑上平台，口传圣旨："着文渊阁大学士高拱、张居正、高仪入宫受命。其余百官退朝！"

三位大学士匆忙入宫，只见皇上面如土色，陈皇后与李贵妃愁容满面，悲哀难忍，年仅10岁的太子翊钧肃立在御榻旁边。

秉笔太监冯保宣读诏书："朕嗣统方六年，如今病重，行将不起，有负先帝重托。太子正值幼冲，一切托付卿等，宜协辅嗣皇，遵守祖制，则社稷之功也。"

三人喉头哽咽，强忍悲痛，叩头谢恩，回文渊阁中等候消息。

三人在阁中坐定，一时间沉默无语。"二位阁老都在想什么呀？"高拱的嗓门向来粗声大气，张居正突然一惊，抬头望望高拱那咄咄逼人的目光，木讷地说："没想什么，无非是为皇上担忧而已……"

"我有一言说在前头，请二位三思。值此多事之秋，我等同受顾命，任重道远，理当精诚合作，同辅幼皇治理天下，断不可怀有二心！"高拱语气激昂地对张居正和精神颓废的高仪提出警告。

张居正不觉有几分悲愤，心中暗说："好不晓事！急着排异，为什么来的呢？"他不会忘记，高拱现在权倾朝野，生性好斗，短短的几年里，他就先后赶走了4位大学士，那气概确实非凡。

张居正知道高仪才干平庸，又是高拱推荐入阁的，刚才那警告，很明显是冲自己来的。他此时只有忍耐，便稳定一下情绪，转过头来，见高拱仍在盯着他看，遂以极诚恳的语调对高拱说：

"首辅尽可放心，一切仰首辅筹划。居正不才，愿与首辅通力协作，共度艰危，此乃国家大幸矣！"

但高拱万万没有想到，与他作对的并不是张居正，而是大太监冯保。张居正也不曾意识到，自己竟渔翁得利。这一切均发生在隆庆帝驾崩之后。

隆庆帝驾崩后，10岁的太子即将成为新的皇上，冯保可谓扬眉吐气，他要好好整治高拱。

原来，冯保本来在内宫仕途上一帆风顺，很快被嘉靖帝提升为秉笔太监。后来，掌印太监出缺，冯保自信该由自己顶补这一最高职务，想不到首辅大学士高拱偏偏在皇上面前举荐了平日他最瞧不起的陈洪，后又举荐了孟冲，冯保气得要死，他认定这是高拱故意给他难堪。好在皇上短命，他因相伴太子，因此与皇后、李贵妃过从甚密，故而随着太子的登基，他也一下子从幕后走到了台前。

冯保开始发挥自己的聪明才智和雄辩的口才，与高拱展开了一场暗中较量。他向皇后及贵妃推荐张居正，贬低高拱；又千方百计地为自己升为掌印太监铺平道路，讨得了皇后及李贵妃的欢心，她们对他真可以说是言听计从。

太子朱翊钧继承帝位后，改年号为万历。在冯保的左右下，张居正不断得到提拔。而高拱明显地预感到内宫对他不信任，于是他决定和冯保决一死战。

冯保顺利地当上了掌印太监，又兼东厂督主，可谓宫内宫外大权在握，因此他根本不把高拱放在眼里。张居正目睹冯高二人的争权夺利，预感到朝廷又要有一场暴风雨来临了。张居正心如火焚，坐卧不安，满怀一腔愤怒之情，无处发泄，对内宫太监们一贯阴险狠毒之性，他是深恶痛绝的。可是外廷臣僚之间的尔虞我诈之性，他又何尝心安理得。从他入朝起，便见到夏言的被杀，严嵩的垮台，徐阶的离去，高拱的复出……他本想兴利除弊，扶正祛邪，有一番作为，以酬青云之志，却又遇到高拱刚愎自用，不容他人。隆庆帝刚刚驾崩，又有一场尔虞吾诈的争斗了……他知道自己无法左右这些，于是他决定不去参与，顺其自然，以静制动。

最终，高拱与冯保的争斗有了分晓。这天一上朝，就见御前太监上前一步急忙宣布："两宫太后和皇上有特旨在此，文武群臣细听着!"

接着，由冯保展旨，高声诵读："告尔内阁五府六部诸臣！大行皇帝宾天之先，召内阁三臣至御榻前，同我母子三人，亲授遗嘱曰：'东宫年少，赖尔辅导。'无奈大学士高拱，揽权擅政，威逼自专，通不许皇帝主管。我母子日夕惊惧，便令回籍闲住，不许停留……"

面对这晴天霹雳，高拱恼羞成怒、又恨又急，气得他三魂爆炸，七窍生烟，从脚下到头顶渗出阵阵冷汗，差点儿没昏过去。

张居正望着高拱远去的背影，一股悲凉之感顿时涨满全身。在听旨之初他或许还颇觉暗喜，可此时，他已说不清是喜是悲，忧虑的思绪变成了一匹野马，在狂荡地、无目标地胡乱驰骋。

高拱被罢了官，高仪不久也谢世，剩下张居正一人独守文渊阁，独挑了首辅的重任。

十年寒窗，坎坷升迁。一生功名所求，现已达到了巅峰，真可谓一人之下，万人之上了。可一旦权柄在握，张居正反倒有些茫然了。他清醒地知道自己所处的位置将是祸福旦夕的险境，是生拼死夺的战场。凡行事做人，当更加小心谨慎。

自然，张居正心中也充满着实现凤愿的喜悦和整治朝政的决心。踌躇满志之情与优柔慎微之心兼而有之，倒使得张居正处理事情时相得益彰，既有深思熟虑的见地，又不乏义无反顾的勇气。

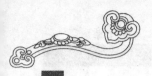
受命先帝，教辅幼主

明神宗朱翊钧当皇帝时年仅 10 岁，所以皇帝的教育问题成为内阁首辅张居正的头等大事。

张居正深知教育好一个皇帝是一件利国利民的大事，于是他自己毅然肩负起教育小皇帝的责任。他每日除安排好功课外，还专门为万历帝讲解经史；将每日早朝改为每旬三、六、九日上朝，其余时间均安排给万历攻经读史；又请李太后移居乾清宫，让其与万历同住，以便朝夕照料，调理管束。

万历读书的地方叫文华殿，坐落在紫禁城东部，为历代皇帝就读省事之处。

10 岁的万历帝，尽管身已为人主，心则终属顽童。他爱玩、爱闹，天性活泼。可当了皇帝，一切不能任性而为。严厉而令人敬畏的张居正先生不仅亲自为他讲解经史，而且还为他任命了五个讲经说史的老师，两个教书法的老师，为他修订了厚达一尺多高的讲义。每日上午，他要学经书、书法、历史。这其中，还要在冯保和其他宦官的帮助下，把当天臣僚们上奏的本章一一亲览，在张居正"票拟"旁边用御笔作出批示。他有时觉得很有趣，尽写些"如拟""知道了"一类的字，如同练习书法……吃过饭后的时间他本可以自由支配，却仍不敢松懈半分，因为李太后和冯保嘱咐他要温习功课，第二天必须把所学的内容背诵出来。如果准备充分，背书流利，张居正先生就会赞颂天子圣明；如果背得结结巴巴或读出别字错字，张居正便会以严师的身份加以训斥，使他感到惶恐。

在这样严厉的督导下，万历的学业自然不断长进，然而他的天性也日渐受到压迫。登位不过6个月,他似乎已尝到了皇帝不好当的滋味。

转瞬已是第二年正月,春回大地,花木伊始。再过3天就是上元节了,万历记起父亲在世时,每逢上元,便会牵着他满宫转悠,那遍地的烟火、新奇的宫灯,把紫禁城照耀得如同白昼,令人叹为观止,流连忘返。如今正值自己登位,正式启用万历年号的头一年,一元伊始,万象更新,自己为什么不也趁机热闹一番,轻松轻松一回呢?

想到这里,他不觉心旌动摇,手握朱笔,字斟句酌,拟出一道手谕,要宫中精心布置,广扎彩灯,庆贺新元,并要为李太后整修行宫,以表节日不忘思孝之意,如此等等。写完,他反复看了几遍,自觉非常满意,自登基以来这是他第一次发号施令,感到很激动,不觉手舞足蹈起来。他叫随侍太监将自己的手谕立即送交文渊阁。

不到半个时辰,只见张居正匆忙赶来。一见面,就问万历帝:"刚才的手谕真是陛下之意吗?"

万历见张居正面色庄重,吃了一惊,不知自己办错了什么事,讷讷回答说:"是……是朕本意。先生以为有什么不妥吗?"

"陛下有所不知。本朝自嘉靖、隆庆以来,国库日见匮乏,每岁收入仅250万两,而支出却高达400万两,如此入不敷出,足见国体倾危,生机凋敝,当全力开源节流,以图振兴朝政。陛下应力戒浮华虚荣,厉行廉洁节约,以作全国之表率。"

万历被张居正一番话说得无话可答,他认识到手谕必定是下不成了,心里很有些不舒坦。可张居正是内阁首辅,又是自己的老师,那道理讲得有根有据,天衣无缝,不舒服也得听,于是他赶忙说:"就依先生所言,朕即刻收回成命。"

"若得如此,实乃社稷苍生之福。"张居正有些激动,他从内心暗暗叹说:真是个明事理,晓大义的幼皇啊!

转眼暑天渐过,已是鹅黄蟹肥了。

万历勤学苦读,孜孜不倦。除了一早一晚在乾清宫起居,大部分时间全消耗在文华殿中。

张居正作为老师，为了让皇帝学得快点、好点，就根据皇上的年龄特点，亲自编撰了一部《帝鉴图说》供皇上学习。这部书里写了历代皇帝的故事，分成好的和坏的，一共117篇，每篇故事前边画一幅图画，图画后面有文字解说，如同是一部通俗的连环画，图文并茂，好读易记，小皇帝非常爱读，整天翻来翻去。

万历终究还是个孩子，他有时觉得太压抑了，就想偷偷地到别处去玩玩。一次，他正在四处乱转，一没留神，脑袋撞在殿中的一根大立柱上，撞得他满腔怒火，提脚向那根柱子踢去，那柱子纹丝不动，倒把脚撞得发麻。此时，上下一起疼，万历更加恼火，便四处寻找东西，巴不得猛摔一阵方解心头之恨。

> 四海升平，翠帷雍容探六籍；
> 万几清暇，瑶编披览惜三余。
> 纵横图史，发天经地纬之藏；
> 俯仰古今，朝日就月将之益。

这些对联均出自张居正之手，万历看来半懂半不懂，他只晓得那无非都是劝他好好读书，时时警策，做个贤明君主，以给祖宗争光，名垂青史，至于如何贤明，怎样才算贤明，他却昏昏然。他想或许就是要听张先生和母后的话吧。思索到这儿，万历赶紧回到房内，继续学习起来。

一天，万历要练习写大字，张居正把明太祖的《太宝箴》拿给他说："你就写这个吧！你不仅要写好，而且还要会背诵，会讲解。"

万历像个小学生，仔细地写着、念着、背诵着，面对墙壁一句一句讲解着。张居正看了舒心地点了点头。

张居正作为皇帝的大臣，是俯首帖耳尽心尽力维护幼主。可作为皇上的老师，他从来都是非常严厉的，该批评的该指正的从不留情面，他一心只想着把皇上教育成一个好皇上。

在张居正的谆谆教导下，万历一天天长大，一天天成熟起来，他已明白了不少为人处事的道理和治理天下的韬略。

为了检验万历帝学习的效果，张居正给他讲了一个宋仁宗不爱珠宝玉器的故事。故事讲完了，他说："自古以来，那些只看重珠宝的君主，却不可能干出大事来。"

万历帝马上接着说："珠宝是没有用处的东西，贤臣良将才是真正的宝贝。"

张居正一听，露出几分欣喜之色，连忙夸赞说："陛下说得很对。凡是圣明的君主，重视五谷，对珠玉看得很淡薄。因为五谷能养人，珠玉呢，饿了不能当饭吃，冷了不能当衣穿。"

"先生说得有理。"万历帝说，"宫里的人都喜欢珠玉，可每年的赏赐，我都很节省，不轻易拿珠玉赏人。"

"陛下这样圣明，真是大明朝的福气，也是黎民百姓的福气。"张居正高兴地赞扬着，他想：皇上已经可以担当起治理国家的重任了，他总算没有辜负先帝的遗嘱。

励精图治，巩固边防

耳闻目睹了"庚戌之变"的张居正，对国家的安全和军队的素质极为担忧，他从那时起就在谋划着对边防的整顿，立誓一定要使边关安定，人民和睦，尤其是汉族和少数民族的关系问题。

隆庆元年（1567），张居正入内阁参政后，鞑靼首领俺答率军直逼山西中部，北京十分危急，尽管后来敌兵在大肆掠夺之后引兵北退，但皇上和大臣均认识到非得彻底整顿软弱无力的边防了。当时任内阁首辅的是徐阶，有个任工科给事中的吴时来上疏引荐谭纶、戚继光驻兵于蓟州，加强北部边防。这一建议马上得到首辅徐阶的支持，但由于新任兵部尚书霍冀对情况并不熟悉，而张居正与吴时来、谭纶、戚继光又都是徐阶所重用的人，这样，在内阁中主持整顿蓟、辽，巩固

边防的重任就落到了张居正身上。张居正从整顿边防着手，正式开始了他酝酿已久的改革事业。

张居正大胆地启用了一批才智双全的将领，对他们"委任责成""信而任之"。所以，"一时才臣，无不乐为之用，用必尽其才"。他所重用的谭纶、戚继光、李成梁、王崇右、方逢时等人，都大显身手，充分发挥了他们的聪明才智。

当时，北边战守的重心在蓟州。抗倭名将谭纶、戚继光主持蓟州防务后，张居正给予大力支援。谭纶提议造筑敌台，张居正马上答复："昨议增筑敌台，实设险守要之长策，本兵即拟复行。"谭纶遂与戚继光"图上方略，筑敌台三千，起居庸至山海，控守要害。"

想当初，建立过显赫战功的抗倭名将戚继光，奉调从浙江北上蓟州，总理蓟州、昌平和保定三镇的防务，担当起守卫京师大门的重任。他从内心里感激朝廷的重用，怀抱着战死疆场的壮志走马上任了。然而，等待他的却是一片令人揪心的景象：但见烽火台犹如土堆一般，军士老弱病残，衣衫褴褛。兵器更是刀卷口、枪折尖、弓失箭。更头疼的是那些多如牛毛的文官们，既不懂行军打仗，又不谙兵法韬略，却总爱对武将们指手画脚，乱出主意。这一切，使他不由连连悲叹："如此景象，焉能御敌？简直是儿戏！"

幸运的是，他上任后强烈要求改革蓟州军备的想法，得到了内阁大学士张居正的赞赏和支持。他暗暗庆幸遇上了这么一位值得敬重的知音。无论他有何计划，只要一封信写到张居正那儿，很快便有答复。还有什么比受人理解和支持更令人感动的呢？戚继光在短短的几年里，整顿防区，训练新军，一切均按他的计划有条不紊地进行着，使他的军事才能再次得到充分的发挥。戚继光以对倭作战的浙江兵士为骨干，根据蓟州的地理条件和同蒙古骑兵作战的特点，从实战出发，构建工事，加强军事训练。

不久前，张居正又给戚继光送来亲笔信，通知他朝廷将派人来检验他练兵的成果。信中特别叮咛他须妥善安排，说这是幼皇登基后首次派官员出巡，既可向幼皇表忠，亦可令朝野不明之士开开眼界，总之是一次绝好的机缘。戚继光十分明白张居正的良苦用心，他自然不能辜负这位新任首辅多年来对他的信任和支持。经过几天的苦思冥想，一个以组织一场军事演习的办法来展示他治军成果的计划终天形成了，他要让张居正放心，让皇上满意。

戚继光就这样常备不懈，励精图治，在他镇守蓟州16年间，这里一直相安无事，边界太平。在整顿边防的过程中，张居正与戚继光私人之间也结下了深厚的友谊。

在辽东方面，张居正任用出身贫贱，但有大将之才的李成梁镇守。从隆庆元年起，李成梁在辽东屡败蒙古土蛮入犯，其后被提为总兵镇守辽东。李成梁镇守辽东22年，先后10次传来捷极，其武功之盛，是数百年来未曾有过的。

万历三年，辽东朵颜的长董狐狸屡次挑起衅端，朝廷大臣一片惶恐。这个仗是打还是不打，众说纷纭，莫衷一是。张居正经过再三权衡，果断地提出，此仗非打不可。他认为辽东的那些土蛮向来骄横，他们又想通市纳贡，又不愿称臣，对他们绝不能手软，须以威当先，在威上才可谈恩。况今日辽东今非昔比，总兵李成梁骁勇善战，且有戚继光从侧翼钳制。若长董狐狸果真来犯，正可乘机予以重创，打下他的气焰，让他乖乖就范。这对整个边防之巩固将有很好的影响。他立刻修书，分别致函李成梁、戚继光，要他们加紧侦察巡逻，掌握详情，准备迎敌。半月之后，长董狐狸纠合数万余骑包围了辽阳城，自以为大功告成，殊不知早落入李成梁和戚继光布下的天罗地网之中。一场激战下来，长董狐狸人马死伤过半，尸横遍野，鬼哭狼嚎，长董狐狸左冲右撞，鼠窜而逃。

辽东大捷彻底地灭了敌人的威风，使他们再也不敢进犯了，这样一来，辽东一线太平无事，人民安居乐业，处处一派祥和安宁的景象。

在宣化、大同方面，张居正任用王崇古、方逢时镇守。他们修边墙，开屯田，加紧练兵，防御力量大大增强。

在张居正的主持下，经过几年的努力，扭转了长期以来边防败坏的局面。战守力量猛增，蒙古犯边逐年减少。

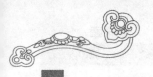

在加强防御力量的同时，张居正积极寻求改善蒙汉关系的途径，他命令沿边将帅，要抓住一切有利时机，积极发展同蒙古的友好往来，有一线的和平希望，就不要轻易兵戎相见，一切为广大人民的生命财产及生活安宁着想。宣大总督王崇古多次派遣同蒙古有关系的人，深入蒙古内部，发表文告并宣布：番汉军民凡由蒙古投奔汉族地区者，一律以礼相待，接纳安置。这些措施在蒙古地区果然引起巨大反响，投奔人口越来越多。隆庆四年（1570），鞑靼土默特部落的汗王俺答、俺答的儿子黄允吉、孙子把汉那吉三代人共同争夺年轻貌美的女子三娘子。后来，那三娘子被俺答一人独占，其孙子把汉那吉妒火中烧，盛怒之下奔赴大同，叩关投降。宣大总督王崇古和大同巡抚方逢时一面款待把汉那吉，一面上书朝廷，要求借此封贡通市。是否接纳把汉那吉，在朝廷里出现了严重分歧。张居正主张接纳，认为接纳了把汉那吉是改善蒙汉关系，发展同俺答友好往来的绝好机缘。而很多大臣则反对接纳把汉那吉，认为那样必将招来祸患。也有人主张索性杀掉把汉那吉，以绝后患。在朝廷上下议论纷纷、莫衷一是的情况下，张居正力挽狂澜，一面火速派人叮嘱王崇古说，接纳把汉那吉一事，事关重大，一定要慎重行事，切勿简单处置，坐失良机。同时，张居正又将事情原委以及应采取的对策，报告了皇上，终于使隆庆帝下决心接纳把汉那吉。

接纳把汉那吉后，俺答果然亲率重兵前来索取，致使朝野震恐，许多人都惶惶不可终日。不仅原先反对接纳把汉那吉的人认为这下大祸临头，就是一般人也都认为捅下了大乱子。这时，张居正一面要王崇古坚持初议，审定计谋，勿为众言左右；一面又给王崇古出主意、想办法，要他开展攻心战术。按照张居正的谋划，王崇古立即派遣鲍崇德为使臣出使俺答军中，告诉俺答说他的孙子把汉那吉生活得很好，明朝待他甚厚。接着又说明，把汉那吉不是我们引诱来的，而是他本人仰慕中原文化自动投奔来的。我们对把汉那吉以礼相待，俺答反而兴师问罪，岂非以怨报德！如若迫使双方开战，则把汉那吉的生死难卜。俺答听了觉得言之有理，复派使臣至大同。王崇古让把汉那吉穿上红袍玉带与俺答使臣会晤。随后，王崇古又以明朝皇帝的名义表示，愿礼送把汉那吉返回蒙古，把汉那吉十分感动，遂与王崇古挥泪而别。俺答见到其孙把汉那吉在明军的护卫下安全归来后，欣喜若狂，立即决定退兵，并上表称谢，表示今后永不犯边。从此，明朝与俺答终于结束了长期以来的对峙状态和战争关系，揭开了和平友好的新篇章。

在蒙汉关系改善的基础上，张居正积极主张对俺答实行"封贡通市"，即朝廷封俺答以一定的官爵，定期朝贡、互市，和睦交往。

把汉那吉返回蒙古后，俺答再次请求"封贡通市"。按照张居正的意见，宣大总督王崇古正式向朝廷建议，对俺答宜实行"封贡通市"，发展友好交往。兵部尚书郭乾以先皇圣训为依据，坚决反对，甚至有人攻击王崇古与俺答有密议，有人说王崇古害怕打仗，所以主张"封贡通市"。许多人认为，讲和示弱，封贡通市，遗祸无穷。张居正对这种观点进行了具体的分析，指出现在是俺答乞求"封贡通市"，这与汉代的和亲、宋代之议和是完全相反的。他在给王崇古的信中说："封贡事乃制虏安边大机大略，时人以妒嫉之心，持庸众之议，计目前之害，忘久远之利，遂欲摇乱而阻坏之。国家以高爵厚禄畜养此辈，真犬马之不如也。"张居正为了支持"封贡通市"，向穆宗隆庆皇帝详细阐述了"封贡通市"的好处，并用明成祖加封蒙古和宁、太平、贤义三王的史实为根据，请求隆庆帝援例实行。在张居正的努力下，终于决定封俺答为顺义王，三娘子也被封为忠顺夫人，规定每年贡马一次，并在大同、宣化等地选定十余处开设互市。俺答的夫人三娘子由于发自内心地敬仰中原文化，希冀做治世

张居正像

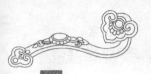

巾帼，在此后的岁月里，尽心尽力协助俺答共守边界安宁，制止那些尚武之徒的烈性。由此深得蒙汉两族人士的尊重。每逢她生日之际，宣大总督和大同巡抚都邀她欢宴，以示庆贺。这样一来，双边关系日益密切和好，蒙汉人民如同一家，共享太平盛世。

"封贡通市"的实行，有力地促进了蒙汉两族社会经济的发展。蒙古的金银、马匹、牲畜、皮裘、木料等物，源源不断地流入内地；中原地区先进的生产技术、生产工具、种子等，亦在蒙古地区广泛推行开来，使大片荒地变为良田。开矿、冶炼以及各种手工业技术都迅速发展起来。

张居正通过重用英勇善战的将帅，整饬边防，加强守备，改变了正统以来边防日益废弛的局面；通过重用足智多谋的边帅，改善蒙汉关系，改变了自明朝开国以来一直与蒙古所处的敌对关系和战争状态，发展了两族之间的友好交往，促进了我国多民族的统一国家的形成和发展。如果说洪武和永乐年间，是用以攻为守的策略保证了北部边防稳固的话，那么，自张居正改善蒙汉关系以后，则是以和睦修好保证了北部边界的安宁。这是完全符合历史发展趋势和各族人民共同愿望的。张居正整饬边防、改善蒙汉关系的重大改革，是以其丰硕成果，载入史册的。

改革吏治，富国强民

张居正出任内阁首辅后，针对朝中空议盛行、不务实际、人浮于事、政令不通的现状很是担心。他曾和内阁次辅、大学士吕调阳对此作过多次讨论，慷慨激昂，痛切时弊，激奋之情溢于言表。他下决心

千秋功过谁与说
——说说历史上那些宰相们

要彻底改革吏治，为他的一系列改革铺平道路。因为他现在纵有许多想法，都是无法实施的。自己的主张要靠外廷这些部、科、院的大小官员去办，可相识满天下，知心有几人？怎样才能把这群各自为政、一盘散沙似的"散兵游勇"捏合成一支令行禁止、进退自如的精锐之师呢？他心里一直在暗暗地思考着。

不料，一班大臣竟在一起高谈阔论，说他们原以为张居正在朝，当行帝王之道，现在看其一番言行，只是为了富国强兵，不过如此，未免令人失望……

张居正听到后，心里很不痛快。他对大臣们的不相知，委实感到愤怒。想自己掌权后，也议了几回政，可才涉及富强二字，就有人斥为"霸术"，非"王道之政"，真令人啼笑皆非。孔子论政，开口便说"足食""足兵"；周公立政，又何尝不欲国之富强？难道为官当政明明吃着俸禄却不问五谷杂粮从哪里来，只须满口说得一番仁义道德，国家就繁荣昌盛了吗？

吕调阳很同情张居正，见他心情不好，便轻声相劝说："首辅做事一向光明磊落，公正无私，些许小人之见，有什么可怕的？"

张居正摇摇头说："不然。我所顾虑的是此类人不是太少，而是太多。就因为朝廷官员力量不集中，自嘉靖、隆庆以来，多少才智，全用来补东耗西，左遮右挡，遂一事无成，相互抵消。久而久之，真才实能之士不能进，刁钻逢迎之人却安如泰山。更有甚者，主钱谷者，不对出纳之数；司刑名者，未谙律例之文……以此如何奢谈安邦定国？想人臣受国厚恩，坐享利禄，务要强根本，振纪纲，同心效国，怎能不知恩图报，尽在那里效腐朽老儒之余谈，兴无谓争斗之陋习呢？"

这样针针见血、痛快淋漓的政论，吕调阳还很少听到过，不由得肃然起敬，感到张居正确是个了不起的真才。吕调阳心中暗暗涌起了一股热流，想与张居正协力做几件名垂青史的事情。他略加思索，向张居正建议说："不如由首辅大人您创议，会商诸大臣，草拟法令，奏请御批后，诏告天下，凡不务实事，空发虚论的游谈之士，皆不进提迁，使勤勉卓著的贤明人士为国尽才！"

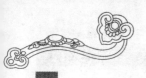

张居正轻轻叹息。他心里明白，吕调阳是只见其然，未见其所以然。法令也好，章程也好，一切的一切，只是纸笔的浪费。纸从北京南纸店里出来，送进衙门，经百官之手办过之后，又出衙门，转悠一大圈，进另一衙门归档，从此便杳无音讯，不见天日。即使再拟一百个法令，又有什么用？他心里明白得很，个中症结不在这里，而是他早在几年前的《陈六事疏》中就指出过的，必须综核名实。在其职，做了什么事，名实相符，就能赏罚得当……张居正指了指公案上堆放着的厚厚一叠《大明会典》，宽慰地说："足下有所不知，本朝法令、典章已经够用，毋庸多立。盖天下之事，不难于立法，而难于法之必行；不难于听方，而难于言之必效。若询事不考其终，兴事不加审查，上无综核之明，人有苟且之念，虽使尧舜为君，亦恐难有所建树！"

吕调阳听后恍然大悟，大有"与君一席话，胜读十年书"之感，连连点头称是，说："首辅所言切中要害，使我茅塞顿开。法之不行，实为人不力也。不议人而议法，无异于隔靴搔痒，不着边际。不知首辅对此已有何对策没有？"

"这个嘛——"张居正思索片刻，笑着说，"今晚正逢十五，明月当空，请足下往吏部杨大人处去一趟，相约到敝舍小聚，一同商议怎么样？"

"如此甚好。"吕调阳应声说。

晚上，皓月当空，一片清辉。吕调阳和吏部尚书杨博一同来到张居正寓所，三人品茗赏月，商讨国是。

张居正取出一份文稿对他二人说："今日请二位来，是想同商要事。此乃准备奏请对各衙门随时考核的拟稿，务请二位仔细品评，不吝赐教。"

吕调阳和杨博二人借着烛光，从头仔细读来，只见那奏疏文稿上写着：

臣等窃见近年来，奏事繁多，各衙门题覆，殆无虚日。然奏事虽勤，实效甚微。言官议立一法，朝廷曰："可"，置邮而传之四方，则言官之责完矣，不必去问其法果行否；部臣议除一弊，朝廷曰"可"，置邮而传之四方，则部臣之责完矣，不必去问其弊果除否。某罪当提问，或碍于请托之私，概从延缓；某事当议处，或牵于可否之说，难于报闻。如此从政，指望有所作为，岂不难哉！臣居正于先帝时，曾上《陈六事疏》，对此早有专议。特请自今伊始，凡六部都察院，遇各章奏，俱先酌量远近，事情缓急，立定程期，置文簿存照，每月终注销，其有转行复勘，提问议处，催督查核等项。另造文册二本，一送科注销；一送内阁查考。每于上下半年缴本，类查簿内事件，有无违限未销。若各巡抚、巡按官，奏行事理，有拖延迟缓者，由该部纠之。各部、院注销文册，有容隐欺蔽者，由臣等纠之。六科缴本具奏，有容隐欺蔽者，由臣等纠之。如此，月有考，岁有稽，不惟使声必中实，事可责成……

二人看完，抬起头来。吕调阳早已忍不住，拍手称好："一矢中的，妙不可言，观后如同喝了一杯陈年老酒，可谓通体酣畅！"

杨博也对张居正投去钦佩的目光，"首辅此议想是由来已久吧！"

"先帝尚在就有想法了，日日所思，几回夜不成寐。"张居正见他二人非常快意，心里充满感激和兴奋之情。

是啊，张居正为了他的这个考成法可以说是煞费苦心。

早在隆庆六年十二月，张居正就奏请纂修世宗、穆宗两朝实录。他在奏疏中指出，世宗实录从隆庆元年起开馆纂修，历时 6 年未能完成，其原因就在于没有"专任而责成之故。"他提出："事必专任，乃可以图成；工必立程，而后能责效。"据此，他责成申时行、王锡爵专管《世宗实录》纂修，张溶专管《穆宗实录》，并要他们定出逐月进度，完成期限、岗位责任、检查办法、考核制度等。由于要求详细，职责分明，考核严格，奖勤罚怠，两部实录均按期完成。这是张居正考成法的最早运用。在纂修实录过程中，张居正深深意识到立限考成是行之有效的方法，治理国家也是这样。

万历元年（1573）十一月，张居正上疏请行考成法，神宗批准了他的请求。

张居正考成法的实际内容，正如他给皇上的奏疏中所讲的，最主

要的有以下两条：第一，六部和都察院把所属官员应办的事情规定完成期限，并分别登记在三个账簿上，一本由部、院留作底册，一本送六科，一本呈内阁。第二，六部和都察院按照账簿登记，对所属官员承办的每件事情，逐月进行检查，完成一件，注销一件，如果没有按期完成，必须如实申报，否则以违罪论处；六科亦根据账簿登记，稽查六部的执行情况，每半年上报一次，并对违限事例进行议处；内阁同样根据账簿登记，对六科的稽查工作进行查实。这样，六部和都察院检查所属官员，六科稽查六部，内阁监督六科，层层检查，内阁总其成，内阁遂成为实际的政治中枢，这就是张居正的统治体系，也是张居正对明代吏制的一大改革。

明代的内阁，创设于永乐初年。洪武十三年（1355），明太祖朱元璋废除丞相制度后，丞相之权遂分至六部。这样，六部都直接对皇帝负责。明成祖即位后，为适应处理繁杂的朝政的需要，选拔一批品级较低的文职官员，于午门外文渊阁值班，参与机务，始有内阁之称。这时的内阁仅仅是辅助皇帝处理政务的秘书厅，权力极小。直到仁宗和宣宗时期（1425—1436年），内阁的权力才逐渐大起来。内阁的第一把手即首辅大学士，叫内阁首辅，近于丞相。但由内阁和内阁首辅直接控制从中央到地方各级官吏的制度，则是张居正改革的结果。

六科是明初设置的政治机构。明代的国家政务分别隶属吏、户、礼、兵、刑、工六部，各部均设尚书、左右侍郎。明初于六部之外，又设立了吏、户、礼、兵、刑、工六科，各科均设有给事中、左右给事中、给事中等官职。六科对六部有封驳、纠劾之权，是六部的监察机关。张居正用六科控制六部，这是明代的"祖宗成宪"，但用内阁来控制六科，则是他的创举和变革。张居正的统治体系，正是在这个变革的基础上建立起来的，他之所以得以令行禁止，成为历史上有名的"权相"，其组织保证即在于此。张居正当政期间所推行的各项改革，都是通过这个组织系统贯彻执行的。张居正加强中央集权的主张和措施，实际上就是加强内阁的统治权力，使内阁成为发号施令的指挥中心。

对久已衰弱的朝政来说，考成法的颁布实施恰如一股春风，催发了那些枯枝朽叶，文武百官，九卿科道，均为之一新，不敢有丝毫大意，均小心翼翼，唯恐有半分差池。各部、院均认真仔细地执行考成法，对未按立限完成的违限事件，稽查的处罚极为严格。如万历三年（1575）正月，查出各省抚按官名下未完成事件共计 237 件，抚按诸臣54 人。凤阳巡抚王宗沐、巡按张更化，广东巡按张守约，浙江巡按肖廪，都以未完成事件数量太多而被停俸三月。万历四年（1576），朝廷规定，地方官征赋不足九成者，一律处罚。同年十二月，据户科给事中奏报，地方官征赋不足九成受到降级处分的官员，山东 17 名，河南2 名；受革职处分的，山东 2 名，河南 9 名。运用考成法来整顿赋役，迅速改变了拖欠税粮的境况，做到了民不加赋而上用足。

由于考成法严明赏罚，随事考成，因而使官员们办事的效率大大提高了，整个明朝政府自上而下，如同一台流水线作业的机器，各项工作有条不紊地进行着。

整顿法制，严惩贪腐

通过立限考成，使每个官员都有了确切的职守，这样管理起来自然方便许多。张居正以推行考成法为中心，决心使腐败到极点的吏治得以整顿，使腐败之风得以改变。

张居正根据立限考成的三本帐，严格控制着从中央到地方的各级官吏。每逢考核地方官的"大计"之年，张居正便强调，要把那些秉公办事、实心为民的官员列为上考，把那些专靠花言巧语牟取信任的官员列为下考，把那些尸位素餐的冗官尽行裁撤。万历八年（1580），张居正下令撤去了苏松地区擅自添设的管粮参政，并责成吏部检查各

省添设官员人数，核实上报。万历八年，一次裁革冗员（闲散官员）169名。在他当政期间，裁革的冗员约占官吏总数的十分之三。与此同时，张居正又广泛网罗人才，把那些拥护改革、政绩卓越的官员，提拔上来，委以重任，信而用之。万历四年十月，万历帝审阅了关于山东昌邑知县孙凤鸣贪赃枉法的报告后，问张居正：孙凤鸣进士出身，为什么这样放肆呢？张居正说："孙凤鸣正是凭借进士出身的资历，才敢这样放肆。以后我们用人，应当视其才干，不必问其资历。"皇帝同意了他的意见。这样，张居正以圣旨做依据，彻底打破了论资排辈的传统偏见，不拘出身和资历，大胆任用人才。他主张用人时要"论其才，考其素"，即对才能和品德进行全面考核。同时，他又注意到每个人的长处和短处，用其所长，避其所短，被他选用的文武官员都在改革中发挥了积极作用。

对于因工作政绩而被赏罚的官员，无论是升迁或是被革职，他们都是心悦诚服的，因为有考成法在，立限考成，一目了然。可是对于朝廷上下滥用职权、以权谋私、收受贿赂等问题，却很难断定是非，尤其是难以公平处理。有些官员大量侵吞国家财产，欺压百姓，但因政绩突出，甚至还会被升迁。

面对此种现象，张居正觉得有必要针对具体问题，制定出行之有效的办法，彻底整治这股腐败风。

正在张居正着手制定新法规的时候，忽然接到了吕调阳送来的奏本。张居正一看，原来山东布政司，报告孔圣人后代"衍圣公"每借进京朝觐之名，沿途骚扰各路驿站，苛派强索，百端生事，且夹带走私，交通沿线深以为苦，提请朝廷议定出一万全之策加以制止。

张居正看后，面色阴沉，坐立不安。这件事非常急迫，却又非常棘手，这也正是他近日在反复思考的问题。这件事的处理，有关国家体制，弄得不好就要伤筋动骨。此事看起来似是圣人之后德行不佳，实则牵扯驿递制度的久成因循，正是这些才给不法之徒以可乘之机，必从根本上治理才行。

吕调阳知道张居正的心思后，忙说："我查过《太祖实录》，有关驿递的规定异常严密，非有军国大事没有使用的权力，即使公、侯、驸马、都督奉命出行，也只准随带从人一名。《实录》还记载吉安侯陆仲亨从陕西回京，擅行使用驿站车马，被太祖获知后，斥责他不念民间疾苦，胡作非为哩！"

"对！此典故我也多次与圣上提到过！"张居正没料到吕调阳倒预先有过一番深思熟虑，不觉拍手称好。"可是，毕竟已经时过境迁啦！"张居正又担忧起来。

是啊，太祖时代毕竟早已过去了。当年，够资格使用驿站的标准只有 6 条，而现在呢，竟已扩充到 50 条之多，且条条都有勘合（类似今天的护照、签证），京师勘合由兵部发出，其余由各地巡抚和巡按发出，发只管发，从无缴还期限，一张勘合，几成终身之用，更可转赠他人，以作人情。这样一来，驿递各线深受其苦，领用勘合之人到得驿站，如同拿了尚方宝剑，百般索取，全都无偿征用，尽入私囊……所有这些，张居正早就了然于心，只是未想出什么行之有效的办法来。

吕调阳见张居正愁眉不展，以为他顾虑太多，有些急不可耐，冲口而出："这送上门的机会不用，首辅更待什么时候？"

张居正不由得一怔，他望望吕调阳一副跃跃欲试的样子，不觉为他日渐进取的气概而暗自吃惊，"足下莫非要我拿衍圣公来开刀？"

"一不做，二不休，此举定能震慑四方！"吕调阳魄力十足。张居正满意地点点头。

张居正低头认真思索了一下，眼睛一亮，拿定主意，便又问吕调阳："照旧例，圣人后代该是九月进京朝觐吧？"

"是的。"吕调阳点点头。

"好！我们务必赶在此之前，草拟一项驿递新规颁告天下，令各路驿站着即执行。"张居正下定决心，以驿递新规为契机，彻底整顿腐败现象。

"对对对，有考成法作后盾，驿递新规当可畅通无阻；赶在九月之前即刻颁下，又可令衍圣公之流自入瓮中。"吕调阳摇头晃脑品评一番，越品越有滋味，不禁开怀大笑起来。

张居正经过深思熟虑，反复推敲，又参考了明太祖时的条规，终于制定出一部新的驿递新规来。正值此时，吏部尚书杨博患病，他怕自己病难痊愈，一旦不测，不能叶落归根，又恐多扰张居正，干脆写下辞呈，请求回老家山西蒲州调理。

张居正接到司礼监转来的这份辞呈，心中很是不安，急忙来到杨博家看望他。张居正想劝杨博留下来继续辅助他改革，但看到杨博这副病态，又不忍心强劝他留下。张居正哽咽着说："居正受命于多事之秋，才疏学浅，勉为其难。幸得杨兄多方关照，且身体力行，为居正分忧解难，每思于此，实难舍杨兄……唉，这也是居正缘分太浅哪！"

杨博吃力地摆摆手："首辅言重了。博一老朽，官场一生，空负圣恩。唯晚年知遇首辅，也算做了几件有益之事，博平生足矣！还望首辅百尺竿头，更进一步，锐意进取，以图中兴大业！"

张居正感激地点头称是："杨兄所嘱，居正铭记在心。"

两人感叹了一会儿，杨博又问起驿递新规的事，张居正告诉他只待颁诏了。杨博听后，忘了自己是大病之人，硬是要听听条款细目。张居正无奈，只好仔细陈述一番。其内容大致是：

凡官员人等非奉公差，不许借行勘合；非系军务，不许擅用金鼓旗号，虽系公差人员，若轿杠夫马超出本数者，不问是何衙门，俱不许差派。

凡经过官员有勘合者，除本官额编门皂量行带用仆，不许分外又在里甲派取长行夫马。

凡经持勘合自京往外省者，由兵部给内勘合。其中仍须回京者，回京之日缴还勘合；无须回京者，即将该勘合缴所到省分抚、按衙门，年终一并缴回兵部。自外省入京者由抚、按衙门给勘合，至京之后，一并缴部。

凡内外各官丁忧、起复、给由、升转、改调、到任等项，俱不给勘合，不许驰驿……

当张居正陈述到"凡内外各官"这一条时，猛想起杨博即刻要致仕回故里，正应着不能给驿的新规，不禁有些窘迫，便止住不往下说了。杨博情知有故，偏不住地催他，张居正只得吞吞吐吐继续往下念。杨博仔细听完了，微微颔首称善说："很好。想驿弊一除，不唯使弄权之人收性，更可解百姓之苦也！"他顿了顿，长长叹了一口气，转而面带笑容，十分高兴地说："此一来，博有幸能成为第一个执行新规的人了。"

张居正连忙说："不，不，杨兄可以例外……"

杨博很坚决地摇了摇头说："首辅不必再劝，博早已做安排，三天前家人即已雇好牛车，只待请行了。"

"那杨兄病体，怎经得起牛车长行颠沛？再说，新规尚未颁下，杨兄完全可以暂循旧例呀！"

杨博仍然摇摇头说："新规虽未颁布，可满朝谁不知首辅正整治驿递？不能正己，又怎么能正人？值此紧要关头，我不能让首辅为难，就让我效最后一次力吧！"

张居正异常感动，他紧紧地握住杨博的手，再也说不出什么来了，他胸中奔涌着一阵阵激情。多好的大臣啊！如朝中官员均如杨大人这般，何愁腐败不除，何愁国家不兴？

从杨府出来后，张居正更加坚定了他改革驿递的决心，他要即刻请求皇上下诏施行。

驿递新规颁布后，混乱不堪的驿站大为改观，许多人立刻收敛了自己的行为，不敢再滥用职权，违法强索驿站财物了。但是有些官员却充耳不闻，依然我行我素，滥用驿站车马，万历五年（1577）正月，张居正开始对违制使用驿站的官员进行严惩，处罚了不少违纪官员。据《明实录》和《国榷》记载，万历八年五至十二月8个月中，违制使用驿站受处罚者达30人之多。其中革职者7人，降6级者11人，降3级者8人，降1级者3人，降职者1人。张居正的弟弟张居敬，由京回乡，保定巡抚主动发给勘合使用驿站，张居正获悉，除令其弟交回勘合外，又对保定巡抚进行了严厉斥责。

这样，经过张居正的整顿，改变了长期以来无法改变的滥发勘合、

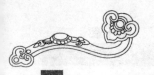

滥用驿站的混乱状况。既保证了军国要务的畅通，又节省了大量支出。

　　在整顿吏治过程中，张居正针对法纪废弛，君令无威的状况，把执法与尊君联系起来，以伸张法纪为中心进行整顿。辽王朱宪原是他的早年朋友，朱宪长大后在江陵一带横行霸道，民愤极大，地方官无人敢管。朝廷派人去调查，由于他百般阻挠，公开抗拒，致使调查人员不敢如实汇报他的不法行为。张居正得知后，毅然亲自抓这个案子，他秉公执法，不徇私情，毫不心慈手软，将朱宪废为庶人，最终为江陵除了一霸。当时，权势极大的太监冯保的侄子冯保宁，也凭恃其叔父的权势，狐假虎威，横行不法，鱼肉乡里，醉打衙门官吏，严重违反刑律。张居正一面派人向冯保说明情况，一面将冯保宁杖打四十，革职待罪。由于他雷厉风行地伸张法纪，有力地压抑了各种违法犯罪活动，保证了朝廷的安定团结，官员的清正廉洁，人民群众也能安居乐业，过着和平安宁的生活。

一条鞭法，清丈田亩

　　张居正的改革，是先由军事、政治着手，逐渐向经济方面推广。

　　明中叶以来，随着土地兼并的加剧和吏治的腐败，豪强地主与衙门吏胥相交通，大量隐瞒土地，逃避赋税，无名征科，多如牛毛，导致民力殚竭，不得安生。私家日富，公室日贫，到了非革弊整治不可的时候了。

　　大学士张四维和吕调阳纷纷向张居正提出建议，要求立即改革赋役，兴利除弊，并推荐了"一条鞭法"。

　　所谓一条鞭法，早在嘉靖年间就由部分有识之士在福建、江西等地开始实行了。最早由福建巡抚庞尚鹏提出。他主张把国赋、徭役及其他名目繁多的杂税、杂征、杂差统统合为一体，依据各家各户的具体境况重新核实编定，将有丁无粮的编为下户，有丁有粮的编为中户，粮多丁少和丁粮俱多的编为上户。在总数确定后，按照丁、粮比例，将所有赋役摊派到丁、粮里面，随同完纳。此即"一条鞭法"。但是，自那时起到现在50年来，朝中对此论争不已，各陈利弊，以致政令屡行屡止，从来没有形成统一之策。

"一条鞭法"，张居正不是发明者。但他清醒地看到此法于小民有利，且能稳妥地确保国库收入。在他入阁之后，也曾几次支持过福建、江西一带对这种政策的推行。但这"一条鞭法"是否就是改革赋役的最好办法呢？对此，他一则未深思熟虑，二则户部又无得力之人。他一向认为事在人为，再好的措施办法，没人去执行，亦是空话。就在前不久，他看到户部奏请万历下诏，要追征田赋积欠，每年带征三成。尽管他知道此法有些不合适，但想到一些殷实之户，确有爱拖欠赋税的顽习，拖久了也就不了了之，倒是穷家小户势单力薄，不敢违抗。久拖久欠，不光国库收入不稳，且也是一笔糊涂账。因此他不得不票拟"准奏"。此诏一下，各地巡按便纷纷有疏，都说百姓负担过重，朝廷催科太急……由此他更坚定了从根本上改变赋役制度的决心，也从中看出了户部不力，缺乏一个明智有胆识的领导。于是他对张四维和吕调阳说："诸位提及条鞭之法使我颇受启发。变革赋役，居正只是痛感必要，心如火焚。至于具体做法，尚未成熟。不过，当务之急是尽快加强户部力量。"

三人如此讨论一番，认为户部总管天下钱粮，干系重大，须选一持重精明且善理财的人来主管户部。思来想去，张居正觉得还是辽东巡抚张学颜比较合适。因为张学颜前不久曾上书，揭发辽东御史刘台贪污受贿，巧取豪夺，并以非法所得在家乡放贷买田，逃避赋税，鱼肉乡里。其文列论地方赋役诸多弊端，言简意赅，一针见血，是个难得的户部尚书的人才，因此张居正开始写举荐张学颜为户部尚书的奏疏。

上任后的户部尚书张学颜马不停蹄，深入各地调查研究，掌握了许多科派如毛，万民痛苦的情况，回京后一一向张居正作了汇报。他

感叹说："赋役之弊，确实到了非变不可的地步了，学颜在辽东任上，虽也曾在力所能及的范围里抑豪强，查田地，清溢额，减科派，但也只是杯水车薪，无济于事。想宛平仅一县之地，每年杂差乱征数之不尽，天下一千一百多县，又当怎么论？"

张居正默默地看着张学颜雄姿英发的神态，心中暗暗高兴。他暗自庆幸选他做户部尚书实在是选对了。看他上任才十几天，便将户部情况了然于胸，每日勤勉视事，且极善体察下情，相信他必能成为自己得力的臂膀。于是他想再试试张学颜的能力如何，遂问："目前赋役之变，当以什么为要？"

"这……"张学颜迟疑了片刻，见张居正对自己充满信任，也不掩饰，便直截了当地说："为今之计，只有诏令天下行'一条鞭法'！"

又是一个主张"一条鞭法"的。张居正暗暗高兴，却又故意问："条鞭之法，有极言其不便者，有极言其便者。毁誉不一，众说纷纭。但不知你是如何看法？"

张学颜激昂应答："我以为行条鞭法有四大好处。"

"哪四大好处？"

"其一，简化名目，把国赋、徭役及其他杂税杂征合为一条，下帖于民，备载一岁中应纳之数，除此再无其他科赋了；其二，公平合理，田多赋多，田少赋少，丁粮差重者派银亦重，差轻者派银亦轻，轻重均派于众，未尝独利独累于一人，使惯于欺隐规避者无所用其计，巧于营为者无所施其术；其三，扶正抑恶，将里甲办征改为官收官解，使官吏难开贿赂之门，里胥惧行索骗之计，世风一清；其四，以银代役，可使小民闭户而卧，无复追役之扰而尽力其田亩，于稼穑之计有百利无一害。"

"好！辩析明了，切中要害！"张居正居然情不自禁地拍案叫绝起来。那长髯被他口中气息吹扑得一起一落。他顿了顿，望着张学颜，不禁感叹地说："政以人举矣！若得天下为官之人都似足下这般清醒，朝政何愁不能中兴？"

张学颜谦恭地笑了笑说："既然首辅看法一致，那我明日即修疏奏请，尽快施行'一条鞭法'。"

要推行一条鞭法，首先就得将天下田亩丈量清楚，这样才好合理分配。张居正及时提出先在全国范围内丈地亩、清浮粮，并请朝中大臣就此各献良谋。户部尚书张学颜首先发表意见："清丈一事，实百年旷举。首辅有此创议，乃社稷之幸。只不知首辅于此事有多大决心，是一清到底呢，还是试试而行？"

"这话怎么说？"张居正不无兴趣地问。

"清丈事，在小民实被其惠，而于官宦之家，则殊多不便。据我所知，别的不说，单北京、山东、河南三处地带的田地，十之七八尽入勋戚权贵之家。一旦清丈起来，意见不同，碍于情面，摇于众论，畏首顾尾，患得患失，则良法终不可行，于社稷无补，倒徒增事端，又有什么用呢？"

张学颜的一番议论深邃畅劲，促使在场的人进一步考虑到问题的严重性。张居正听了大为惊叹，他从内心赞叹张学颜精明，几句话就切中要害。张居正当着众大臣之面，明确地表明了他的态度："既为大政，就得令行禁止，不得含糊。定出具体条件，一经颁告，管他权贵官豪，一并受此约束。无论如何，除钦赐公田外，但有余数，尽数报官，按条鞭之规，该纳粮纳粮，该当差当差，不在优免之列。惟此，才说得上精核，说得上一清到底。"

张居正责成户部尚书张学颜亲自主持清丈。凡庄田、民田、职田、荡地、牧地，通行丈量，限三年完成。所丈土地，除皇上赐田外，一律按地办纳粮差，不准优免。

户部随后颁行了统一的《清丈条例》，规定了各级官员的职责及其完成期限。嘉靖以来，不断有人提出清丈天下田亩的倡议，在张居正的努力下终于付诸实施了，这是当时震动朝野的一件大事。

由于清丈田亩触及了官僚、贵族、豪强地主的利益，所以遭到了他们的抵制和反抗，有些地方官对清丈田亩很不认真、很不得力，有的甚至公开庇护豪强，迟迟打不开清丈局面。张居正知难而进，坚定不移，他表示"只要对国家有利，不怕个人安危"。他运用考成法，严

厉督查各级官员认真清丈，对妨碍清丈的宗室、豪强，严加惩治。他下令："但有抗违阻挠，不分宗室、宦官、军、民，据法奏来重处。"他警示百官，"清丈之事，实为百年旷举"，不应"草草了事"、必须"详审精核"，"务为一了百当"。这样清丈田亩工作最终冲破重重阻力，在全国范围内开展起来。

万历九年（1581）九月，山东清丈完毕，增地 36 万余顷，吏部对有功官员进行了褒奖；同年十二月，江西清丈完毕，增地 6 万余顷，巡抚、巡按等 12 人受到嘉奖；同时，松江知府闫邦宁、池州知府郭四维、安庆知府叶梦雄、徽州掌印同知李好问，都因清丈田亩不得力、不认真，受到停俸戴罪管事处分。之后，各省陆陆续续清丈完毕，对有关官员都依照在清丈中的功过，分别给予嘉奖和降处。

清丈田亩的告成，为全面改革赋役制度提供了条件，户部尚书张学颜亲自起草的"一条鞭法"终于到了能够全面推行的时候了。万历九年，张居正下令在全国推行"一条鞭法"。这个"一条鞭法"正如张学颜所说的，有许多好处，其主要特点是：

第一，赋役合并，化繁为简。其办法是通计各省、府、州、县田赋和徭役的总量以及土贡、方物等项征派，归之一总，统一征收。

第二，差役合并、役归于地。明代的差役征派有三种：按户征派的叫做里甲，按丁征派的叫做均徭，临时征派的叫做杂泛。从征派形式来说，又有役差（即直接服役）和银差（即输银代役）的区分。一条鞭法规定，所有的徭役（包括里甲、均徭、杂泛）全部折合成银两缴纳，取消了扰民极大的差役征派；一条鞭法还规定，将银差摊入地亩，按亩征收。如有的"丁六粮四"（即将银差的十分之四摊入地亩征收），有的"丁四粮六"，有的"丁粮各半"等。

第三，田赋征银、官收官解。田赋征派，除漕粮缴纳实物外，其余部分一概征银。规定必须缴纳实物的漕粮，由民收民解（即押送），改为官收官解。明初实行粮长制，出纳万石田赋为一粮区，推其纳粮最多者为粮长，主管田赋的催征、经收和解运，称为民收民解。其后弊端杂生，遂改为官收官解。

　　"一条鞭法"的推行是与张居正创行考成法，整顿吏治、打击豪强、清丈田亩相辅相成的，没有这些条件，"一条鞭法"就难以推行。可以说"一条鞭法"的推行是张居正改革最终的归宿。张居正推行"一条鞭法"的直接目的是整顿赋役、克服财政危机、稳定明朝的统治，但它所产生的积极作用和重大影响，却远远超过了张居正的初衷。

　　"一条鞭法"将一部分户丁银摊入地亩征收，减轻户丁征派，加重土地负担，是有利于社会经济发展的。在地主制经济高度发展的明代，土地绝大部分在地主手里，户丁绝大多数在农民一边。把户丁银转入土地摊派，也就由农民一边转移到了地主方面。当然，这种转移并没有改变剥削的本质。它只不过是由对劳动力的直接榨取转化为对地租的再分配而已。国家加重对土地的征派，豪强地主千方百计地躲避这种征派，正是国家与地主之间瓜分地租再分配的斗争。但是，国家放松对于劳动力的直接控制，则为工商业的发展提供了便利条件。再加上一般工商业者并不占有土地或很少占有土地，从而也就摆脱了繁重的征派。"一条鞭法"推行以后，商业资本向土地投资的现象大大减少，就算有余资亦不置田产。"一条鞭法"关于赋役折银缴纳的规定，既是商品经济发展的表现，反过来又进一步促进了商品经济的发展，同时它还正式规定了白银在赋役征收中的法定地位。所有这些，都是有益于资本主义萌芽和社会进步的。

　　"一条鞭法"从明中叶酝酿至万历年间遍行全国，历时一个半世纪，几经波折，时行时停，最后定为国策，不能不归功于张居正顺应历史潮流、因势利导的努力。

一心为国，反遭弹劾

张居正自任内阁首辅后，一心为国家社稷着想，尽职尽责地辅佐教导幼主明神宗万历皇帝，力劝他亲贤臣，远小人，慎起居，戒游侠。又劝他罢节浮贵，量入为出，裁汰冗员，严核财赋。他积极进行改革，殚精竭智，一心为国，且舍身取义，不为毁誉所左右；兴利除弊，严明法纪，敢当重任。由于他的勤勉努力，使万历以来，主圣时清，吏治清正，纪纲振肃，风俗淳朴，烟火万里，露积相望，漠北骄虏，俯首称臣。

然而，也正因为如此，他也得罪了不少人。那些因张居正改革而触及了自己利益的人，对张居正十分敌视，千万百计地与他作对。也有的人与张居正政见相左，甚至嫉妒其才能和权力。他们认为张居正以宰相自居，挟天子以令天下，事无大小，均须听命于他，也太专横霸道了。种种不满和矛盾，不断地困扰着张居正，给他的改革带来了相当大的阻力。

万历初年，礼部尚书陆树声就因看不惯张居正的一系列做法而辞职。

陆树声在朝中算是个清流首领，向来恃才傲物，天生一副侠肠，把功名看得淡泊。张居正对他很尊敬，曾以后进之礼前往参谒。可他却不冷不热，弄得张居正非常尴尬。他对张居正的所作所为感到不以为然，不免时时耿耿于怀。他指责张居正不行王道，只顾富国强兵。在他看来，当首辅的应行大政，倡王道，举孝贤，清世风，而张居正一会儿节省钱财，一会儿派员巡边，一会儿要裁汰冗员，全是些鸡毛蒜皮的小事。他对张居正的考成法尤为不满。有一次，一名给事中提醒他说，有几件事他还未办，督他抓紧，不然将据考成法如实报呈阁部。他听后不禁勃然大怒，大发了一顿脾气，竟拂袖而去，一连几天也不进礼部办事了。

戚继光与李成梁两军大败长董狐狸，获得辽东大捷后，举国欢庆，唯张居正却心绪不佳。想辽东御敌，本是他一手策划，周密布置，又赖边关诸将同心协力，终将犯寇一鼓而歼，他为什么会不高兴呢？

原来，问题出在报捷上。

按照惯例，此次辽东大捷，应由辽东巡抚张学颜向朝廷奏报，不料半路杀出个程咬金，巡按御史刘台来了个捷足先登，把捷报抢先送入京师。从程序上说，这似乎只是个手续上的错误。然而，张居正看得很明白，这实际上是一种越权行径！巡按不得过问地方军事，这在本朝正统年间就曾明文规定。再说，辽东御敌，刘台既未参与军务，又未指挥实战，哪里由你来报捷？巡按既可报捷，那么，负实际责任的巡抚岂不就可卸责？这对封疆大事，必然又生出新弊病。

张居正在阁中向吕调阳和张四维说了自己的想法，他二人也觉得颇有道理，从综核名实的立场看来，不能就此放过。经过研究，张居正决定对刘台的处置可先礼后兵，先请旨动问，薄示警告，看其态度再作他论。同时可上疏奏请降诏，重申巡按之职只能是振举纲维，察举奸弊，摘发幽微，绳纠贪残。而巡抚则要措处钱粮，调停赋役，整饬武备，抚安军民，两者不得混淆。

辽东巡按御史刘台自发出捷报后，就天天在盼着朝中降旨封赏。不料，他盼来的圣旨非但没有加官晋爵，反而对他严加劾问。刘台气得七窍生烟，一腔邪火全部化作对张居正的切齿大恨。他茶饭不思，冥思苦想，精心写就一份奏疏，欲报此申饬之仇，一泄私恨。所以那奏疏开门见山，毫不掩饰：

臣闻进言者皆望陛下以舜、尧，而不闻责辅臣以皋、夔。何者？陛下有纳谏之明，而辅臣无容言之量也。高皇帝鉴前代之失，不设丞相，治归部、院。文皇帝始置内阁，参预机务。其时官阶未峻，无专肆之萌。二百年来，即有擅作威福者，尚惴惴然避宰相之名而不敢居。乃大

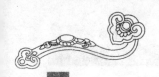

学士张居正，俨然以相自处，自高拱被逐，擅威福者三四年矣……

张居正自入阁以来，还从未遇到过这样用心险恶的弹劾奏章，直气得头皮发麻，四肢发颤，那怒火烈焰腾腾地在胸中燃烧起来。此时，他真如万箭穿心，悲愤齐集。他想起本朝开国二百余年，还从来没有门生弹劾座主的事，偏偏自己在隆庆五年接纳的进士刘台，竟会如此无情，这刺激确实太大了。几年来，当国的艰难，辅导幼皇的辛苦，刘台不一定明白，可他既然疏请皇上抑损相权，自己今后如何办事？刘台呀刘台，你违制妄奏，法应降谪，可我请旨戒饬，并没动你一根毛发，想不到你气度如此狭隘，一言不和，便与我反目……

张居正一气之下上书自请解职。小皇上获悉后立刻召见张居正，细声规劝张居正："不想有些畜物，狂发悖言，动摇社稷，令先生受惊了！"

就这一句话，张居正听后万分亲切，心中荡起阵阵暖流，那眼泪竟扑簌簌地掉了下来。万历见状，心甚不安，走下御座，亲手扶张居正站起来，说："先生请起，朕当逮问刘台，以免他人效尤！朕不可一日无先生，就请先生照常入阁视事吧！"

张居正不得不收回辞呈，继续回阁，重理国事，而刘台则被削职为民，从此离开了仕途。

刘台事件尽管平息了，但在张居正的心灵上，却从此蒙上了一层难以抹去的阴影。

谁知不久，因为父亲的去世，又引起了一场门生发难的风波。

照旧例，父母去世后要在家守孝3年。可是关于张居正的守孝问题，皇上和朝中大臣却莫衷一是。万历帝降旨："朕元辅受皇考付托，辅朕冲幼，安定社稷，朕深切依赖，哪里可一日离朕？"皇上命令张居正不必回家乡守制。

正当张居正徘徊不前的时候，以吏部尚书张瀚为首的一批张居正的门生又对他刀剑相逼，逼他离阁回乡。

翰林院编修吴中行乃隆庆五年进士。那年，正是张居正主考，依例而言，张居正便是他的"座师"。这种"师谊""门谊"，向来为科甲出身的人所注重，可吴中行这人天生傲骨，又正是年少气旺。他趁张居正丧父之机，想轰轰烈烈地闹腾一番，在青史上留下个不徇私情的光辉形象。他指责张居正平日里满嘴圣贤义理，却连父丧都不去守，圣贤之训在哪里？并说张居正哪里是为了国事，无非簸弄名辞，贪恋权位而已。他并写了份谏疏递了上去。

时隔一天，张居正的另一门生，翰林院检讨赵用贤又上疏，诬陷张居正不奔丧是不明法纪，背徇私情……

紧跟着，刑部员外郎艾穆、主事沈思孝又联名上疏，斥责张居正不修匹夫常节，不做纲常之表率，愧对天下后世……

天哪，怎么又是自己的门生？他想起当年大奸相严嵩满朝结怨，人人切齿，却还没有一个他的门生或同乡去围攻他。如今，他竟连严嵩都不如了吗？

张居正此时已悲愤到了极点，他几步冲到桌边，提起了毛笔。他浑身上下热血奔涌，什么圣贤之训，什么人伦道德，统统见鬼去吧！我张居正为国、为民，胸怀宽广，忠孝就是不能两全！非顾及那些虚名清议做什么？

他飞快地在纸上写下一疏："殊恩不可横干，君命不可屡抗。既以身任国家之重，不宜复顾其私。臣连日自思，且感且惧，欲再行陈乞，恐重获罪戾。遂不敢再申请，谨当恪遵前旨。候七七满日，不随朝，赴阁办事，随侍讲读。"

写毕，张居正连连长嘘了几口气，好像要把数日来的闷气全都倾吐干净。最后，他竟扬起一拳狠狠击在桌上，那枝毛笔从笔架上震落下来，滚到一迭梅花素笺上，立时，洁白的笺纸沾染上了几大滴墨迹。

生而为国，死后蒙冤

经受了几次门生发难的沉重打击和为父奔丧的长途跋涉，张居正忽然身患重病，卧床不起，经多方医治不见好转。

张居正自知将要不起，遂连上两疏，恳求万历恩准致仕归去，以求生还江陵故土，万历始终不准。

这天，万历帝亲自派遣的一大群太监，文渊阁中的大学士张四维、申时行以及在京的各部尚书们齐集在张居正病榻前。

张四维探身床前，向奄奄一息的张居正轻言说："首辅，朝中同僚都来看你了，你可有话要说？"张居正微微睁开眼，无神的眼睛缓缓扫过众人，又无力地闭上。嘴唇颤动着，断断续续吐出几个字："有劳……诸位了……"

他嘴唇嗫嚅着，声音却微弱得听不清了。守候在床头的家人将耳朵贴近，仔细一听，方缓缓告知张四维说："家主是问清丈田亩之事进展得怎么样？"

张四维不禁微微一愣，想不到首辅病成这样，却仍念念不忘国事，一时竟不知如何作答。户部尚书张学颜趋步到床前，对着张居正一字一顿地说着："便告首辅：清丈基本完成，全国田亩总数为七百零一万三千九百余顷，比弘治十五年以来增加了三百多万亩，可见这次清丈异常成功。""好……好。"张居正枯黄的面颊掠过一丝喜色。

张居正艰难地喘了几口气，眼睛陡地睁大，现出一种异样的眼光。他手指万历身边的长随太监奋力说："贱体积……劳致病，已成朽木，然……犬马依恋之心，无时无刻不在……皇上左右……"他眼睛里流出一滴晶莹的泪珠。此时，他如同用尽了全部精力，头猛地一沉，手

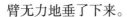
臂无力地垂了下来。

此时是万历十年（1582）六月二十日。张居正终于抛下他呕心沥血建树的改革业绩以及年近八旬的老母、30余年的伴侣、6个儿子、6个孙子，安静地离开了人间，终年58岁。

张居正病重期间，明神宗万历皇帝曾十分痛心，赐给他许多珍贵药品和补品，并对他说："先生功大，朕无可为酬，只是看顾先生的子孙便了。"这样，张居正在九泉之下也用不着为自己的子孙担心了。张居正病逝后，神宗下诏罢朝数日，并赠他为上柱国，赐谥文忠，据谥法解，"文"是曾任翰林者常有的谥法，"忠"是特赐，"危身奉上曰忠"。明显在赐谥时，神宗对于张居正功勋业绩的评价是相当高的。

然而，张居正尸骨未寒，时局却急下逆转。没过几个月，明神宗就变了脸，加上那些在改革中被张居正得罪的人添盐加醋地告状，张居正立刻遭到自上而下的痛斥。

张居正过去的改革之所以能得以顺利进行，在很大程度上取决于神宗与他保持了一致的态度。这种局面由两种因素决定，一是自嘉靖以来与日俱增的政治危机的猛烈打击下，统治阶级再也不能按照原来的样子继续统治下去了，所以反对改革的势力未能占据上风；二是由于神宗即位时，年仅10岁，他对身兼严师和首辅的张居正敬畏有加，处处听从其指点，因此对进行的改革并无疑义。在这种形势下，张居正代表的是地主阶级的整体利益，行使的是至高无上的皇帝的权力，所以才使其改革取得了迅速成功。

后来，情况却发生了很大变化，一方面改革初见成效，危机已经缓解，官僚和贵族们在贪婪的本性役使下，强烈要求冲破改革时期所受的节制，并进而废弃改革；另一方面，神宗皇帝逐渐长大，对于"威柄震主"的张居正日益不满起来，嫌张居正把自己管得太牢，使自己不能自由地行使权力。张居正活着的时候，他不敢怎么样，现在张居正死了，他就谁也不怕了。

张居正死后，司礼太监张诚、张鲸在神宗面前死命攻击张居正的

主要支持者大太监冯保，随即冯保被逮捕，家产被查抄。冯保的失势，必然导致对张居正的不利，于是一场反冯运动同时也拉开了弹劾张居正的序幕。

正如曾被张居正逐出朝门的原兵部侍郎汪道昆所归纳的："张公之祸是在所难免的。这个中缘由，乃因为张公欲有所作为，必揽大权在手。而这大权非是别人，乃当今天子之权！张公当权便是天子的失位，效忠国家意味着蔑视皇上！功高震主，权重遭忌，此即张公无法逃脱的必由之路。"

明神宗态度的变化，在反对改革的官僚和贵族中引起强烈反应。那些受过张居正斥责的人，乘机告状，原来巴结张居正的人也都反咬一口。明神宗听了朝中这些人的话，下令把被张居正改革过的旧东西都恢复起来。张居正创行的考成法被取消，官员不得任意使用驿站的驿递新规被废除，张居正重用的官员被罢黜，好多被裁处的官员，一个个又官复原职，重新被起用。

万历十一年（1583）三月，明神宗诏夺张居正上柱国封号和文忠赐谥，并撤销其儿子张简修锦衣卫统帅的职务。不仅如此，当有人告发张居正专权，要谋反，他家里一定藏着许多财宝时，神宗皇帝也不仔细审查，就马上下令："张居正简直是作恶多端，快给我抄了他的家！"

同年五月，张居正家被抄。所有的金银财宝都被搜了出来。十余口人被活活饿死，长子张敬修自杀，三子张懋修投井未死，保存了一条性命。但神宗听了还不满意，索性又下令说："张居正生前专权乱政，干了许多坏事，本当把他的尸首从棺材里拉出来斩首，念他在朝廷办事多年，就免了。不过，对他的亲属不能轻饶，都给我充军去！"在刑部尚书潘季驯的恳求下，神宗才勉强答应留空宅一所，田地10顷，以赡养张居正的八旬老母。

明神宗曾对张居正说过，要照顾好他的子孙的，可是在张居正死后不久，其家里人便死的死，判刑的判刑。一个为国家的富强建立了功勋的人，反倒成了罪人！这个结局，是张居正在生前万万不会料到的。就连张居正生前所重用之人，如张学颜、方逢时、梁梦龙等辈，也均遭遣还原籍。

张居正的改革是顺应历史潮流的。他所建树的业绩并没有因为改革的废止全部付诸流水。例如，封贡通市，改善蒙汉关系，并没有因为张居正改革的废止而消失。恰恰相反，在张居正死后，蒙汉两族的友好往来依然如初，并不断向前发展。清代魏源在追述蒙汉关系的改善时说："高拱、张居正、王崇古，张弛驾驭，因势推移，不独明塞息五十年之烽燧，且为本朝开二百年之太平。"又如，改革赋役制度，推行一条鞭法，在张居正死后，仍一直向前发展。这种情况证明，明神宗虽然可以凭借至高无上的皇权废止张居正改革，查抄张居正的家产，但却改变不了"天下不得不条鞭之势"的历史潮流。

张居正死后，他的改革被废止了，明神宗如小鸟出笼，无拘无束，他嗜酒、贪色、恋财，满足私欲，大肆发作。他横征暴敛，挥金如土。朝廷上下荒淫无度，糜烂不堪，各种社会矛盾急剧激化起来，一发而不可收，再也无人能力挽狂澜了。

面对日益倾颓的朝廷和处于水深火热之中的人民，许多有识之士不禁想起了张居正及他的改革功绩。明熹宗天启二年（1622）熹宗帝下诏为张居正平反昭雪。崇祯三年（1630）礼部侍郎罗喻义又挺身而出为张居正讼冤。直到崇祯十三年（1640）崇祯皇帝最终下诏恢复张居正长子张敬修官职，并授予张敬修的孙子张同敞中书舍人。

虽然此后由于政治腐败，明王朝开始走上覆灭的道路，致使张居正的改革没能继续坚持下去，但从熹宗、崇祯皇帝对张居正及其改革的肯定，可以说明张居正忠心耿耿辅助小皇帝，为革除积弊，创建新政，呕心沥血，鞠躬尽瘁，他的功绩是不可磨灭的。"恩怨尽时方论定，封疆危日见才雄"，后人在江陵张居正故宅题诗抒怀，堪称对张居正身后功过是非的真实写照。张居正不愧是明代最杰出的政治家、改革家。